湘学研究

二〇一五年第二辑（总第六辑）

湖南省湘学研究院 主办

中国社会科学出版社

图书在版编目(CIP)数据

湘学研究. 2015年. 第2辑：总第6辑/湖南省湘学研究院主办. —北京：中国社会科学出版社，2015. 12

ISBN 978-7-5161-7713-6

Ⅰ. ①湘… Ⅱ. ①湖… Ⅲ. ①学术思想—思想史—研究—湖南省 Ⅳ. ①B2

中国版本图书馆CIP数据核字(2016)第041304号

出 版 人 赵剑英
责任编辑 王 茵
特约编辑 孙 萍
责任校对 张 佳
责任印制 王 超

出 版 中国社会科学出版社
社 址 北京鼓楼西大街甲158号
邮 编 100720
网 址 http://www.csspw.cn
发 行 部 010-84083685
门 市 部 010-84029450
经 销 新华书店及其他书店

印刷装订 北京君升印刷有限公司
版 次 2015年12月第1版
印 次 2015年12月第1次印刷

开 本 880×1230 1/16
印 张 13.25
插 页 2
字 数 322千字
定 价 40.00元

《湘学研究》编辑委员会

《湘学研究》总第六辑目录

【湖湘佛教文化研究】

【湖湘历史人文】

【近代湖湘人物】

【湖湘佛教文化研究】

编者按：

湘学作为中国大地上一种独特的区域性学术思想和文化体系，历史源远流长，形态丰富多彩。从先秦屈原的《离骚》首开楚地人文，到北宋周敦颐以《太极图说》、《通书》两篇创立理学，再到胡安国、张栻等人确立湖湘学派，乃至于近代一大批湖湘学人经世务实、救国图强的践行，湘学都呈现出一种湖湘大地上独有的文化气质，并且对中国文化的整体走向产生了强有力的影响。

当代学者关于湘学的研究，关注点主要集中于湖湘历史上的儒家学者和学派，尤其有关南宋之后理学湖湘学派的研究成果颇丰。然而，不能忽视的是，作为中国传统文化儒释道三家中的佛教一支在湖南地区一度创造了辉煌的历史，丰富了湖湘文化的底蕴。湖湘历史上曾经涌现出无数名垂灯史的僧人，留下了不少刊刻于藏经中的僧传语录。特别值得注意的是，唐末五代的禅宗文化，与湖南地域文化之间的关系尤为深刻。

在唐代禅宗的发展历史上，南岳禅系起到了承前启后的作用。在南岳禅系的影响下，湖南、江西两地成为唐末五代禅宗最为活跃的地区。石头与马祖门下的禅宗僧人苦心探索，行脚参访，“走江湖”一词也因此而产生。可以说，唐末五代湖南地区的禅宗文化对后来的两宋佛学，甚至儒家的湖湘学派都产生了或多或少的影响，在中国文化史上亦占据了重要地位。这是湖南先民对于中国文化的积极贡献。

关于佛教文化在中国历史上的地位和作用，2014 年 3 月 27 日习近平主席在巴黎联合国教科文组织总部发表的演讲中明确指出：“佛教产生于古代印度，但传入中国后，经过长期演化，佛教同中国儒家文化和道家文化融合发展，最终形成了具有中国特色的佛教文化，给中国人的宗教信仰、哲学观念、文学艺术、礼仪习俗等留下了深刻影响。”

我们有理由认为，佛教禅宗文化是湖湘学术的一个重要组成部分，关于湖湘佛教文化、禅宗文化的研究，还有待于学者们的进一步探赜钩玄。为此，本刊设立“湖湘佛教文化研究”专栏，期待这一研究主题能够引起学术界的注意。本期推出学者的八篇相关文章，以供广大读者参考。

“上马杀贼，下马学佛”

——专家学者纵论中国佛教界的爱国抗战事迹

为纪念中国人民抗日战争暨世界反法西斯战争胜利70周年，2015年9月14日上午，由湖南省社会科学院宗教文化研究中心和江苏省南京市明因禅寺联合主办的“中国佛教界爱国抗战事迹巡展”，在北京全国政协礼堂举办了新闻发布会暨首展开幕式。

抗日战争时期，中国佛教界在圆瑛、太虚、弘一、巨赞等著名爱国宗教人士的带领下，通过救护抗战军民、宣传和平思想、为抗战捐款捐物等多种方式，与全体人民一道积极投身抗日救亡活动，为国家赢得抗战的最后胜利做出了积极贡献。他们这种“念佛不忘救国”的壮举，成为中国社会各界人士万众一心、共同追求民族独立和民族解放的典型写照，曾经被周恩来总理称赞为“上马杀贼，下马学佛”。

湖南省社会科学院宗教文化研究中心自2015年3月起，成立专门课题组对“中国佛教界的爱国抗战活动”进行研究，通过各种渠道发掘整理了一批具有重要价值的历史资料，其中包括日军入侵佛寺、爱国“僧兵”奔赴战场、僧侣救护队集训等极为珍贵的原版照片。本次展览共从相关资料中精选了历史照片、报刊影印件等100余件，生动再现了这段特殊历史活动的基本过程与典型事件。

本次展览的发起人、江苏省南京市明因禅寺住持释性空法师谈到，中国佛教界在抗战时期的表现，是中国佛教爱国精神的有力证明，是世界佛教史上极为独特而又光辉的一页。举办这次活动的意义，就是要以史为鉴、以史为师，向爱国爱教的高僧大德学习，让他们热爱和平、热爱祖国的伟大精神，激励当代的佛教界人士和信教群众进一步坚持正信正行、服务社会，为实现中华民族伟大复兴的“中国梦”积极贡献“正能量”。

据湖南省社会科学院宗教文化研究中心主任万里研究员介绍，本次展览得到了香港旭日集团和上海陆荣广告装潢有限公司的大力支持，开幕式结束后，将陆续在全国各地进行巡回展出，并在展出过程中继续征集补充新的资料。在条件成熟时还将通过设立“中国佛教界爱国抗战事迹展览馆”的形式，把这项宗教爱国主义教育活动长期开展下去。

全国人大常委、中国宗教学会会长、中国社会科学院学部委员、世界宗教研究所所长卓新平，全国政协委员、中国社会科学院学部委员、文化研究中心主任李景源，中共中央党校科研部副部长倪德刚，湖南省社会科学院副院长、党组成员周小毛，中国社会科学院《世界宗教研究》杂志社原社长黄夏年，中央民族大学宗教与哲学学院教授、博士生导师谢路军，江苏省南京市佛教协会副会长、南京市浦口区佛教协会会长朗明等嘉宾出席了本次活动。湖北省红安县天台寺佛教音乐学院的30余名学僧在方丈悟乐法师的带领下，配合这次活动，专程赴京进行了祝贺演出。

“中国佛教界爱国抗战事迹全国巡回展览”发起词

释性空*

1931年，日本军国主义者在我国东北发动“九一八”事变，加快了侵略中国的步伐；继而于1937年7月7日，以制造卢沟桥事变为起点，发动了全面侵华战争。

侵华日军所犯下的种种暴行，给中国造成了人员和财产的巨大损失，但同时也激发了中国人民空前的爱国热情。中华儿女在极其艰苦的条件下，与侵略者誓死斗争，经过坚持不懈的浴血奋战，赢得了战争的最后胜利。抗日战争是中国历史上最惨痛的记忆之一，也成为中国人民勇于抵抗外来侵略的光荣篇章。

在那场战争中，中国佛教界爱国人士本着“救苦救难”的慈悲精神，以“出家不出国”的无畏气概，与全国人民一道，积极投身抗战救亡事业，许多佛寺和法师，或积极为抗战筹款，或掩护救助抗战军民，或在国际社会广泛宣传和平思想，揭露日军暴行，或脱下僧袍，直接奔赴战场英勇抗敌，谱写了一曲“上马杀贼，下马学佛”的悲壮雄歌。中国佛教界在抗日战争中的表现，为中国赢得抗战的最后胜利做出了积极贡献，是中国佛教爱国精神的又一次闪耀，是世界佛教史上极为独特而光辉的一页。

值此中国人民抗日战争暨世界反法西斯战争胜利70周年之际，南京明因禅寺联合湖南省社会科学院宗教文化研究中心，共同发起举办《上马杀贼，下马学佛——中国佛教界爱国抗战事迹》巡回展览，旨在从一个特别的角度，表达对和平的热爱，向所有热爱和平、追求和平、捍卫和平的人们致敬！同时，希望通过展览，进一步激励佛教界人士和信教群众以史为鉴、以史为师，向在抗日战争时期积极投身抗战救国活动的高僧大德学习，继承和发扬中国佛教“爱国爱教”的光荣传统，坚持正信正行、服务社会，在新的历史时期，为祖国的繁荣昌盛积极贡献“正能量”！

让我们共同祈愿世界远离战争，永远和平！

祈愿伟大祖国在和平发展的道路上，早日实现中华民族伟大复兴的“中国梦”！

* 释性空，江苏省南京市明因禅寺住持。

中国佛教界奋起抗战的历史及意义

李景源*

各位领导、各位来宾：

今天是湖南省社会科学院宗教文化研究中心和江苏省南京市明因禅寺共同主办的“中国佛教界爱国抗战事迹巡展”的新闻发布会暨首展开幕式，我对这次活动表示热烈的祝贺。

14年抗战，是中国现代史上伟大而悲壮的篇章，它极大地振奋了民族精神，为中华民族伟大复兴奠定了基础。中国佛教界高举抗战的旗帜，以复兴中国、复兴佛教为目标，为世界反法西斯战争的胜利做出了可歌可泣的业绩。我认为，这其中有三点意义最为突出。

第一，树立“救国亦是救教、救教必须救国”的信念，与国人一起共赴国难。

日本军国主义者入侵东北，以灭亡中国为目的，民族矛盾上升为主要矛盾，抗战成为全民族的事业。中国佛教界是最先觉悟的群体之一，自觉地将佛教事业与民族救亡联系在一起，许多高僧大德利用教职身份，号召僧众投身抗战，他们明确指出“佛教徒也是国民一分子，要尽国民的天职”、“国家兴亡，匹夫有责”。像太虚大师，从1931年到1945年，先后发表20多篇抗战宣言、演讲和文章，发出了“降魔救世、抗战建国”的号召；像弘一法师，发出了“念佛不忘救国”、“殉教应流血”的呐喊。在祖国遭受劫难、命悬一线的紧急关头，广大僧众组织救护队、伤兵慰劳队等，有人甚至“脱下袈裟着战袍”！

漫漫抗战路，壮哉爱国情。中国佛教界以菩萨大悲、大无畏之神力，投身救亡的洪流中，将民族的危难化为绝地反击、奋发图强的号角，其救国、救世、救教、救人的举动，始终是抗日战场上一道壮丽的风景线。

第二，站在佛教立场上从事救亡，组织国际佛教界的统一战线。

日本佛教界辅助日本军国主义的侵华活动，他们大肆鼓吹“日本文化代表佛教，中国文化代表儒教，中国政府是破坏佛教的”。他们在中国各地设立寺院、护教所，建立其他各种佛教组织，把侵华战争说成是弘扬佛教的“圣战”，妄图通过宗教蚕食中国，达到文化侵华的目的。

中国佛教界为挫败日本人的罪恶用心，积极开展佛教外交，争取国际舆论的广泛支持，通过国际性的宗教组织，联合各国民众，扩大反侵略斗争。1939年9月，以太虚大师为首的“中国佛教访问团”前往缅甸、泰国、印度等南亚国家，朝拜佛教圣地，拜访佛教领袖，阐扬中国佛教徒跟国人一道同仇敌忾、团结抗战，所到之处，将日本污蔑中国已无佛教的恶言彻底粉碎。1940年10月，乐观法师创建“中国佛教国际步行宣传队”，赴缅甸等地宣传抗日，他在临

* 李景源，全国政协委员，中国社会科学院学部委员、中国文化研究中心主任。

行前发布的《宣言》中写道："我们是站在佛教立场从事救亡工作的一群，抱定最大的牺牲，为国为教雪耻！要展开佛教反侵略的旗帜，在国际上与敌人做长期的战斗，这是我们的志行，这是我们的怀抱，为祖国的自由解放而奋斗！"

中国佛教界的这两次外交活动是中国佛教外交史上的壮举，为中国人民的抗日救亡赢得了广泛的国际支持与同情，其外交成果也为战后中印、中缅等国际友好交往奠定了基础。

第三，弘扬佛教文化，凝聚民族精神。

日本军国主义者对中国的侵略，始终伴随着对中国文化的摧残和灭绝。中国佛教界以延续和升华佛教文化为使命，自觉坚守在文化救亡和佛教救亡的战线上，经历了血与火的考验，创造了新的辉煌。

历史证明，学术文化的兴衰，对民族文化有着决定性的影响。1932 年 8 月，太虚大师创建世界佛学苑汉藏教理院，其宗旨是：研究、沟通汉藏佛教之教理，奠定复兴中国佛教之基石。汉藏教理院邀请许多藏区的高僧大德到学院任教，将藏传佛教文化介绍到内地，使内地能够了解、研究藏传佛教的教义。1937 年 10 月，喜饶嘉措大师到学院讲解西藏各宗教流派及教义，太虚大师在致欢迎词中说："汉藏教理院的工作，就是沟通汉藏教理。要做到汉藏教理互通，一个重要的途径就是翻译汉藏教典、互通有无。汉藏教理的彻底沟通，是沟通汉藏两民族文化和感情的思想基础。"汉藏教理院的创办是近代中国佛教史上的一个重要篇章，它为促进汉藏文化交流、增进汉藏民族感情、共同抵御外敌入侵发挥了至关重要的作用。

以上三点，就是我对"中国佛教界爱国抗战"这段历史的一个基本总结。这段历史非常有意义，值得认真研究，大力宣传。

最后，预祝这次展览活动圆满成功。谢谢大家！

弘扬宗教信仰的"正能量"

卓新平*

尊敬的各位领导，各位高僧大德、新闻界的朋友，各位来宾：

今天，由湖南省社会科学院宗教文化研究中心和江苏省南京市明因禅寺共同主办的"中国佛教界爱国抗战事迹巡展"新闻发布会暨首展开幕式，在北京隆重举行。请允许我代表中国社会科学院世界宗教研究所和中国宗教学会，向这一具有重要意义的巡展成功举办，表示热烈祝贺。

中国佛教界爱国爱教的崇高精神，在抗日战争时期以"念佛不忘救国"的壮举、"上马杀

* 卓新平，全国人大常委，中国宗教学会会长，中国社会科学院学部委员、世界宗教研究所所长。

贼，下马学佛”的投入而得到了重要体现。党中央号召我们积极引导宗教，具有重要的政治和文化战略意义。佛教等宗教在中国社会以爱国爱教的思想行为，表达了其对中国社会的积极适应和“中国化”发展的努力，在历史上，尤其是中国佛教，在这种积极发展中做出了重要贡献，给整个中国宗教的积极发展都带来了启迪、启发和引领。因此，我们对中国佛教界这一爱国主义优秀传统，对于中国佛教界爱国人士“救苦救难”、“出家不出国”的信仰精神，理应大力宣传、积极彰显。回顾并展示中国佛教界爱国抗战事迹，在今天中国经济、文化建设中，正是对“积极引导宗教与社会主义社会相适应”的实际响应和有力推动。在实现中华民族伟大复兴“中国梦”的努力中，我们应该调动一切力量、团结广大群众，其中，中国佛教界广大信教群众就是体现这种“正能量”的重大因素和重要力量。

宗教在社会发展中会反映、适应其相关社会，因此，即使是同一宗教，在不同的时代、不同的国度、不同的社会中，其存在、发展和作用也是不尽相同的。中国佛教界在中华文明发展中适应中国文化、贡献中国文化，尤其是在抗日战争时期的“爱国抗战”事迹就是其生动写照。所以，我们应该关注这种宗教的时空特色，对中国宗教的社会作用具体分析、实事求是。必须看到、鼓励并充分肯定中国宗教热爱祖国、服务社会等正信正行，使中国宗教发扬其爱国爱教的光荣传统，紧跟时代、与时俱进，在今天中国社会主义建设中，弘扬其“正能量”、调动其积极因素、发挥其积极作用，为中华民族屹立于世界之林，为中华文化振兴、影响世界文化发展，做出重要贡献。为此，向“中国佛教界爱国抗战事迹巡展”再次致以崇高敬意和热烈祝贺！

谢谢大家！

加强佛教抗战研究

周小毛*

尊敬的各位领导、各位专家，宗教界、新闻界的各位朋友，尊敬的各位来宾：

金秋季节，我们沉浸在纪念中国人民抗日战争暨世界反法西斯战争胜利70周年的巨大喜悦之中。今天，湖南省社科院宗教文化研究中心和江苏省南京市明因禅寺共同在这里举办“中国佛教界爱国抗战事迹巡展新闻发布会暨首展开幕式”，我谨代表湖南省社科院表示热烈的祝贺，向莅临指导的各位领导和专家致以崇高的敬意，向出席活动的各位朋友、各位来宾表示热烈的欢迎和衷心的感谢。

84年前，日本法西斯的铁蹄踏进东北三省，6年之后悍然全面侵华，在长达14年的时间

* 周小毛，湖南省社会科学院副院长，研究员。

里，日本侵略者在中国无恶不作、为所欲为，犯下了罄竹难书的滔天罪行。国难当头，国共两党共弃前嫌，实现合作，国人地不分东南西北、人不分男女老少，共赴国难、英勇抗敌。在波澜壮阔的抗日战争中，中华儿女以自己的血肉之躯，谱写了一首惊天地、泣鬼神的壮丽诗篇，取得了近代以来抵御外侵的完胜。

日军的侵华暴行激起了中华儿女空前的爱国热情，佛教界也不例外。在印光、太虚、圆瑛、弘一、虚云等著名爱国高僧的带领下，全国数十万僧尼纷纷行动起来，通过筹集善款、宣传抗战、救死扶伤等各种方式，积极参与和支持抗战，为国家赢得抗战的最后胜利做出了不可磨灭的贡献，谱写了中国佛教爱国爱教的新篇章。

1939 年 4 月，周恩来同志在湖南南岳视察国共两党合作并开办"西南游击干部培训班"，他高度赞扬南岳宗教界人士宣传抗战、支持抗战、参与抗战的爱国热情，在南岳僧人暮笳法师的日记本上题下了"上马杀贼，下马学佛"八个大字。这八个字，高度概括了抗日战争时期中国佛教的历史特征，生动刻画了中国佛教徒在念佛与救国、出世与入世、自度与度他之间所做出的悲壮抉择。

庄子曰："秋水时至，百川灌河。"中国的抗日战争正是无数支流、溪流汇聚一起，形成大江东去、势不可当的格局，才让日本侵略者无处藏身、自取灭亡。中国佛教界作为抗击日本侵略者的一支特殊力量，他们的所作所为高扬了爱国主义的精神，光芒万丈，彪炳千秋。

湖南省社科院宗教文化研究中心长期以来致力于宗教研究，主要专注于佛教研究，形成了三代研究队伍，承担了系列国家社科基金的研究课题，取得了大批研究成果。恳请中国社科院世界宗教研究所、文化研究中心一如既往地指导、关心和支持我们的研究工作。也希望湖南省社科院宗教文化研究中心继续加强佛教抗战历史的研究，发掘更多的史料，让更多的人了解这段历史、学习这段历史、牢记这段历史，让中国佛教界的抗战爱国精神发扬光大、启迪后人。

预祝展览圆满成功！谢谢大家。

弘扬佛教文化的积极因素

倪德刚*

各位来宾、新闻界的朋友们：

大家上午好！

非常高兴参加今天这样一个活动。作为中央党校的一名理论工作者，我感觉今天的活动非常有意义。第一，抗战大阅兵刚刚结束，极大地振奋了民族精神，"九一八"纪念日又即将来

* 倪德刚，中共中央党校科研部副部长，教授、博士生导师。

到，在此期间举办这样一个活动，时机非常好。第二，这个主题更好，大家都知道，抗战时期国民党军队正面抗战，共产党领导的八路军、新四军在敌后抗战，但是这么多年来，对佛教界抗战的这段历史，挖掘得不够、宣传得不够，很多人都不了解。日寇发动“九一八”事变之后，我们的口号很清楚，是全民族抗战！既然是“全民族”，当然也包括佛教界——不仅仅是国共两党，而是各个民族、各个领域、各个界别，都共同来面对侵略、保家卫国。

今天现场的这些图片，有很多我是第一次看到，媒体在过去宣传得也很少。所以，我们应该借助纪念抗战胜利70周年这个时机，把更多史料挖掘出来，把过去那些鲜为人知的、没有公开的资料，大张旗鼓地宣传出去。让大家都来了解，当外敌入侵的时候，佛教是怎样保家卫国的。而且，不光可以通过展览、发表文章，还可以通过电影、电视剧、小说等各种文艺形式去宣传。

十八大以来，习总书记提出了弘扬七种文艺精神的论述，其中有“弘扬爱国精神增强人民骨气、弘扬民族精神维护民族团结、弘扬中国精神凝聚中国力量”等内容，我认为，中国佛教界积极参与抗战的这段历史，就蕴含了爱国精神、民族精神和中国精神的丰富内涵，是中华儿女万众一心、热爱祖国、维护祖国的一个典型写照。总之，进一步挖掘和宣传这段历史，不仅有利于人们认识佛教文化中的积极因素，树立正确的信仰观念，而且对于增强人民骨气、维护民族团结、凝聚中国力量，也具有非常积极的推动意义。所以，我对这次活动，表示真诚的支持和祝贺！

谢谢大家！

发扬佛教界的爱国精神

朗明法师*

尊敬的各位领导、各位专家学者、新闻媒体界的朋友们：

大家上午好！

爱国是中国佛教的优良传统，不断弘扬和升华这一传统，是佛教文化在中国的土地上长远发展的根本原因之一。70多年前，中国佛教界爱国人士“上马杀贼，下马学佛”，积极投身抗日救国活动的英勇壮举，为中国佛教的爱国精神做了最好的诠释，也给我们留下了永远值得仰望和学习的榜样。

感谢湖南省社会科学院宗教文化研究中心以对历史负责的治学态度，去关注和研究中国佛教界的抗战活动；感谢专家学者们从浩如烟海又支离破碎的历史资料中，为我们重新勾勒出一

* 朗明法师，江苏省南京市佛教协会副会长、南京市浦口区佛教协会会长。

幅“中国佛教界爱国抗战”的雄壮画卷，使我们在70多年后，仍然可以去重温那些伟大先辈的光辉事迹并从中受到深深的激励。

南京是一座与抗日战争有特殊关系的城市，这次活动由南京市明因禅寺与湖南省社会科学院宗教文化研究中心共同发起举办，既是南京市佛教界爱国爱教精神的体现，也表达了对“抗日战争胜利”的特别纪念。我相信，通过这次展览活动，一定可以进一步增进人们对佛教文化的认识和尊重；同时，也激励佛教界自身更加发扬伟大爱国精神，在新的历史时期，为国家、民族和社会积极贡献“正能量”！

祝愿“中国佛教界爱国抗战事迹全国巡回展览”圆满成功！

祝愿所有的来宾吉祥如意！

回溯中国佛教界抗战历史

谢路军*

各位来宾、新闻媒体界的朋友们：

大家上午好！

值此中国人民抗日战争暨世界反法西斯战争胜利70周年之际，湖南省社会科学院宗教文化研究中心和江苏省南京市明因禅寺，共同在这里举办“上马杀贼，下马学佛——中国佛教界爱国抗战事迹巡回展览”的新闻发布会和首展开幕式，我认为，是一件非常有意义的事。首先，我向主办方举办这次活动，表示诚挚的祝贺。

湖南省社会科学院宗教文化研究中心主任万里研究员委托我，在今天的会议上向各位嘉宾尤其是新闻媒体界的朋友，介绍一下“中国佛教界参与抗战”的基本过程和意义。我想，我们是不是可以着重通过以下几个数字和事例，来做一个简要回顾——

第一，据有关资料统计，截至1938年5月，也就是抗日战争全面爆发之后10个月，中国佛教界亲身参与过“战地救护”和“难民救济”工作的僧尼，超过了50万人。这说明，70多年前，中国佛教界参与抗战救国，不是极个别出家人的特殊举动，而是整个中国佛教界的集体行为。

第二，现在有据可查的，民国时期著名的高僧大德，如印光法师、太虚法师、圆瑛法师、弘一法师、虚云法师，等等，都有过参与抗战、为抗战出资出力的确切事迹。但与之相对的是，还有一些确实参与了抗战，在抗战中留下了传奇故事的法师，我们对他们了解并不多。比如河北沙县封峦寺，我们只知道，这里曾经是八路军129师新编第十旅的后勤保障基地和临时

* 谢路军，中央民族大学宗教与哲学学院教授、博士生导师。

作战指挥部，寺院僧众曾经配合著名抗日英雄、129师第十旅旅长范子侠将军开展了石岗战役、邢沙永战役等一系列对日作战，但对这些僧人的名字，我们一概不知。再如，湖北当阳玉泉寺的21位英雄僧人，他们掩护抗日游击队在寺院周围开展游击活动，当日军前来搜查时，他们拒不透露游击队的任何行踪，最后全部惨遭杀害，这21位僧人，同样没有留下任何其他记载。这说明，中国佛教界参与抗战救国，不是极少数高僧大德的表率行为，而是全中国佛教界从高僧大德到普通僧众的总动员。

第三，佛教界参与抗战救国的方式是多种多样的。既有圆瑛法师积极为抗战筹款，面对日军的严刑拷打，仍然坚贞不屈；也有太虚法师、乐观法师等人，远赴海外宣传抗战，揭露日本暴行，呼吁国际社会共同抵抗侵略。既有上海、重庆、江苏、湖南、陕西的僧人自觉组成“僧侣救护队”，救护在战争中受伤的士兵和平民；也有五台山的僧人“脱下僧袍换战袍”，直接奔赴前线，英勇杀敌。这说明，中国佛教界参与抗战救国，并不仅仅是从僧人自身的便利条件出发，而是一切为了抗战的需要，想尽一切办法，尽一切能力，为抗战做贡献。

第四，为抵抗侵略，上海、江苏、浙江等敌占区的僧人做了大量的贡献；但是，非敌占区的僧人也并非无所作为。比如，远在西北的甘肃酒泉、敦煌等七县的佛教联合会，就曾经发起过一次轰轰烈烈的捐献“佛教号”飞机的运动，广大佛教徒纷纷解囊，集资购买飞机，支援前线。这说明，中国佛教界并不是因为自己的小利益受到侵害，才起来抵抗侵略，而是为了整个中华民族的共同利益，而起来奋勇驱除外侮。

第五，据上海慈善团体联合救灾会1938年的一份报告，“上海佛教界救护队”救护安置的负伤军人和难民，在当时已经达到8272人。新中国成立后曾长期担任中国佛教协会会长的赵朴初大居士，在抗战时期担任“上海慈善团体联合救灾会”的常委兼战区难民委员会收容股主任，仅通过他一个人，就曾经将1200余名青壮年难民从上海送往新四军驻地，为共产党领导的抗日队伍增添了生力军。位于南京的栖霞寺，曾经成功保护和救助了24000多名难民和抗战军人。这说明，中国佛教界参与抗战救国，并不仅仅是一种形式，而是切实做出了具体贡献的。

从以上五点来看，中国佛教界参与抗战救国的过程，并没有什么特殊。这种不特殊，就在于它与全体中国人民共同抵抗日本侵略的过程是一样的，是中华民族地不分东南西北、人不分男女老幼，共同来拯救民族于危亡的一个缩影。真正具有特殊意义的是，向来追求清净、与世无争的佛教徒，为什么在这个时候，会放弃他们所追求的生活，转而投入到战争中去呢？

我想，我们至少可以得到三点启示。

第一，中国佛教徒能正确理解和处理“自身与国家”的关系。正像抗战时期五台山的僧人所喊出的口号那样：“保不住国家，佛教、寺院何存？”国家的安全稳定，是一切事业的基本保障。出于这一认识，所以中国佛教形成了悠久的爱国传统。

第二，佛教是热爱和平的宗教，以杀戮和侵害为目标的战争，所破坏的正是佛教所追求的生活。中国佛教界奋起抗战救国，不是对战争的参与，而恰恰是对战争的抵抗，是对和平的捍卫。

第三，中国佛教徒善于处理出世与入世、契理与契机的关系。我们这次活动的主题，是“上马杀贼，下马学佛”，这是周恩来总理在抗战时期题写给湖南南岳僧人的一句话，这句话所蕴含的，正是中国佛教徒在不同的环境、不同的条件下，圆融处理问题的智慧。在战争时期，中国佛教徒可以“上马杀贼，下马学佛”；在和平时期，他们又“放下屠刀，立地成佛”。这截然不同的两种行为，所体现的却一样都是佛教徒慈悲为怀、弃恶扬善的崇高追求。

今天的中国并没有战争的侵扰，正在和平发展的道路上，致力于实现中华民族伟大复兴的“中国梦”，在这样的历史时刻，湖南省社会科学院宗教文化研究中心和江苏省南京市明因禅寺共同举办“中国佛教界爱国抗战事迹巡回展览”，其意义在哪里呢？我想，“无论时空怎么转变，世界怎么改变”，真正不会变的，是中国佛教徒热爱祖国、追求和平的优良传统。新的历史环境，不再要求佛教徒“上马杀贼，下马学佛”，却给了佛教徒新的空间，去展示新的风采、做出新的贡献。——当每一位佛教徒仰望抗日战争中那些高僧大德和无名英雄的英勇事迹时，我想，他们都会更加看清脚下的道路。无疑，这就是我们回顾历史的理由所在，也是这次展览的最大意义。

预祝展览圆满成功！

祝愿所有来宾、朋友们六时吉祥！

（责任编辑：周建刚）

宋代在湖南的著名临济宗禅师

杨曾文*

摘　要：综合介绍宋代在以潭州为中心的湖南地区传法的临济宗著名禅师，其中石霜楚圆、圆悟克勤都是在中国佛教史上占有重要地位的代表人物。

关键词：临济宗；潭州；楚圆；克勤

中国禅宗临济宗，是由唐末临济义玄禅师（？—867）于镇州（治今河北正定）创立的，长期以来在北方地区传播，直至进入宋代以后才传播到江南并得到迅速发展，成为禅门五宗中最有影响的一支，一直流传到现在。

回顾历史，在临济义玄死后，临济宗主要是通过弟子兴化存奖（830—888）这一支而流传繁衍到后世并发扬光大的。存奖以魏府兴化寺为传法中心①，经弟子汝州（在今河南）宝应寺慧颙，传至五代末宋初在汝州风穴寺的延沼，然后传至宋初汝州首山省念（926—993），使临济宗从长期颓势中摆脱，而至汾阳（在今山西）太平寺太子院善昭（947—1024），门下人才辈出，使临济宗逐渐兴隆于全国。

湖南，特别是以今长沙为首府的潭州地区，在唐宋两代是禅宗传播的重要地区。潭州地域范围前后有所变动，在宋代属于荆湖南路，曾有很多临济宗著名禅僧在此传法。

首山省念的弟子中有神鼎洪諲，曾在潭州神鼎山传法。在善昭弟子中以石霜楚圆、大愚守芝二人最有名。楚圆长期在潭州石霜山传法，人称石霜楚圆，门下出了黄龙慧南和杨岐方会，分别形成临济宗黄龙派和杨岐派两大法系，将临济宗广泛传至南方广大地区。善昭另一弟子谷泉，在南岳衡山芭蕉庵传法。杨岐下三世圆悟克勤一生先后住持七所寺院，其中有两处在湖南，即澧州夹山灵泉寺、潭州道林寺，门下出了大慧宗杲法系的大慧系和虎丘绍隆法系的虎丘系，影响很大。黄龙下三世惠洪在衡山南台寺编撰创新体裁的《禅林僧宝传》。大愚守芝弟子

---

* 杨曾文，中国社会科学院荣誉学部委员、世界宗教研究所教授、博士生导师。

① 关于兴化存奖，请见杨曾文著，中国社会科学出版社1999年出版的《唐五代禅宗史》第八章之二。

文悦曾在衡山法轮寺、云峰寺传法。

一　潭州神鼎山洪諲禅师

在首山省念弟子中，在潭州神鼎寺传法的洪諲禅师比较有名。他是临济宗禅僧中较早渡江到南方传法的禅师。

洪諲，俗姓扈，襄水人，嗣法于汝州首山省念禅师，南下渡江至南岳衡山，先隐于三山藏，后应请到潭州神鼎山（在今岳阳汨罗市东南的黄柏镇）传法。洪諲在神鼎山辛苦经营十年，建成一座规模可观的禅寺。[①]

在神鼎寺建成时举行的开堂法会上，洪諲升座，先拈香为皇帝、州府官员及嗣法师父首山省念祝福，说："此一炷香，奉为今上皇帝圣寿无疆。第二炷香，为府主学士、合郡尊官，伏愿长光佛日，永佐明君。第三炷香，此香不是戒定慧香，亦非旃檀沉水，只是汝州土宜。"[②] 然后敬香师父首山省念禅师，以报"法乳"之恩。

这种开堂升座仪式在宋代正式形成，是禅宗适应以皇帝为首的中央集权体制的做法。从现存资料来看，洪諲是最早将这种寺院开堂升座仪式传到南方的禅师。

洪諲在上堂说法中向弟子讲述自己行脚参禅经历，说到汝州的首山参谒省念老和尚时，"彼时蒙他劈头一锥，直得浃背汗流，当时不觉礼拜了"。他接着用禅宗特有的表达方式宣称：

> （而今）悔之不及。大众，且道悔个甚么？悔不拽下绳床，痛与一顿。虽然如是，官不容针，私通车马。[③]

所谓后悔当初没有将省念拉下禅床痛打一顿，大概是以此表示已经契悟，如同唐代义玄得悟后将大愚禅师打三拳，又回到黄檗寺用掌打希运禅师一样。"官不容针，私通车马"，意为在公开场合无一点通融余地，然而在私下里却能无不通融，以此表示话虽如此说，实际上现在想想也罢了。

洪諲还对弟子说过如下一段有趣的经历：他曾与几位道友一起游衡山（《洪諲录》作"游襄沔间"），有一道友对禅旨理解很"敏捷"，在山野饭店要吃饭时仍大谈不止。于是，洪諲问："三界唯心，万法唯识。唯识唯心，眼声耳色。是甚么人说?"此僧立即答，这是法眼文益的话。洪諲接着问："其义如何?"僧答："唯心，故根、境不相到；唯识，故声、色纵然。"意思是说，三界既然是"唯心"所造，那么人的六根（眼、耳、鼻、舌、身、意六种感觉或认识的功能）便与六境（与六根相对应的色、声、音、味、触、法）不相接触和作用；然而因为一

---

① 关于洪諲，《古尊宿语录》第二十四卷载有《潭州神鼎山第一代諲禅师语录》（简称《洪諲录》），并可参考《联灯会要》第十二卷、《五灯会元》第十一卷的《洪諲章》等。

② 《古尊宿语录》，《续藏经》第68册，第158页。《续藏经》有多个称谓，如方广锠所撰《佛教典籍百问》、《中华佛教百科全书》等书中所列的异名就有《大日本续藏经》《卍续藏》《日本藏经书院续藏经》等等，但以《续藏经》的称谓最为常见。以上大藏经常见的版本均为影印本。本书后文缺版本信息者，均属于此种情况。

③ 同上。

切是“唯识”所现，故不妨包括声、色在内的虚假万象存在。洪諲对这种好谈名相的做法表示不满，问他：“舌、味是根、境否?”对方答：“是。”他即用筷子夹起菜来放到嘴里，一边大嚼，一边问：“可谓相入耶?”意为舌在尝菜味，岂能说根与境不相交涉？听了此话，满座惊奇。

洪諲借此说：

> 路途之学，终不到家，见解入微，不名见道。参须实参，悟须实悟。阎罗大王，不怕多语。①

这实际是对那位爱谈名相道友的批评。“参须实参，悟须实悟”，是宋元丛林常引用的语句。据洪諲的这番话，他是反对脱离常识而套用佛教理论的，表现出作为一个禅僧所具有的灵活机辩。②

洪諲的生卒年月不详。据《五灯会元》卷十二，他有弟子荆南府开圣宝情山主、天台山妙智寺光云禅师。

二　石霜楚圆和临济宗黄龙、杨岐两派

楚圆是中国临济宗传播史上里程碑式的禅师，是临济宗在江南传播的奠基人。③ 据南宋普济编撰《五灯会元》卷十二的记载，在汾阳善昭门下11位弟子中有五人到南方传法，而楚圆的16位弟子皆在南方传法，其中慧南、方会分别是后世临济宗两大派系黄龙派和杨岐派的创始人。从此以后，临济宗传播重心才从北方转移到了南方，而到宋元以后，临济宗的法系不是黄龙派就是杨岐派。

楚圆（986—1039），号慈明，俗姓李，全州清湘（今广西全州县）人，22岁出家，出游襄沔（指今湖北襄阳至武汉一带）诸寺访师问道，与道友守芝、谷泉结伴到汾阳（在今山西），投到善昭禅师门下参禅学道。七年后，楚圆辞别善昭，先到并州（治今山西太原）唐明寺投靠首山省念弟子智嵩禅师。④ 智嵩禅师与翰林杨亿、驸马都尉李遵勖素有交往，介绍楚圆结识杨亿，又经杨亿认识李遵勖。自此以后，楚圆与翰林杨亿、驸马李遵勖二人“以法为友”，逐渐成为知友。⑤

楚圆因母老南归，先在筠州（治今江西高安县）曹洞宗晓聪禅师住持的洞山寺担任首座三

① 《联灯会要》，《续藏经》第79册，第108页。

② 以上内容见《联灯会要·洪諲章》并参考《洪諲录》。

③ 有关楚圆的资料，请参考宋代惠洪《禅林僧宝传》第21卷《楚圆传》、南宋惟白《建中靖国续灯录》第4卷、《联灯会要》第12卷、普济《五灯会元》第12卷的《楚圆章》，还有楚圆弟子慧南重编的《石霜楚圆禅师语录》（以下简称《楚圆录》）、南宋师明《续古尊宿语要》第1卷《慈明圆禅师语》（以下简称《慈明语》）、赜藏主《古尊宿语录》第11卷《慈明禅师语录》（以下简称《慈明录》）等。

④ 以上据宋惠洪《禅林僧宝传》第21卷《楚圆传》。

⑤ 关于楚圆与杨亿、李遵勖的交往情况，请参考拙著，中国社会科学出版社2006年出版的《宋元禅宗史》第七章第一节、第二节。

年，然后到袁州（治今江西宜春市）仰山，经杨亿向知州黄宗旦推荐，楚圆住持南源山广利禅院三年。此后，楚圆听说师伯洪諲禅师在潭州神鼎山传法，闻名丛林，特地前往参谒。然而在与洪諲见面时对他的举止表现不满意，便迅速离开。洪諲却对楚圆赞赏有加，向人称赞他“可兴临济”。楚圆自此名传远近，“增重丛林”。此后，楚圆应请到潭州道吾山（浏阳城北）住持兴化禅院，接着又先后应请住持石霜山（浏阳城东）崇胜禅院、南岳衡山福严禅院、潭州兴化禅院，所到之处受到欢迎。

楚圆每到一寺，都按照已成定制的禅寺程式举行开堂升座仪式，除当地信众外，一般还有地方官员出席。先由当地僧官宣布并呈上聘任楚圆担任住持的“请疏”（相当于聘书），然后楚圆升座，分别拈香为皇帝、地方官员和自己的师父善昭祝寿祝福。①

楚圆十分理解在朝廷和地方担任要职的士大夫“外护”对佛教传播的意义，重视与他们建立友好关系。他在升座仪式的开示中一再表示：

> 佛法委付王、臣有力檀越，若非此人，不能建立。②
>
> 佛法委付国王、大臣，以至今日，乃子乃孙，有兹尘忝，咸沐阖郡尊官，诸院尊宿，街市檀越……③

实际上，楚圆能够较早地闻名丛林，在各地著名寺院盛传禅法，与翰林杨亿、驸马李遵勖的推奖，各地官员的大力支持是有关系的。

楚圆住持石霜山崇胜禅院时已经蜚声远近，人称石霜楚圆，门下弟子很多。石霜山又名霜华山，在今湖南浏阳市城东金刚乡境内。石霜寺始建于唐代，马祖道一禅师下一世大善、下三世性空二位禅师，石头希迁禅师下三世庆诸禅师皆曾在此传法。④ 据弟子黄龙慧南重编《石霜楚圆禅师语录·石霜山录》，楚圆禅师在入院上堂说法中说：

> 迦叶堂前，石霜门下，须得具金刚眼睛。若不具金刚眼睛，二六时中，四威仪内，魔境现前，不能辨别，便乃流浪三界，休歇无期。大众，作么生是金刚眼睛？若也知去，可谓耀破四天下，若也不知，有疑请问。时有僧问：三门不闭即不问，枯木堂前事若何？师云：也好消息。进云：一人有庆，兆民赖之。师云：千古有知音。僧礼拜，师便喝。⑤

临济禅风，跃然于纸上。楚圆希望门下弟子具有能够认识真假虚实、辨别善恶的金刚（金刚，喻坚硬、不坏）眼睛，否则将轮回于三界生死苦海，永不超脱。到底什么是金刚眼睛呢？他不说破，僧也不挑明，只是用含糊的语句“也好消息”暗示，是属于好事之类。

---

① 参见慧南重编《石霜楚圆禅师语录·袁州录》对楚圆在袁州南源山广利禅院开堂升座法会的描述。

② 《石霜楚圆禅师语录》，《续藏经》第69册，第185页。

③ 同上书，第192页。

④ 见宋道原《景德传灯录》第8卷、第9卷、第15卷，《大正藏》第51卷。

⑤ 《石霜楚圆禅师语录》，《续藏经》第69册，第188页。

下面仅举他的石霜山的部分禅语，看他的说法风格。

> 一日上堂，问：如何是石霜水？师云：春夏长如此，秋冬亦复然。进云：忽然塞断源头，又作么生？师云：你试塞看。僧拟议，师便打云：弄潮须是弄潮人。①

此僧以石霜山之水比喻楚圆的禅风。楚圆以“春夏长如此，秋冬亦复然”来表示自己倡导的是重自然、重因循的禅风。当僧以“塞断源头”让水不流来表示要加以改变时，他立即表示反对，以钱塘江弄潮儿自况，表示将保持这种禅风。

他在一次上堂中说：“涅槃无异路，方便有多门。”意为达到彻底解脱没有别的路（指只有通过识心见性），但可供选择的修行方法（方便）却有很多。他竖起拄杖说：“者（这）个是石霜拄杖子，阿那个是涅槃门?”然后自答：“见月休观指，归家罢问程。”② 意思是当别人用手指指示月亮方位以后，就别再盯着手指看了，直接看月即可；同样，回家也不必依靠别人指路，自己回去就行了。

楚圆的禅法，概要来说：（1）佛性不离无明，佛性也就是无明的“实性”（无明的本体），相当于马祖所说的“平常心”；（2）宇宙万物，包括天上人间、佛国净土，一切众生，乃至佛、菩萨、禅宗历代诸祖，都是彼此融通的，引导门下理解一切彼此圆融，随处可达到解脱的道理；（3）要求弟子不执著于言句，不迷信言教，然而为了传播佛法，又不可离开言句文字。③

楚圆平生常以华严宗“事事无碍”的观点看待一切。他在室内打坐时，将刀置于水盆之上，旁边放一双草鞋，让前来参禅者下语，然而他对任何答语皆未曾满意过。

宋仁宗宝元二年（1039），楚圆迁住潭州（此当指治所，今长沙）兴化禅院，于正月初五去世，年 54 岁。

楚圆弟子中最著名的有慧南、方会二人。慧南是在楚圆住持南岳福严禅寺时礼他为师的，后因到江西分宁县（今修水县）城西边的黄龙山寺任住持，以黄龙为号，门下法系形成临济宗黄龙派。方会是楚圆住持袁州南源山广利禅院时投到他门下的，后应请住持杨岐山普通禅院（在今江西萍乡市北），以杨岐为号；嗣后住持潭州云盖山（当在今长沙西）海会寺。他的法系形成临济宗杨岐派。此外，楚圆弟子翠岩可真、道吾悟真、蒋山赞元等人也很有名。

楚圆的弟子先后将他在各地禅院的重要说法分别整理成语录。在他去世后，由弟子黄龙慧南在此基础上增加楚圆晚年在其他寺院的说法语录，重编为《慈明禅师五会住持语录》。后人将此录与杨岐方会、白云守端、五祖法演三人的语录合编刻印，题为《慈明四家录》。④

杨岐派经白云守端、五祖法演而法系繁盛，至南宋成为临济宗的主流派；黄龙派则日渐衰微。

---

① 《石霜楚圆禅师语录》，《续藏经》第 69 册，第 189 页。

② 同上。

③ 详见拙著《宋元禅宗史》第四章第四节。

④ 《慈明四家录》，《续藏经》一·二·甲第 25 套第 1 册。

三 南岳芭蕉谷泉

谷泉，泉南（福建泉州）人，出家后常“任心而行”，不拘小节，甚至置戒律于不顾，所到之处不受欢迎。后展转至汾阳，礼善昭为师，受法后南归，流转于湖南南岳一带。

谷泉听说师兄楚圆在潭州道吾山传法，便前往参谒。楚圆问：“白云横谷口，道人何处来?”他看了一下左右，答：“夜来何处火，烧出古人坟。”意为自己是古人再世。楚圆呵斥说：“未在更道!”他竟学虎叫。楚圆将坐具甩过去，他接住，顺势扔到绳床上。于是楚圆也学虎叫。[①]在这一问一答和动作中，是蕴含禅机的。看来楚圆对他的表现还是满意的。

谷泉先后在衡山顶上灵峰寺的懒瓒岩、芭蕉庵、保真庵居住传法。他在离开芭蕉庵时，在墙壁上用大字写道：

> 予此芭蕉庵，幽占堆云处。般般异境未暇数，先看矮松三四树。寒来烧枯杉，饥餐大紫芋。而今弃之去，不知谁来住。[②]

看来他居住的所谓庵，是临时建造的用芭蕉叶覆盖的简陋小屋，食用取之于山林。他常到衡山县城，向屠夫乞肉，以杖背着大酒瓢（酒葫芦）往来山中。人问瓢中何物，他答是“大道浆”，经常醉卧在山路上。自己作偈曰：

> 我又谁管你天，谁管你地?着个破纸袄，一味工打睡。一任金乌（按：太阳）东上，玉兔（按：月亮）西坠，荣辱何预我，兴亡不相关。一条拄杖一胡芦，闲走南山与北山。[③]

此偈表现他无拘无束、逍遥自在的情况。庵中有奴名调古，为谷泉栽植蔬菜、紫芋，打柴做饭。谷泉尽管住在深山，与石霜楚圆、黄龙慧南、雪峰文悦等禅师常有书偈往来。

谷泉在宋代禅僧中是一位少有的个性突出、不拘小节，甚至违犯戒律、随意喝酒吃肉的人。嘉祐年间（1056—1063），有个叫冷清的人，因妖言惑众被官府处死。因他曾在保真庵住过，谷泉受到牵连，被决杖发配到彬州牢城，在苦役之中死去。[④]

四 圆悟克勤与《碧岩录》

临济宗杨岐派从杨岐下二世五祖法演之后走向兴盛。法演弟子中以圆悟克勤最为有名，其

① 以上见北宋惠洪撰《禅林僧宝传》第15卷《衡岳泉禅师》。

② 《禅林僧宝传》，《续藏经》第79册，第522页。

③ 同上。

④ 此据《禅林僧宝传》第15卷《衡岳泉禅师》。在《联灯会要》第13卷、《五灯会元》第12卷皆载有谷泉的传录，然而没有他喝酒吃肉的内容。

次有佛鉴慧勤、佛眼清远，并称“二勤一远”。

克勤（1063—1135），号佛果，圆悟，俗姓骆，彭州（治今四川彭县）崇宁人。出家后游历各地参禅，最后在舒州白云山寺（在今安徽太湖县城东）从杨岐下二世法演禅师嗣法，曾在法演身边辅助传法，逐渐闻名于四方丛林。

克勤一生先后在七处寺院住持传法：宋徽宗崇宁年间（1102—1106），在成都住持六祖禅院、昭觉寺；约在崇宁五年（1106）后出蜀，住持荆南公安县天宁寺。此后，克勤应请到澧州（治今湖南澧县）住持夹山灵泉禅院，又应请到潭州住持道林寺。在政和末年（1116年或1117年），应请住持江宁府蒋山寺；宣和六年（1124）奉诏到开封住持天宁万寿寺；建炎元年（1127）住持金山（在今江苏镇江市）龙游寺；不久移住云居山真如寺；两年后回归成都再住昭觉寺，直到去世。

圆悟克勤生前传法足迹遍及现在的四川、湖南、江苏、河南、江西诸省，曾受到上至皇帝、皇亲国戚、大臣权贵，下至普通儒者、僧俗信众的信奉或支持，声名卓著。弟子很多，著名的有大慧宗杲、虎丘绍隆二人，门下分别形成临济宗大慧派和临济宗虎丘派，传播时间长，影响也大。①

宋代禅林盛行文字禅。克勤除有弟子记录整理的《圆悟佛果禅师语录》（以下简称《圆悟录》）20卷之外，还有以云门宗雪窦重显的《颂古百则》为基础而编撰的《碧岩录》10卷，以其禅思深刻、格调新颖和文笔优美而风行一时。他还著有《佛果击节录》2卷，是将雪窦为百则公案（“举古”）所加的“拈古”，一一加上著语和评唱。所谓“击节”，是指这些著语、评唱是附和雪窦的拈古节拍加上的。

（一）澧州夹山灵泉禅院和《碧岩录》

圆悟克勤的《碧岩录》题目“碧岩”是取自夹山灵泉禅院（以下简称夹山寺）方丈室匾额上的题字。

澧州夹山寺在今湖南省石门县城东南的三板桥，周围山水环绕。唐代石头下三世善会（805—881）禅师住持此寺时，对如何是“夹山境”之问，以优美的诗句“猿抱子归青障里，鸟衔华落碧岩前”作答。② 克勤在应澧州知州之请住持夹山寺的升座说法中，也提到此句：“衔华鸟过，抱子猿归。”③ 他后来将“碧岩”题为方丈匾额，在说法中也常以“碧岩”自称。克勤经常阅读并向弟子讲释雪窦的《颂古百则》，并加以发挥，借以阐述自己的禅法主张。由弟子集编成书，他便以“碧岩”为名，称《碧岩录》。

雪窦《颂古百则》是选录唐宋丛林间流传的语录（相当于“举古”）100则，在某些语录后面加上“著语”（评述语句，相当于“拈古”）；又在每则语录结尾之处加“总结”两字，

---

① 关于克勤生平和思想，参见南宋孙觌（1081—1169）《圆悟禅师传》（孙觌《鸿庆居士集》第42卷，台湾商务印书馆影印《文渊阁四库全书》别集二、1135册）、祖琇《僧宝正续传》第4卷《克勤传》及《联灯会要》第16卷、《嘉泰普灯录》第11卷《克勤章》，以及《圆悟录》等。

② 《景德传灯录》第15卷，《大正藏》第51卷，第324页中。

③ 《圆悟录》第2卷，《大正藏》第47卷，第721页上。

然后针对这段语录撰写偈颂——颂古。偈颂文体活泼，语句多寡不一，音韵谐美，虽围绕所引语录公案而作，然而含义笼统模糊，可以做出意义不同的解释。

《碧岩录》，也称《碧岩集》，10卷，以雪窦《颂古百则》为中心，把克勤对每则或二则三则前人的公案语录的总评作为小序，称之为“垂示”；并以夹注的形式把他对语录、偈颂词句的简评标出，称之为“著语”；把克勤对本则语录、颂古所作总的解释和评述，分别置于本则、颂古之后，称之为“评唱”。原书题为《佛果圆悟禅师碧岩录》，其中“佛果”是宋徽宗赐的号，“圆悟”是宋高宗所赐的号。

早在崇宁四年（1105）克勤住持成都昭觉寺的最后两年已有《碧岩录》抄本流行。应当说，夹山寺的集录本《碧岩录》是最后定型之书。《碧岩录》题目后所署副题：“师住澧州夹山灵泉禅院评唱雪窦和尚颂古语要”，也反映了这种情况。[①]

（二）《碧岩录》的结构和内容

《碧岩录》每卷收录10则，每则由垂示、本则、著语、评唱和颂古组成，现略加说明。

1. 垂示

垂示原是克勤为引导弟子理解他要列举的公案而先作的提示说明。

上对下称“垂”，“垂示”是弟子对禅师开示的敬称。克勤弟子集编他对雪窦《颂古百则》的评解，敬称为“垂示”。例如第六十二则：

> 垂示云：以无师智发无作妙用，以无缘慈作不请胜友。向一句下，有杀有活；于一机中，有纵有擒。且道什么人曾恁么来，试举看。[②]

“垂示云”后面皆是克勤的话。“无师智”，意为自然秉承之智、无师自悟之智，实指佛性。“无作妙用”，指没有设特定外缘、对象的巧妙启示、指点。“无缘慈”，是立于空义，泯灭主客、内外意识的慈悲，如称在这种境界下的施舍为“无施者与受者”，此为无缘施舍。大意是说，禅师应立足于般若空观和心性论，担当学人的自然师友，以灵活手段随机启示学人参悟自性，说法内容应蕴含让学人自由参扣的巨大空间，既可从中得悟——活，也可能仍执迷不觉——杀；于同一禅机（具有启示人悟意蕴的动作或语句）中有放有收。

2. 本则

《碧岩录》中的100项“本则”，全来自雪窦《颂古百则》中所引用的前人公案。雪窦是云门宗禅僧，引用云门宗创始人文偃的公案语录最多，有14则；其次是赵州从谂的公案语录，有12则；此后南泉普愿、雪峰义存，各有3则。此外，南阳慧忠、马祖道一、百丈怀海、云岩昙晟、镜清道怤、巴陵颢鉴、风穴延沼各2则，其他人各一则。

在每一公则前有一“举”字，是以此举例之意，有的还有他作的简评、论议，称之为“雪

---

① 参考书后附关友无党在宣和乙巳（七年，公元1125年）写的后序及建炎戊申（二年，公元1128年）克勤的弟子普照为《碧岩录》所写的序。

② 《佛果圆悟禅师碧岩录》，《大正藏》第48册，第193页。

窦著语”、“雪窦云”，相当于文字禅形式之一的“拈古”或“拈提”、“拈则”。例如，第六十二则的本则是：

举：云门示众云：乾坤之内，宇宙之间，中有一宝，秘在形山。拈灯笼向佛殿里，将三门来灯笼上。①

这段公案是当初雪窦引自《云门录》的一段话，所谓“乾坤……秘在形山”，取自署名后秦僧肇的《宝藏论》，是说真如（心性）隐藏于宇宙万有之中。后面两句是云门文偃发挥万物融通无间的思想，谓不同事物彼此圆融无碍。

3. 著语

著语不是圆悟克勤的发明，早在雪窦《颂古百则》中已经有“著语”的用例。因为雪窦《颂古百则》中的本则（包括所举公案及雪窦的拈语）是其弟子集编的，所以称雪窦的著语为“师著语云”或“师云”。②《碧岩录》虽继承这部分内容，然而改“师著语云”、“师云”为“雪窦著语”、“雪窦云”。

著语是三言两语的简评，也相当于拈古、拈语。虽有时也带有一些解释的意思，但在一般情况下不从正面对公案中的语句做对应说明，是将自己对所举公案的态度、见解用十分笼统的，乃至不着边际的语言表达出来。用禅宗的话说，是埋藏某种“禅机”（禅悟启示、意蕴）的。可以想象，克勤在向弟子讲解雪窦《颂古百则》时，是一边对照原文或读或讲，一边加以评论的。弟子将他的评论集编出来，就是所谓著语。他们将这些著语用小字置于本则及颂古、颂古与结尾的语句之间，形式像是夹注。

例如第二则中，“举：赵州示众云”之后，著语是：“这老汉作什么？莫打这葛藤。”下句“至道无难”之后，著语是：“非难非易。”“唯嫌拣择”之后著语是：“眼前是什么？三祖犹在（按：三祖僧璨）。”“才有语言，是拣择是明白?”之后的著语是：“两头三面，少卖弄。鱼行水浊，鸟飞落毛。”在“老僧不在明白里”之后，著语是：“贼身已露，为老汉向什么处去?”在“是汝还护惜也无”之后著语是：“败也！也有一个半个。”③ ……

克勤通过这种语句乃至俏皮话、笑骂之语，引导弟子领会赵州和尚语录中包含的禅意。对雪窦颂古的语句的著语也这样，很难找到语意明白的解释。克勤也有从正面解释的著语，如第十八则是举唐代肃宗皇帝问南阳慧忠禅师何为“无缝塔”的语录。在“肃宗皇帝”后加的著语是：“本是代宗，此误。”④据史传，他的订正是正确的。另，第二十则在“如何是祖师西来意”后加的著语是“诸方旧话”⑤，也是解释。

① 《佛果圆悟禅师碧岩录》，《大正藏》第48册，第193页。

② 参见明代道霖编《雪窦颂古直注》，《续藏经》第二编·甲·第二十二套第3册，《禅宗全书》第94册，弥勒出版社1990年版。

③ 《佛果圆悟禅师碧岩录》，《大正藏》第48册，第141页。

④ 同上书，第157页。

⑤ 同上书，第160页。

4. 评唱

“评唱”是品评与倡导、对应宣示的意思。与著语相比，是用较大篇幅对本则、雪窦的颂古做评述、解释。虽然对于本则中的语句也不作出十分对题的解释，然而对于本则所举公案涉及的人物、背景常作说明，并且也批评前人或别人的相关解释。

例如，第七则是举慧超（归宗策真）问法眼禅师：“如何是佛?”法眼回答：“汝是慧超。”克勤的评唱指出：“此个公案，诸方商量者多，作情解会者不少。”他举出有三种解释：有人解释：“慧超便是佛，所以法眼恁么答。有者道：大似骑牛觅牛。有者道：问者便是。”从法眼的回答语句含义来看，他告诉慧超，无须问别人什么是佛，你应当先认识自己，是启发他别向外求佛。这与他举的第一种解释相似。然而，克勤对这种解释完全否定，谓：“有什么交涉?”认为这是“情解”，“不惟辜负自己，亦乃深屈古人”。可是他虽列举了很多，却没有从正面对这则公案蕴含的禅旨进行明白交代，只是一再教人离开语句、不依靠思量从内心体悟自性，所谓“超声越色，得大自在”。[①]

《碧岩录》中的评唱篇幅长，而且经常大段大段地解释本则公案的背景、过去丛林中相关的事例，如第十一则对颂古的评唱引《续咸通传》，介绍唐宣宗为避武宗加害曾为僧逃至香岩智闲门下；第十八则的评唱说唐肃宗、代宗与南阳慧忠有密切往来；第三十四则的评唱介绍北宗禅僧衡山懒瓒（明瓒）和尚不受德宗召请的事迹，等等，都是有一定史料价值的。

5. 颂古

《碧岩录》中的颂古全是雪窦《颂古百则》中原有的，是用诗偈的形式对所举公案进行评论和发挥，然而因为是“绕路说禅”，所以很少有对公案语句做正面解释的。例如，对前面所引第七则法眼回答慧超问“如何是佛”的公案，雪窦颂古曰：“江国春风吹不起，鹧鸪啼在深花里。三级浪高鱼化龙，痴人犹戽夜塘水。”[②] 雪窦的偈颂是说在春色正浓的季节，原在池塘的鱼已跳过龙门成龙腾空而去，但痴人还想戽空塘水捉鱼呢!

参照明代道霖编《雪窦颂古直注》可以看到，雪窦原来的《颂古百则》在本则结束的地方有“总结”二字，然后是他的颂古。说明他有意以诗偈的形式将所举的公案做一总结。《碧岩录》对此稍有改变，将“总结”改为“试举看”，或“……颂出”，“看取雪窦颂”，“所以颂出”，“便颂出”，“雪窦拈出令人看”，“看取雪窦颂云”，及“颂曰”、“颂云”；等等。同时在颂古字句间加上著语。

克勤是借阐释和评唱《颂古百则》来表述自己的禅法思想的。据克勤弟子虎丘绍隆等人合编的《圆悟佛果禅师语录》，克勤认为清净的心性是世界万物的本原，同时也是众生解脱的内在依据；然而在现实社会中人的自性受到“无明”烦恼的污染，难免轮回于生死长河，要达到解脱应当做到“无念”、“离见超情”，自悟本性，截断生死根源。这种禅法既源自慧能以来的南宗禅法传统，在强调“禅非意想”等方面又带有时代的特色。克勤在《碧岩录》中以富有文采的语句乃至带有戏谑的笔调对古人禅悟公案及雪窦颂古的阐释、议论和评唱，也贯穿着他的

① 《佛果圆悟禅师碧岩录》，《大正藏》第48册，第147页。

② 同上。

禅法思想，其中特别强调学人应当透过语句“明究自己”，还鼓励禅师树立“扶竖宗教”的气概。

（三）《碧岩录》的影响

《碧岩录》出世后，曾在丛林广为流传。在克勤去世后，弟子大慧宗杲担心门下执著言句，在进入南宋不久，在今福建境内将此书版毁焚。然而《碧岩录》并未在世上绝迹。元代大德四年（1300）以后，嵎中张炜（字明远）又搜寻旧版重新校订刻版印行。《碧岩录》直到清代在丛林间还是流行的，在明清之际雕印的《嘉兴藏》、清代雕印的《龙藏》中皆收有此书。

《碧岩录》开启以评唱体评述颂古的做法。受此书影响，金元之际著名曹洞宗禅师万松行秀（1166—1246）将宋代曹洞宗禅僧天童正觉（1091—1157）的百则颂古加上“示众”、“著语”和“评唱”编撰《万松老人评唱天童觉和尚颂古从容庵录》（以下简称《从容录》）6卷。他的弟子林泉从伦评唱曹洞宗禅僧投子义青（1032—1083）的颂古百则，撰《空谷集》6卷；又评唱义青的再传弟子丹霞子淳（1064—1117）的颂古百则，撰《虚空集》6卷。

五　惠洪和《禅林僧宝传》

宋代惠洪在南岳衡山南台寺编撰的《禅林僧宝传》，是打破旧有记言体灯史体例，记述晚唐至北宋禅门五宗著名禅师“前言往行”的新型禅宗史书，为丛林说法参禅提供丰富的前代事例，并且记载很多著名禅僧与士大夫之间密切交往的事迹。

惠洪（1071—1128），真名德洪，字觉范，自称寂音尊者，俗姓喻[①]，筠州新昌县（今江西宜丰县）人。年十四出家，19岁赴京城试经，冒用天王寺僧“惠洪”之名剃度为僧，便以惠洪为名。此后，他博览佛教经论并经史子集，以善诗文受到京城士大夫称赞。四年后，南下至庐山，于归宗寺归依真净克文，参究禅法。在克文住持洪州泐潭寺时，他担任记室，逐渐出名。

惠洪后来游历东吴、沅湘，访南岳衡山，参访禅寺。他与右司员外郎兼权给事中的陈瓘（字莹中）有深交，在陈瓘贬官袁州（治今江西宜春县）、廉州（治今广西合浦）、郴州（在今湖南）时，皆与他保持往来。[②]北宋大观元年（1107），惠洪应洪州知州朱彦（字世英）之请，住持临川的北景德禅寺。他与张商英也有交往，受到他的赏识。

惠洪此后到金陵（今南京），应转运使吴正仲之请住持金陵清凉寺。但未到一月，有僧告他冒名用他人的度牒剃度和犯有讪谤罪，被捕入狱一年，并被迫还俗。宋徽宗大观四年（1110），张商英出任宰相，惠洪穿儒服入京登门拜会。经张商英特奏，他再次剃度为僧，改名德洪，并经宋徽宗亲信的方士、官拜定康军节度使的郭天信的奏请，得赐紫衣和“宝觉圆明”

---

① 此据南宋祖琇《僧宝正续传》第2卷《明白洪禅师传》（以下简称《德洪传》）。然而《嘉泰普灯录》第7卷、《五灯会元》第17卷《慧洪章》、明代觉岸《释氏稽古略》第4卷等皆作姓彭，元念常《佛祖历代通载》第19卷作姓俞。然而惠洪《石门文字禅》第24卷所载自传《寂音自序》作“新昌喻氏子”，今从之。

② 陈瓘遭贬之地，据《宋史》第345卷《陈瓘传》，中华书局1977年版，第10961—10964页。

四字师号。然而不久，在张商英、郭天信因罪遭贬谪之时，惠洪也受到牵连，政和元年（1111）十月被削除僧籍，发配到海南崖州三年。惠洪被赦免后，回到筠州荷塘寺、石门寺住过短暂时期。政和四年（1114）至衡山，五月被捕送到并州太原监狱受审，至第二年夏出狱，然后南归至新昌县的度门寺。此后他往来于九峰、洞山之间，身穿俗服，以撰写诗文自娱。有道士诬告他是以邪教密谋造反的张怀素的同党，于是又被捕入南昌狱，百余日后才被查清赦免。

惠洪大约在宣和元年（1119）到湘西（衡山）的南台禅寺居住，将自己所居之室命名为“明白庵”①。他在南台寺前后达七年之久，深入研究佛教经论并且将30卷的禅宗史书《禅林僧宝传》最后完成。宣和七年（1125），他打算携书北上入京，年底抵达襄阳。当时金兵不断南侵，社会动荡，政局不稳，徽宗让位于钦宗。钦宗即位后，废除对所谓“元祐党人”及其学术之禁等，追赠张商英以太保之号，朝廷也准予惠洪重新剃度，恢复旧名。南宋建炎二年（1128）二月，惠洪在同安（治今安徽潜山县）去世，年58岁。②

惠洪虽一生坎坷，然而学识渊博，富有文才，著作颇丰，除《禅林僧宝传》外，尚有《林间录》2卷、《僧史》12卷、《智证传》（《寂音尊者智证传》）10卷、《志林》10卷、《冷斋夜话》10卷、《天厨禁脔》1卷、《石门文字禅》30卷等。

《禅林僧宝传》是传记体禅宗史书。惠洪有意补以往《景德传灯录》、《天圣广灯录》等“灯录”记言体史书注重记载禅僧语录、很少记述他们事迹的缺欠，既记禅宗僧人的事迹，又选载其具有代表性的语录。书中收载禅宗名僧81人，以宋代禅僧最多，也有少数唐末五代的禅僧。其中除宋代禅僧2人法系不明者外，属于禅门五宗成立前的禅僧皆是青原石头法系的禅僧，有11人，此外皆属禅门五宗的禅僧：属于沩仰宗1人，临济宗32人，曹洞宗11人，云门宗19人，法眼宗5人。临济宗在宋代从石霜楚圆下分出黄龙、杨岐二派，此书所载临济宗32人中有黄龙派13人，杨岐派2人。③

从此书编录的禅僧传记，可大体推测北宋禅宗各派传播的形势：最有影响的是云门宗、临济宗，在北宋中期临济宗形成黄龙、杨岐二派后，开始以黄龙派最有影响，至于杨岐派的兴盛是在进入南宋以后。

此书一出世就受到丛林的重视，据惠洪《石门文字禅》卷二十六所载，从宣和元年书成至宣和五年（1119—1123），就有佛鉴净因、谊叟、长汀珣上人、东瓯宗上人、临川圆上人、福唐太淳、福唐季芳、临川端上人、九嶷道隆、福唐季休、南海惠英等人抄录出11部，皆请惠洪题记，然后流传到各地。

① 惠洪著作《石门文字禅》第20卷有《明白庵铭》。

② 以上主要据《石门文字禅》第24卷《寂音自序》、《僧宝正续传》第2卷《德洪传》、《嘉泰普灯录》第7卷《慧洪章》，并参考《石门文字禅》第20—27卷所载有关的铭、记、序、题、跋等。

③ 陈垣《中国佛教史籍概论》第6卷介绍《禅林僧宝传》之章说：“今此八十一人中，除未详所属者数人外，属青原者十一人，曹洞十人，临济十七人，云门、黄龙各十五人，法眼五人，沩仰一人，杨岐四人，足见当日云门、临济之盛。”说云门、临济二宗盛是事实，然而统计禅宗法系的人数不完全正确。

六　南岳云峰文悦

大愚守芝弟子中，以云峰文悦比较有名。[①]

文悦（997—1062），俗姓徐，江西南昌人。从守芝嗣法后，东游三吴，访明州（治今浙江宁波）雪窦寺参谒临济宗重显，又至鄱阳芝山寺参谒云门宗古塔主承古禅师，在他们门下担任过首座。黄龙慧南在同安（今安徽潜山县）崇胜禅院传法，请他担任首座。

此后，文悦应请到南昌西山住持翠岩寺，因一起诉讼之事受到牵连，展转至南岳，在承天寺勤禅师处潜修十年，逐渐闻名丛林。应请住持南岳法轮寺，后住持南岳云峰寺，门下弟子日多。在宋仁宗嘉祐七年（1062）七月八日，文悦升座辞众，说偈曰："住世六十六年，为僧五十九夏，禅流若问旨归，鼻孔大头向下。"[②] 然后泊然逝世。

据《古尊宿语录》卷四十一《云峰悦禅师初住翠岩语录》记载，文悦一次上堂说：

> 你一队后生，经律论固是不知也，入众参禅，禅又不会。……诸禅德，去圣时遥，人心淡泊，看却今之丛林，更是不得也。所在之处，或聚徒三百五百，浩浩地只以饭食丰浓、寮舍稳便为旺化也。中间孜孜为道者无一人。设有十个五个，走上走下，半青半黄，会即总道我会，各各自谓握灵蛇之珠，孰肯知非？及乎挨拶鞭逼将来，直是万中无一。苦哉，苦哉！所谓般若丛林岁岁凋，无明荒草年年长。
>
> 就中今时后生才入众来，便自端然拱手，受他别人供养，到处菜不择一茎，柴不搬一束，十指不沾水，百事不干怀，虽则一期快意，争奈三涂[③]累身。岂不见教中道：宁以热铁缠身，不受信心人衣；宁以洋铜灌口，不受信心人食。
>
> 上座若是去，直饶变大地作黄金，搅长河为酥酪，供养上座，也未为分外；若也未是，至于滴水寸丝，便须披毛戴角，牵犁拽耙，偿他始得。不见祖师道，入道不通理，复身还信施。此是决定底事，终不虚也。
>
> 诸上座，光阴可惜，时不待人。莫待一朝眼光落地，畲田无一篑之功，铁围陷百刑之痛。莫言不道，珍重！[④]

这段话既对当时丛林状况和风气提出尖锐批评，又对门下弟子提出劝告和警示：（1）很多年轻僧人既不懂佛教经律论三藏，又不会坐禅。（2）不少禅寺"聚徒三百五百"，只以饭食是否丰厚、寮舍是否稳便为兴衰的标志。僧中能如法修道者极少，所谓"孜孜为道者无一人"。

---

① 关于文悦，《禅林僧宝传》第22卷有他的传记，《古尊宿语录》第40卷、第41卷有他在南昌西山翠岩寺、南岳法轮寺、云峰寺的传法语录、偈颂。

② 此据《禅林僧宝传》第22卷《云峰悦禅师传》。《古尊宿语录》第41卷载录《十二时歌》后所附此偈为："住世六十五年，为僧五十七夏，玄徒休问指归，鼻孔大头向下。"

③ 三涂，指火途地狱、刀途饿鬼道、血途畜生道。佛教讲因果报应，说如果生前无慈悲之心，常怀嗔忿；无惠施之心，常怀悭贪；无智慧之心，愚痴不化，必将导致做种种恶业，死后招致三途恶报。

④ 《古尊宿语录》，《续藏经》第68册，第269页。

文悦看到僧众信仰不诚、道风不正的情况，感慨“般若丛林岁岁凋，无明荒草年年长”。(3) 有些新出家僧只顾接受信众供养，却不知做有益大众的事。(4) 文悦表示，如果寺僧能够奉行正法，做到真修实悟，即使接受任何施舍也不过分，否则必将受到报应，甚至来世变为畜生。(5) 文悦最后劝告门下众僧珍惜光阴，发奋修持。

这是一段难得的记述，为我们了解宋代丛林的情况提供了不可多得的资料。

综上所述，以潭州为中心的湖南在宋代是临济宗重要传播地域，前后有神鼎洪諲、石霜楚圆、南岳芭蕉谷泉、圆悟克勤、南岳云峰文悦在此传法，惠洪在南岳编撰著名禅宗史书《禅林僧宝传》，为中国佛教史和文化史写下灿烂的一页。

（责任编辑：周建刚）

湖湘籍高僧七塔寺溥常法师与华严学

黄夏年*

摘　要：浙江宁波七塔寺是宁波地区四大寺院之一，至今已有1000余年的历史。民国期间，湖南籍高僧溥常曾住持七塔寺，致力于七塔寺佛教教育事业，创办七塔报恩佛学院；续修七塔寺宗谱；撰写《七塔寺志》等。尤其在华严学上，提倡教学一体化，同时又将禅与华严，以及与净土圆融，走出了当代华严学新路，取得非凡成就。

关键词：溥常；华严学；圆融禅净

一　溥常法师生平

释溥常长老，法名宏鉌，别字梦忍行者，湖南湘乡人。同治五年（1866）八月二十一日生。俗姓曹，父森蔚公，饱学外典，崇尚仁义礼智儒家之学。母亲罗氏，贤惠端庄，相夫教子，阖里亲近。溥常聪明伶俐，有“神童”之称。15岁时患眼疾，许愿观音像前，虔诚礼佛，吃斋茹素，梦见荤腥，醒来惊觉悔恨，佛种植入心田。17岁随父亲参加童子试，因人作假，名落孙山。光绪十二年（1886）溥常到福建从军，战事既无，闲来翻佛书，脱除军服，进入佛门。光绪十八年（1892）27岁的溥常投闽悬庆城寺礼庆权和尚披剃。翌年在涌泉寺妙莲律师座下受具足戒。出家后，溥常倾心净土，崇拜明代四大高僧之一云栖袾宏。他努力钻研《云栖法汇》，念佛不辍。既深感修行不够，遂四处寻访善知识，参谒东南名刹。光绪二十八年（1902）溥常到南京赤山亲炙当代禅门宗匠法忍老人，学习永明延寿《禅净四料

溥常法師近影

* 黄夏年，中国社会科学院世界宗教研究所研究员、《世界宗教研究》杂志社编审。

简》，后至陕西西安终南山，结茅礼佛。在大兴善寺坐香打七。又遍历香山、五台山，再到北京，然后南下江宁，返回南京。光绪三十年（1904），溥常法师担任金陵毗卢寺监院，住持坐香、传戒、讲经等活动。光绪三十二年（1906）他与同学月霞法师、留学生桂伯华，往日本讲经，考察各国宗教异同。回国后，应天童寄禅长老、天台谛闲讲主及江宁李梅庵方伯之邀请，留阅藏经。民国初年又受虚云和尚之邀前往云南讲经办学，在云南住五六年，创办僧学校与演说团，成立佛教滇藏支部；在大理观音寺、昆明筇竹寺，举办传戒活动，影响很好。1918 年，溥常接受马来西亚槟城极乐寺本忠和尚邀请，到南洋诸岛讲经考察，回国时取道缅甸，瞻仰了著名的仰光大金塔。同年溥常法师回到七塔寺，一心清修六年。之后又至日本讲经弘法，后返回七塔寺。1928 年溥常法师创办七塔报恩佛学院，培养僧才。1932 年溥常法师扶杖回湖南家乡，到南岳衡山，参师访道，朝拜圣迹。1933 年七塔寺僧众推举溥常法师为七塔主席，在任期间做了修宗谱、撰寺志、办院刊三件大事。1936 年溥常法师住持三年期满退院，到庾山退居寮，其卒年已无考。生前有法徒攸久等 13 人，剃度徒淳清等 8 人。民国著名高僧谛闲法师曾给溥常法师“立照”曰：

> 其形如狮，其行可师。傍人浅识，唯我深知。性海绝纤，泯中泯边。一念寂照，万象森然。真见无见，随缘不便。南北两都，几乎踏遍。脚跟到处，因缘会集。宏法毗卢，请他主席。伟人光复，清主逊国。一举万程，远驰异域。滇南日本，南洋群岛。两岸中流，无非妙道。十余年来，佐理报恩。提倡学院，光彩山门。主讲华严，提纲浅说。广远流通，后昆受益。噫，梅若不经彻骨寒，何得有此好消息。①

二 《大方广佛华严经纲要浅说》的创作因缘

谛闲法师对溥常的华严成就给予了很高评价。他说溥常：“主讲华严，提纲浅说。广远流通，后昆受益。”溥常法师在七塔报恩佛学院讲过三年《华严经》，同时还撰写了《华严纲要浅说》一书，这是他留给后人最宝贵的一项文化遗产。

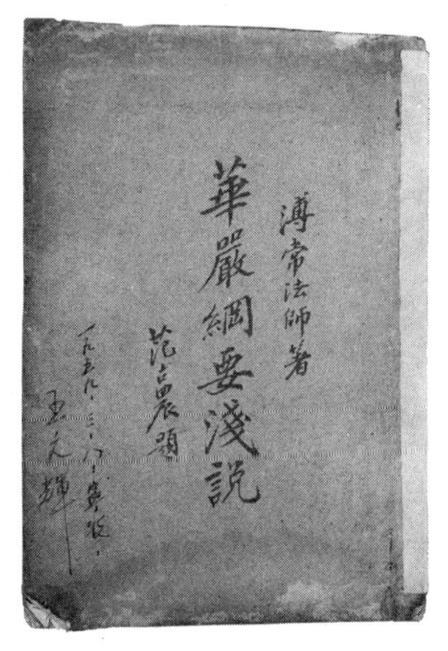

《华严纲要浅说》全名《大方广佛华严经纲要浅说》，是溥常法师华严学代表作。溥常法师自叙：

> 大矣哉，华严一乘教海，具德圆融，诸经之通体，诸法之依，一切众生迷悟，本一切诸佛所证穷，诸菩萨行，自此出生，故我毗庐遮那如来，最初为法身大士所说，《十地经论》云：一时婆伽婆，成道未久，第二七日也。末世业障

① 谛闲：《溥常法师照题辞》，《谛闲大师语录》，上海佛学书局 1995 年版，第 386—387 页。

凡夫，居于五浊恶心世，虽清凉云：见闻成种，恍若有眼不见舍那身，有耳不闻圆顿教者，示参等同学二十余人，相集而言曰：来此报恩佛学院，三年期限将满，华严大经，愧未深入堂奥，请求重说。发挥法要，既承传之于口，更劳笔之于书。余曰：否。如来于一微尘，破大千经卷，贤首一家教观，诸祖造论著疏。阐扬净尽，无有过上者，况释迦掩室于室罗，净名杜口于毗耶，无言之言，了了更畅，何烦赘述。签曰：时值末法，众生根钝，常面错过。华严海藏，文义幽深，卷帙浩繁，汗漫难究，心领神会，甚不易易。余乃缓颊曰：唯素性疏懒，不喜弄笔，愧恨年老六五，作文又拙。枯肠搜尽，不能滚滚而来，虽登华座演讲，如同转读，仅具信乐。今不得已，处于牵强，不顾鄙陋，勉其所请。略简纲要而浅说之，稽首光明遍照尊。莲华藏海性圆融，普贤文殊冥加护。愿沾一滴蒙童。天台云，闻首经题，功德无量，此大方广华严经，以人法喻三具足为名，即一体三宝也。大方广是法宝，佛是佛宝，华严是僧宝。大则极虚空之可度，体无边涯，方则极沧溟之可饮，法门无尽，广则碎尘刹而可数用无能测，佛则离能觉所觉，万法洞明。华则芬披万行，荣耀众德。严则圆此行德，饰彼十身。经则贯穿文句，以成玄妙。如是举题，即摄会经。毗庐遮那如来，现圆满报身，放光加被，诸大菩萨，承佛威力，说此一真法界，圆融行布法门，清凉国师将三十九品经文，以四分五周，七处九会，剖解义蕴，即所谓以圣教为明镜，照见自心，以自心为智灯，照经幽旨也。[①]

溥常法师解说了此书系因报恩佛学院的同学三年期满离别而请老院长所作。他发挥了唐代清凉澄观思路，将《华严经疏钞》的四会——信解行证；五周——证人因果周、成行因果周、平等因果周、差别因果周、所信因果周，以及九会和品目之体系，再撮要对证，互为增益，并且撰成是书，留给学僧。从本书中可看出他对《华严经》下了不少功夫。

此书于1931年由上海佛学书局出版，范古农居士（时为佛学书局总经理）为本书题写书名并作序，云：

近世学者，根机浅薄。对此大经（引者按：指《华严经》），不易卒读。宁波报恩佛学院溥常老法师既以大经教授学子，复以每品经文约举大义，编成讲义，名曰“纲要浅说”，令学者立信解之基，其深得我佛教化众生之心乎？书成，嘱上海佛学书局印行，而索序于余。余因疾稽迟，出版期近，仓促握管，言不成文。民国二十年五月。[②]

范古农居士交代了此书出版缘起，为溥常法师“立照”的谛闲老法师也为此书作过序，其云：

释此经者（引者按：指《华严经》），唯二大老，一枣柏李长者之《合论》。二清凉

① 溥常：《大方广佛华严经纲要浅说》，上海佛学书局1931年版，第1—2页。

② 范古农：《序》，载《大方广佛华严经纲要浅说》，上海佛学书局1931年版。

观国师之《疏钞》。《疏钞》意极精微，冲深包博。《合论》得尽大体，直截根源。其文虽明显，而出显为难，意实幽玄。而通玄不易，自非深诣圆极，久淹经文者，无繇措手。今溥常法师，运大悲心，伸妙手眼，其始也绘图，揭示全经品卷，说明七处九会，四分五周，了如指掌。其次也提纲，节略经文疏义，称性发挥，明如日星，俾彼闻者，热一丸而具闻众气，尝一指而全鼎皆知，类天池之一滴，味具百川，犹帝网之千珠，光含众影，意甚明而斑斑可考，言虽简而处处指归，为怜三尺子，不惜两茎眉，真乃血笔肝文，婆心热语已也。而又殷勤征序，予何敢以不文辞，爰述之以为乐法者劝。佛生二千九百五十八年岁在庚午，弥陀圣诞后二日四明观宗寺卓三谛闲述于退隐之密藏居。①

谛闲老法师交代了此书创作因缘及书之卷目，乡绅罗杰则序出了此书精彩之处：

溥常法师智悲渊广，行解圆证，寝馈功深，由赅返约。徇高足沙门之请，撰纲要浅说，索序于余。受而读之，其书移图冠首。分周处会，若网在纲，经文义疏，撮并大要。分析显豁，重重华藏。约为生佛心源，贤圣智身，各显度人神变。论渐则历阶五位，述顿则立证菩提。洵初学之明灯，暗室之朗月也。是经显密圆融，途开顿渐，何以征之？……②

由众序可知，此书是近代佛教界里一本言简意赅、框架分明的《华严经》之提纲挈领的著作，对了解《华严经》大旨有入门之功矣。

三 《大方广佛华严经纲要浅说》与禅净思想

《华严纲要浅说》贯通华严，择其重点，唯有阐发。溥常法师学通内外，儒释道皆得，禅净双修，融汇诸宗。他说法随手拈来，释经孔老均可论道。他认为：

凡此诸华严行者，当务企及，庶不负先圣垂教引发之深也。一部《华严经》，“总而论之，前三十八品，自众集标宗，举果劝信，以历五位，证二觉。而卒于离世间品，同尘不染，始自凡夫，终至成佛，乃修行证果之真范。最后一品，本末圆该，深固幽远，如来入定放光，真常独露。十方新众来集，默契如如，廓尔忘缘，德用无涯，为一经之统要。及善财南游，迹示实行，依前法体以重明，前则诠示法门，此欲体而行之，体之之要，在于默得。不涉言诠，如诸知识，多见于动容之间。十住德云比丘，于别山徐步经行，以示寂用不二。十行善见比丘，于林中经行，以示妙行无住。……无尽事相，从微至著，皆欲默体，不涉言诠。就中有言，特绪余耳。盖言可诠道，终不能尽道，故孔氏云：言不尽意，

① 谛闲：《序》，载《大方广佛华严经纲要浅说》，上海佛学书局1931年版。

② 吴杰：《序》，载《大方广佛华严经纲要浅说》，上海佛学书局1931年版。

立象之以尽之，而祖师门下，犹以为未也。拨去名言色相，而独得于拈槌举拂之际，恰似良马见鞭影而走，当时临济遭黄檗三顿痛棒，至今儿孙遍天下，即此可以想见矣。末法六和僧伽，立志向道，求其真参实悟，须于五十三知识法门，刻苦研究，亲历其圣境焉而后可”①。

这是举维摩诘居士默言之事例，说明历五位，终二觉，至成佛之境界。融华严法界与临济宗的顿悟法门，语言色相，皆为虚妄，故“默契如如，廓尔忘缘，德用无涯，为一经之统要”。又与孔子不尽意说相配，其目的就是要人去掉名言色相，提醒出家人要去真参实悟，不要做表面功夫。

华严经的《普贤行愿品》是普贤菩萨根本大愿之表现，普贤菩萨以“不为自己求安乐，但愿众生得离苦”之愿力，激励佛教徒们努力奋斗，恒顺众生。溥常法师对《普贤行愿品》非常赞叹，认为：“大方广佛华严经入不思议解脱境界普贤行愿品，由唐贞元年间般若三藏译成，入法界品四十卷中之最后一卷，为华严之关键，特附于八十卷之末。”② 他对“大方广佛华严经入不思议解脱境界普贤行愿品”经名做了解说：

四域相传云，普贤行愿赞为略佛华严，大方广佛华严为广行愿赞，以今合而观之，理实然也。大等七字，照前解不思议解脱境界，即所入也。心言不及，为不思议。作用虽障为解脱，智造分域为境界。普贤行愿即能入也。德用善顺为普贤，造修希求为行愿。入之一字通能所，心智契合为入也。品类也，入等十六字，是此一类之义也。

“四域”者，即佛教所说的南赡部洲（阎浮提）、东胜身洲（毘提诃）、西牛货洲（西瞿耶尼）、北俱卢洲（郁单越）之四大洲之佛教的世界。经云：

譬如大海有四炽然光明大宝。此四种宝悉能消竭大海无极之水。何等为四？一、名日藏光明大宝，二、名离润光明大宝，三、名火珠光明大宝，四、名究竟无余光明大宝。佛子！若大海中无此四宝，四域天下、金刚围山乃至非想非非想处皆悉漂没。③

又说：“其佛世界，七宝合成，众宝庄严；其土圆满，离垢清净，宝网罗覆，金刚围山周匝围绕。有十万亿那由他四域天下：或有天下清净，众生亦净；或有天下不净，众生不净；或有天下净不净杂，众生亦杂；或有天下清净，一切众生，善根具足，无诸疾患。”④ 溥常法师指出了《普贤行愿品》和《华严经》的关系，前者是全经的浓缩，后者是前者的扩展，这是从精神与实践的层面来解说两者之间的关系。从能所关系上讲，“不思议解脱境界”是所入，有了

① 溥常：《大方广佛华严经纲要浅说》，上海佛学书局1931年版，第45—46页。
② 同上书，第47页。
③ 佛驮跋陀罗译：《大方广佛华严经》第35卷，《大正藏》第9册。
④ 佛驮跋陀罗译：《大方广佛华严经》第52卷，《大正藏》第9册。

障碍才要解脱，有了智慧才有不同境界，这些都由“心”所决定，心是难以名状的，故曰“不思议”。“普贤行愿即能入也”，能者是外在的表现，普贤菩萨有“佛德”之善，行愿在修与求，这是践行者，故精神与实践的统一最后集中在一个“入”字，“心智契合”是最完美的结合。溥常法师通过解说经名与品名，将《华严经》与《普贤行愿品》做了精深阐述，指出了整部《华严经》说到底就是强调的精神与实践统一之“入”的关系，主动与被动的“能所”关系，就是普贤菩萨内在与外在协调与适应，“不思议”是心灵层面最高境界，“佛德”则指导着宗教实践。他又说：

> 此长行云：十大愿王，具足圆满，一经耳闻，功德无量。若有深信受持，受持读诵此愿王者，住世无碍，如空中月出于云翳，是人临命终时一切时，引导其前，一刹那顷即得往生极乐世界，亲见阿弥陀佛、文殊弥勒等，及十方来集诸菩萨、舍利弗等声闻，并天龙八部诸世主等，大众闻佛所说，皆大欢喜，信受奉行。①

普贤菩萨是十大愿王，为成就如来功德而广修：一者礼敬诸佛，二者称赞如来，三者广修供养，四者忏悔业障，五者随喜功德，六者请转法轮，七者请佛住世，八者常随佛学，九者恒顺众生，十者普皆回向之十种大愿。溥常法师指出了十大愿的功德不仅仅是耳闻之后即可得无量功德，更重要的是在于信仰持守，亦即奉行十大愿，就可在命终时得阿弥陀佛、文殊弥勒等接引，往生西方世界。这是将传统佛教的净土思想与华严思想融合起来，赓续了华严圆融精神，具有极其重要的现实意义。他又指出：

> 是人临命终时最后刹那，诸根败坏，一切亲属、威势、宝藏，无复随从，惟有愿王，不相舍离，于一切时引导其前，一刹那顷即得往生极乐世界，亲见阿弥陀佛、文殊、普贤、观音、弥勒诸菩萨围绕，其人自见坐莲华中，蒙佛授记。得授记已，经无量劫，利益众生，不久当坐菩提道场，成正觉，转法轮，能令佛刹尘数众生发菩提心，随其根性，教化成熟，尽于未来际劫，广能利乐含生。②

净土有东方净土、西方净土以及华严净土等。东方药师净土，有日光、月光两大上首菩萨和八位大菩萨相伴引导众生进入净土世界。西方阿弥陀净土，以众生之业法决定往生极乐。华严净土以十大愿王伴随众生，远离秽恶，进入西方赡养华藏世界。普贤愿王不舍众生，引导众生刹那得入，众生坐莲华中，得佛授记，在菩提场中获得正觉，转大法轮，这是多么美妙的事情。更重要的是，进入了西方华严净土的众生，仍然在践行普贤大愿，发菩提心，于未来劫利乐含生，又是一件伟大事业。溥常法师特意将华严净土与弥陀净土做了比较，他说：

---

① 溥常：《大方广佛华严经纲要浅说》，上海佛学书局 1931 年版，第 47 页。

② 同上书，第 48 页。

然是经专显毗庐境界，云何必以极乐为归宿。盖阿弥陀一名无量光，毗庐遮那此翻光明遍照，同一体故。于一体中，非去来故，要亦不无去来者。《起信论》云：众生初学是法信心怯弱，如来有胜力方便，专念阿弥陀佛，所修善根，皆回向发愿往生，即得见佛不退。上根利智，了得自性弥陀，全显唯心净土，举一法身，摄无不尽，故四种念佛，以宝相为究竟。然理虽顿悟，事须渐修，如华严教旨，十住初心，即同诸佛；五位进修，不无趣向；未臻妙觉，阶次宛然；至于十地，始终不离念佛。此土行人，纵能伏惑发悟，未证无生，宁逃后有，不依佛力，功行难圆，必待回向乐邦，亲蒙授记，净诸余习，成满愿王。于是知此经以毗庐为导，以极乐为归。既覲弥勒，不离华藏，家珍具足，力用无边。莲池老人真为我末法缁流模范，专门提唱净土老实念佛，加以华严教观熏修，助发一乘智境。观经云：上品上生，必读诵大乘方等经典，即此意也。华严为诸经冠，称普贤为法长子，以普贤行愿功德力，尚且求生西方，亲近弥陀，末世业障凡夫，可不深长思焉。我佛愿行经劫海，证此难思解脱门。庆幸见闻充法喜，普度含灵报佛恩。以此功德皆回向，冤亲平等体干元。三途八难息痛苦，同登华藏礼慈尊。①

毗卢遮那大日如来的最高境界仍然体现在极乐净土，这是学佛者的必然之路。极乐净土本是阿弥陀信仰特点，溥常法师将华严净土归于极乐，这是从体上看，因为阿弥陀有无量光，毗卢遮那佛是光明遍照，两者都有发光特点，所以它们应是一体的。既为一体，原本就是存在，没有来去之别。修阿弥陀佛者，重在利养善根，依胜力方便，生不退心，得自性弥陀，显唯心净土，终极目的是与佛等齐。修华严净土者，以十住阶次，依势修行，达于十地，与佛等同。溥常法师特别指出，不管是弥陀净土还是华严净土，都重在念佛一法，弥陀净土的四种念佛与华严十地的一心念佛，都是成佛的阶梯与所依。娑婆世界的众生，只想去惑不去证生，不依靠佛的力量，功行不可能圆满，但是念佛证成，还要依赖回向，加持众生，最终完成普贤大愿，这就是华严净土为什么如此看重普贤愿力的原因，并在毗卢遮那佛导引下，回归极乐净土。毗卢遮那与弥勒菩萨有一样的功力，都是得佛授记的未来佛，众生见到弥勒就是华藏世界在心，是将佛教家珍摄藏于心，可以得到包括回向之力无穷力用。明代莲池老人是提倡净土的大家，他不仅要人老实念佛，还强调要用华严教观熏修，以此来增强助力，早达一乘究竟境界。溥常法师最后强调，弥陀经典要人诵读大乘经典，《华严经》是诸经之冠，两者相通。普贤是华严净土代表，发菩提心，求生西方，与阿弥陀亲近，故学佛之人不可轻视普贤，行愿王力，同登华藏世界。

溥常法师在《华严纲要浅说后序》中说：

我佛如来说经有小大不思议解脱者，《净名》也，《华严》也。此之解脱，既云大不可思议，即是非思量言议之所企及。所以清凉判此乃圆教中之别教一乘，为事事无碍法界也矣。试观海云比丘，住海门十二年，以大海为其境界，时彼海中莲花座上如来，申右手摩

① 溥常：《大方广佛华严经纲要浅说》，上海佛学书局1931年版，第48页。

顶，演说此普眼法门，受此读颂，忆念观察。假使有人以大海量墨，须弥聚笔，书写此一品中一门。一门中一法，一法中一义，一义中一句，不得少分，何况令尽。溥常述此《纲要浅说》，安敢于佛法大海中沾一滴，实迫于诸子恳请，及近世潮流所趋向，欧风东渐，有唯心唯物之派别，以我毗庐如来成道，首说此经，性相圆融，广大悉备，法界缘起理实因果不思议诸宗，堪为科学家之归宿，始知大无畏神者，惟恐我佛陀一人。故作此引导火线而已。……①

溥常法师指出，《净名》与《华严经》同为不可思议经典，唐代澄观（清凉）判它们都是圆教中的一乘别教，属于四法界中的事事无碍法界。不思议解脱境界，不能用思想和言语来表达，就像无边大海，广大悉备，不缺不失。溥常法师撰写此书，一是受众人之请，为大家写书，将圆教普眼法门，提纲挈领述出普及世人。更重要的是，佛教面对近代中国社会和思想界的巨大变化，欧风东渐，西方观念和价值观、科学技术发展，已经引起中国人观念的变化。就哲学而言，唯物与唯心之争，始终是近代中国思想文化界争论热点，也影响了对佛教的看法。这部书就是要从性相圆融角度来化解唯物和唯心的认识，以华严宗特有的法界缘起之圆融观，说明理实因果不思议法门不仅可以超越科学，还可以给科学家找到归宿。

四　华严教育思想

1928 年 9 月 1 日报恩佛学院创办，溥常法师一直担任主讲兼院长。在《报恩佛学院章程》的第四条“职员”条有：“一、本院设院长一人，主持全院事务。二、主讲一人，商承院长，监理院中教务事宜。”②由是可见，溥常法师是佛学院主心骨，学院大小事情都由他一人负责。又在第五条“课程”条规定：“本院课程以贤首、慈恩教义为主，其他科学哲学为辅。”“贤首”即华严异名，“慈恩”，即唯识异名，佛学院将华严教义列为主要课程，可见华严学在法师心目中的地位。溥常法师还在《报恩佛学院院刊序》中指出：“我佛释迦世尊，醕以第一义谛示人。最初阐扬华严大教，小根聋哑，未堪所闻。经历四时之淘汰，究竟法华会上，极畅本怀，开三乘之权，显一实之道。”③ 这是溥常法师采用了华严宗判教观，旨在说明报恩佛学院在教理方面的突出特点。华严或贤首判教，分为五教：（1）小乘教（唯说眼、耳、鼻、舌、身、意六识为心）；（2）大乘始教（说八识阿赖耶的，如《唯识论》）；（3）大乘终教（说现象差别法不外乎真如的，如《大乘起信论》与摄论派等）；（4）大乘顿教（进一步说妄心妄境俱空，仅一真心朗然，如《维摩诘经》等）；（5）大乘圆教（更进一步说森罗万象的差别现象，不外乎朗然一心的显现，如《华严经》）。按华严宗的说法，佛教史经过小、始、终、顿，最后到华严圆教，所以溥常法师是按华严宗判教顺序来阐明佛教史和理解佛教发展过程的。

---

① 七塔报恩佛学院院刊编辑部：《本院第一周年纪念溥常老法师训词》，载《报恩佛学院院刊》，宁波钧和印刷股份有限公司 1936 年版。

② 同上。

③ 同上。

在佛学院开学一周年纪念会上，溥常法师除了称赞大家沐浴法水外，又强调："对于华严大教，人人都能明瞭，个个都能讲解，智并文殊，行齐普贤，这是多么欣幸的事情啊！"[①] 文殊主智，普贤主行，"智并文殊，行齐普贤"，这是佛教教育讲的解行并进或学修一体，这种教育思想，直到现在仍为中国各地佛学院所提倡。他认为佛学院学生，"照这样功无间断的干下去，那毗庐佛果的位子，还怕弄不到手吗？"[②] 在佛学院第四期放暑假会上，溥常法师又一次强调了佛学院宗旨和学习华严重要性。他说："本院宗旨是以造就弘法利生的人材为宗旨，所定的课程，是以贤首宗为主体，兼授普通科学。……宣讲《大方广佛华严经》大部，已经有二年之久。现在正讲《入法界品》四分中为依人证入成德分三分中为流通分的时候。每天在学中叫了几个学员来复讲，但都能现菩萨身，登莲花师子之座。种智圆明，分灯传燃，这都是在过去劫中就熏习了这种善根，所以承蒙毗庐遮那威神的加被，故能令法界众生都能沾法雨的滋润，而增长了善芽。有了这样很深的知见，虽然得不到位后的普贤，但位前的普贤已了了无疑了。"[③] 溥常法师一再强调华严教育在佛学院教育中的重要性，不仅亲自将一部数十万字的华严大经讲了两年还没有讲完，而且还要求学僧在课堂上复讲，可见他已经抠得非常细了，远不是一般佛学院仅作为概论性质课程，而是成为真正的主修课。按照他的这种讲课方法，对学僧理解华严学肯定会有很大好处，最终会培养出"位后普贤"，也会"种智圆明，分灯传燃"。

五　实践华严精神

溥常法师对华严学娴熟，还体现在他的日常行事之中。他明显地接受华严学说，并把华严学用于日常说法之中。

1935年农历九月二十一日，七塔寺200余人分班站立，维那呼悦众师，鸣引磬，迎请溥常和尚进禅堂。溥常举香板云：

> 般若如大火聚，触之便烧，又如清凉池，四面皆可入。七塔禅堂，今日宏开般若洪炉，煅炼法界圣凡。正所谓十方同聚会，个个学无为；此是选佛场，心空及第归。惟愿两序大众，同心努力，竖精进幢，披辱忍铠，举起金刚王宝剑，一超直往菩提正路行将去！[④]

《华严经》说："以般若波罗蜜为母，方便善巧为父。"溥常法师上禅堂起香法语，用般若来做开场白，是说明佛教智慧博大精深，能度有情人。接触佛法，了知般若，即得解脱，入清凉地，七塔寺作为选佛场，其"般若洪炉"必能将众生有情度脱，"心空及第归"，但是佛性自具，所以"一超直往菩提正路"，还要众人竖精进幢，拭金刚王宝剑磨砺方得。

---

① 七塔报恩佛学院院刊编辑部：《本院第一周年纪念溥常老法师训词》，载《报恩佛学院院刊》，宁波钧和印刷股份有限公司1936年版。

② 同上。

③ 同上。

④ 张秉全主编：《七塔寺志》，七塔寺1994年版。

十月十四日坐香之后即开始在禅堂，围炉打坐，溥常贴单云：“十方高人聚会，不分人我彼此，同是一真法界。虽然如是，即今贴单，成为世谛流布，又作么生？《法华经》云：是法住法位，世间相常住。和上分东西贴毕复位。举如意云：恭喜两序大众，谨遵六和遗训。奋发无畏精神，豁开顶门正眼。”[①] 然后下座。佛教讲众生平等一如。华严宗认为，无二曰一，不妄曰真，交彻融摄，故曰法界。诸佛平等法身，从本以来，不生不灭，非空非有，离名离相，无内无外，唯一真实。不可思议，是名一真法界。世间相本来就存在，并不缺少，所以世界一切万法都是常相，常显世间。两序大众皆是平等之人，只要人人精进，都能“豁开顶门正眼”，得大智慧。溥常法师的华严学问达到了运用自如的境界。

六　时人的评价

溥常法师对华严的研究，在整个宁波地区影响很大。时人赞叹：“师能华严玄旨，其释精到，一时奉为圭臬。”如民国《七塔寺志》的编纂者陈廖士曾作诗曰：

> 弘法来四明，驻锡到七塔。华严极微妙，宝如连城璧。
> 九会说四分，奥窔尽宣释。善我参法喜，招我饭香积。
>
> 绵密人天消息通，谁能舍宅矗禅宫。佛光照彻三千界，赞叹何须吾道东。
> 偶携二客证圆融，参到华严大乘雄。一寸心波光弈弈，真如便出客尘中。[②]

檀护永嘉赵柏颀曰：

> 性海心光处处融，宗风能畅辩能雄。千门万户从渠指，都在重重帝网中。
> 自注：师通《华严》，常以十玄六相课门徒，博辩宏通，在南北法筵中，当为稀有事也。[③]

居士郑伯烺（碧琅）曰：

> 一颗心光万炬融，玅谛莲舌厌百夫雄。然省识阇黎面，宛在毗庐性海中。
> 自注：师能华严玄旨，其释精到，一时奉为圭臬。[④]

溥常本人则和作赵柏颀诗曰：

---

① 张秉全主编：《七塔寺志》，七塔寺 1994 年版。
② 同上。
③ 同上。
④ 同上。

华严法界尽圆融，参秀观音道更雄（明朝普陀观音移此，名补陀寺）。深入一门能澈底，尘尘刹刹在其中。

1934年七塔寺崇寿桥拆毁，填寺前河造屋，溥常路过此，有感而发，作《吊崇寿桥并序》云：

崇寿桥中意自闲，两边塔涌列仙班。河沟弹指成街道，独对华严解笑颜。

自注：对面街名华严，余于此寺讲是经三年。①

七　结语

民国佛教是一个复兴与灿烂时期，这时佛学风气非常浓厚。中国佛教经历隋唐盛世，宋代以后开始衰落，到了明清已经不再风光。进入民国，佛教界要求复兴意识增强，但是对如何复兴佛教，许多人都提出自己的看法。例如，太虚大师主张佛教要进行教理革命、教产革命和教制革命之三大革命。也有人提出，要想让中国佛教重新兴盛，就要回到隋唐佛教，而能够代表隋唐佛教的标志，就是宗派佛教繁荣，在这个背景下，民国佛教呈现多种宗派复兴情况，并且有代表性人物，如虚云的禅宗，月霞等人的华严宗，弘一的律宗，王宏愿与持松等人的密宗，欧阳竟无等的唯识宗，印光的净土宗，谛闲的天台宗，等等。溥常法师紧趋时势，提倡对华严教学一体化，同时又将禅与华严，以及与净土圆融，走出了当代华严学新路，所以他对当代华严学研究是有地位的，他自己也对取得华严学成就感到满意，认为一生“独对华严解笑颜”。今天，我们在新世纪继续提倡华严学研究，就是要沿着溥常法师思路，发挥华严思想圆融特点，圆融古今，圆融东西方，圆融教内外，最终创立新时代华严圆融一学，真正复兴华严学。

（责任编辑：张利文）

① 张秉全主编：《七塔寺志》，七塔寺1994年版。

论沩山灵祐理事不二、顿渐圆融的禅修观

赖功欧*

摘　要： 沩仰宗的成立与沩仰禅法的形成，都是在"江湖禅"背景中完成的，都源于"江湖禅"即心即佛的禅旨。沩仰宗在修行论上的最大特色确可概之以"无心是道"，它极其巧妙地相应了沩仰顿渐圆融的观念；而体用一如，理事不二的理念是其支撑。沩仰宗顿渐圆融的修行观，致使其既重顿教，又主修行；故在"方圆默契"的沩仰家风中，顿悟渐修的禅法仍呈现出其必然性。

关键词： 沩仰宗；灵祐；慧寂；理事不二；顿悟渐修；顿渐圆融

葛兆光《增订本中国禅思想史——从六世纪到十世纪》在谈到禅宗进入"五宗时代"时这样说道："佛教禅门中，真正能够重新崛起的是南宗慧能一系第四代的黄檗希运（？—855）、沩山灵祐（771—853）、赵州从谂（778—897），以及第五代的临济义玄（？—867）、洞山良价（808—869）、仰山慧寂（807—883）等等。……于是，中国的禅思想史进入了通常被称作'五宗时代'的10世纪。"① 此中所言及的重要人物中就有二人属沩仰宗祖师。事实上，马祖、百丈之后，五家七宗中最早出现的就是沩仰宗，它是达摩预言"一花开五叶"中的第一叶。在唐武宗毁佛年代，竟然有沩仰一叶盛开，这确实是禅宗史上的一大奇事。然而在了解了其创宗者灵祐其人、其思想、其接续弟子后，一切就显得如此自然而不再神奇了。

"沩"是大沩山，位于湖南宁乡县西，而"仰"则指今江西宜春的仰山；发端于沩山，成型于仰山的沩仰宗之创立，就是唐武宗会昌年间的事。遭此"会昌之澄汰"② 而能创宗立派的，正是慧能门下南岳系第三代传人灵祐；除了他的个人努力外，他还幸运地遭遇了"相国裴公相亲道合"、"又遇相国崔公慎由崇重加礼"③。然而，更为深层的缘由在：地缘关系而形成的

---

* 赖功欧，江西省社会科学院哲学研究所所长、研究员。

① 葛兆光：《增订本中国禅思想史——从六世纪到十世纪》，上海古籍出版社2008年版，第416—417页。

② 赞宁：《宋高僧传》上，《唐大沩山灵祐传》，中华书局1987年版，第264页。

③ 同上。

“江湖禅”，正是灵祐禅法的思想背景。这是本文对沩仰宗的一个基本判断。

灵祐（771—853），唐代高僧。俗姓赵，福州长溪（今福建霞浦人）。15岁随本郡建善寺法恒律师出家，23岁在杭州龙兴寺受具足戒，学大小乘经律。某天，灵祐感悟到死钻文字堆难以证悟生命之真谛，难以让漂泊烦恼的心灵得到真正的依归，于是深叹：“诸佛至论，虽则妙理渊深，毕竟终未是吾栖神之地。”[①] 果然，他尝试探求新的修行道路。于是开始云游参访，先是受到天台智者大师遗迹之启迪，继又遇神异僧寒山，寒山以谶语指点他说：“逢潭则止，遇沩则住。”[②] 后游国清寺时遇拾得，拾得预言他将来是“一千五百人善知识”[③]。此后，灵祐到江西建昌县西南马祖的墓塔所在地石门山（今江西靖安县宝峰）泐潭寺，参谒马祖弟子怀海：“诣泐潭谒大智师（怀海谥号），顿了祖意。”[④] 可见，其悟道因缘是从这里开始的。

一　源于“江湖禅”即心即佛的沩仰禅法

从禅门传承上看，灵祐直承怀海，虽属马祖法系，亦在“江湖禅”范畴内。在怀海门下，他专心修习南宗禅法，深得怀海器重，位列参学众人之首，故能成为“江湖禅”系的高僧。然而其时，青原行思的弟子石头希迁在湖南，南岳怀让的弟子马祖道一在江西，两位大禅师是各坐一方道场，广开禅门教化。当时，天下的禅僧学侣，往来于江西与湖南，向马祖、石头两位大禅师请教佛法，于是丛林中也就有了“走江湖”一说。此中也许更有一层缘由：道一与希迁二人原都住南岳。唐代中期有“考官不如考佛”一说，其价值指向为马祖道一；但究实而言，石头希迁上承青原行思，驻锡湖南道场后，同样造就出了许多大禅师。可以说，马祖、石头的江湖禅时代，共同创造了唐代中期禅宗文化的辉煌历史。沩仰禅法就是在这一辉煌历程中造就的，但若仅谓其为马祖法系所成就，则实未满足“江湖禅”一说，实未顾及于石头禅系。事实上，沩仰亦多得力于石头希迁，这从灵祐弟子慧寂的一段极富价值评判的话语中可证实：“石头是真金铺，我者里是杂货铺。有人来觅杂货铺，则我亦拈他与；来觅真金，我亦与他。”[⑤] 可见，涵括石头禅系与马祖洪州禅系的“江湖禅宗”，共遵即心即佛之禅旨，风云际会地共同造就了沩仰灵祐禅法。我们绝不要以为即心即佛的禅旨仅为马祖禅系所遵，事实上，仅从五泄灵默参石头、潮州大颠参石头等公案中，亦可见出石头及其子孙对即心即佛禅旨的尊奉；其差别只在修持方法上马祖禅系为“直显心性宗”、石头禅系则为“泯绝无寄宗”，然其共同成就了江湖禅宗，则是肯定的。

毛忠贤在《中国曹洞宗史》中谈及“江湖禅”，他以为：“马祖、石头的‘江湖禅’时代，情况有了极大的改变。当时的江湖禅僧已明白标举‘性在作用’，‘见闻觉知即心’。直言无忌地将以往回避的有形有为之世间法，指实为众生佛性法身。这一来，空洞玄虚抽象的心性、理

① 静、筠二禅师编撰：《祖堂集》下，《沩山和尚》，中华书局2007年版，第721页。
② 同上。
③ 同上。
④ 赞宁：《宋高僧传》上，《唐大沩山灵祐传》，中华书局1987年版，第264页。
⑤ 静、筠二禅师编撰：《祖堂集》下，《仰山和尚》，中华书局2007年版，第803页。

道，突变为众生的行住坐卧、扬眉瞬目、担柴运水、饥餐渴饮及应对外界的见闻觉知。一句话，人的与生俱来的灵知灵觉性就是法身佛性。”[①]尽管如此，禅宗包括南禅并未全然否定禅修的重要性，对五宗中最早的沩仰宗与最晚的法眼宗来说，尤其如此，顿悟渐修成为其基本禅法。然而“江湖禅”在这里确实起了大作用；石头一系的禅理禅法在此中的积极作用尤大。

先看灵祐在怀海门下是如何悟道的：“一日侍立，百丈问：‘谁?’师曰：‘灵祐。’百丈云：‘汝拨炉中有火否?’师拨云：‘无火。’百丈躬起深拨得少火，举以示之云：‘此不是火!’师发悟，礼谢，陈其所解。百丈曰：‘此乃暂时歧路耳。经云：欲见佛性，当观时节因缘。时节既至，如迷忽悟，如忘忽忆。方省已物不从他得。故祖师云：悟了同未悟，无心得无法。只是无虚妄，凡圣等心。本来心法元自备足。汝今既尔，善自护持。’”[②] 这说的是百丈与灵祐之间的一桩公案，百丈让灵祐拨一拨火炉，看看炉中有火否？灵祐稍一拨动，即答无火。百丈下座亲拨，掘至深处，拨出一点火花，举起示于灵祐前问曰：“这不是火?”灵祐大悟——深埋炉底之火即是佛性之喻。深拨得火，其意即为：人人虽具备佛性，但未必都能发掘而出，须努力发掘，而且不能错过“时节因缘”。得悟后的灵祐不久成为怀海的首座弟子，并被派往峭绝而无人烟的大沩山，起初几年过着橡栗充食、猿猱为伍的日子。苦心经营七八载，渐得当地人帮助才开辟了道场。后从吉州耽源山来了个和尚，此人即慧寂禅师。

发明心地后的灵祐在湖南沩山自立门户，开辟道场，其中因缘却颇为奇特。据说当时有一位司马头陀来到怀海处，提起沩山（在今宁乡县西）风景的殊胜，认为那是一块很适宜启建大道场聚众修持的宝地。又看准包括怀海在内的常住僧众中，唯有当典座（负责厨房工作的僧人职称）的才是沩山正主。为使大众心服，怀海做一测试，让大家表达各人的佛法见地，以便择优派遣。他手指净瓶问：“不得唤作净瓶，汝唤作什么?”[③] 当时，灵祐是以一脚踏倒净瓶并径直走出门去的出格做法，赢得了怀海的称赞：“百丈笑云：‘第一坐输却山子也。’遂遣师往沩山。”[④] 须知，这种因缘呈示，就大有“江湖禅”意味。

灵祐的弟子慧寂（807—883），俗姓叶，韶州怀化（广东番禺）人。《五灯会元》载，其9岁投广州和安寺通禅师出家；《宋高僧传》则谓其15岁时求出家，父母未允，17岁时下大决心，断其左手无名指和小指置于父母前，答谢养育之恩，父母乃允其出家，依南华寺通禅师披剃。其时，南阳慧忠预言：“吾灭后三十年，南方有一沙弥到来，大兴此教，次第传授，无令断绝。”[⑤] 南阳的弟子，也就是新干县耽源山的应真禅师，他断言慧寂就是那预言中的传法沙弥。于是他毫不犹豫将其密法——圆相法的图本交与这个小沙弥，他怎么也没料到慧寂当即一阅而烧毁。应真方加责备，慧寂即言已知大意，何必执著于原本子？和尚硬要，我重录一遍即是。结果他真的重新录写了一个本子呈递应真，并以手势示以应真本子中的圆相。应真点头首肯。此后，慧寂往湖南沩山参灵祐禅师，在其门下15载，体会了“理事不二，真佛如如”的

---

① 毛忠贤：《中国曹洞宗史》，江西人民出版社2006年版，第73页。

② 道原：《景德传灯录》第9卷，载顾宏义译注《景德传灯录译注》第2册，上海书店2009年版，第555—556页。

③ 同上书，第556页。

④ 同上。

⑤ 普济：《五灯会元》第9卷，《沩山祐禅师法嗣——仰山慧寂禅师》，中华书局2009年版，第527页。

禅旨。必须看到，这一禅旨，绝非马祖禅所谨守，实质上，更是石头系的“回互”理念与曹洞宗“兼带”理论中的宗旨。35 岁那年，慧寂来到郴州王莽山，继之又到“袁州南仰”，即今宜春南 80 里之仰山。此时正当唐武宗拆毁天下寺院的“会昌法难”，灵祐也难免“裹首为民”，仰山慧寂却以孤僻之地青灯煨芋而逃此劫难。据《五灯会元》载：有西天梵僧来访，与慧寂几个回合答问后曰：“特来东土礼文殊，却遇小释迦。”① 遂出梵书贝叶与慧寂。礼毕，腾空而去。从此，慧寂被称为“小释迦”。

总之，从慧寂来到灵祐门下直至其悟道因缘成熟，都是江湖禅时期的产物。进言之，整个沩仰宗的成立与沩仰禅法的形成，也都是在江湖禅即心即佛思想背景中完成的。

二　理事不二，无心是道

通观禅史，禅门巨匠，无有不精熟于华严者，唐代禅师尤熟识华严“理事不二”之论。沩山灵祐本人亦在研读《华严经》后常说“理事不二，即如如佛”② 一语。同时，灵祐又确实是深得马祖、百丈“理事如如”之旨的。《祖堂集》载沩山接引慧寂时说“性相常住，理事不二，真佛如如”③，就已是圆相的义理内涵之表征。而仰山进而用“体露真常，理事不二”之论来指点禅者，更可见沩仰的圆相是有着极深的义理基础的。既理事不二，便须体用兼得。禅宗史上的僧史、灯录大都载有沩山与仰山普请采茶时的一段对话。

> 灵祐对慧寂说：“终日摘茶，只闻子声，不见子形。请现本形相见。”④ 慧寂便摇晃茶树。灵祐又说：“子只得其用，不得其体。”慧寂反问道：“未审和尚如何？”灵祐良久沉默不语。此时，慧寂按捺不住地对灵祐的沉默评价说：“和尚只得其体，未得其用。”这时灵祐才开口说：“放子三十棒。”⑤

这究竟是什么意思呢？慧寂摇晃茶树，无非表示体在“作用”——体无定相，用则有相；然而灵祐的沉默即表示“体”到底是不可言说的，但慧寂还是把它给说破了，所以该当“三十棒”！这是体用一如、理事不二的义理在生活中的运用，充分展显了沩仰禅法“无心是道”的基本特色。

沩仰宗在修行论上的最大特色确可概之以“无心是道”，它极为巧妙地相应了沩仰顿渐圆融的观念。《沩山语录》载：“僧问：‘如何是道？’师云：‘无心是道。’”⑥ 然而什么是无心呢？那就在“一粥一饭”间去体会吧。平日里的一粥一饭不就是无心之修？所以一次灵祐在沩山聚众说法时，有人问：顿悟之人还需要再修行吗？灵祐即刻回答：如果真悟得本，能自知佛

---

① 普济：《五灯会元》第 9 卷，《沩山祐禅师法嗣——仰山慧寂禅师》，中华书局 2009 年版，第 533 页。

② 《大正藏》第 47 卷，第 577 页。

③ 静、筠二禅师编撰：《祖堂集》下，《仰山和尚》，中华书局 2007 年版，第 803 页。

④ 道原：《景德传灯录》第 9 卷，载顾宏义译注《景德传灯录译注》第 2 册，上海书店 2009 年版，第 557 页。

⑤ 同上。

⑥ 《大正藏》第 47 卷，第 577 页。

性，修与不修，看来不成问题，但要去除“无始旷劫”带来的习气，还是需要长期修习工夫的。然在其理事不二、无心是道的理念前提下，灵祐慧寂师徒仍坚信：如果能单刀直入，就能凡圣情尽，体露真常，理事不二，即如如佛。所以沩仰极其强调收摄性灵，反观自性。《祖堂集》载灵祐接引慧寂时说：“以思无思之妙，返灵焰之无穷，思尽还源，性相常住，理事不二，真佛如如。”① 慧寂当下即悟。事实上，后来慧寂成为沩仰宗的祖师，也是常用其师之语“凡圣情尽，体露真心常住，理事不二，即是如如佛矣”② 来不断开示学禅者的。此中完全可透视其师徒二人对华严“理事圆融”境界的把握，及其对江湖禅“无心是道”的深刻领会。

从灵祐与香严之间的一桩公案，亦可透视灵祐对理事不二的圆融观把握的程度。香严禅师颇有理论思维，亦颇善诠释表达，《祖堂集》曾载他是如何在沩山灵祐面前对答如流，而灵祐则“深知其浮学未达根本”，尽管他当时“未能制其词辩”③。所谓“未达根本”即指其未能达到理事圆融之境界，还停留在言辩的圈中。此中，深究灵祐与香严之间的机锋，灵祐所呈示的禅旨，与其说是马祖禅的“直显心性”，不如说更接近于石头禅的“泯绝无寄”。但无论如何，仍是江湖禅无心是道、灵知即佛之意味。

《景德传灯录》载有一则灵祐、慧寂师徒二人与韦宙之间的公案：“韦宙就沩山请一伽陀，沩山曰：‘觌面相呈，犹是钝汉，岂况形于纸笔！’乃就师请，师于纸上画一圆相，注云：‘思而知之，落第二头。不思而知，落第三首。’”④ 这说的是韦宙向沩山禅师请求一首偈颂，沩山说：当面告诉他，他还像是个钝汉开不了窍，何况是用笔写在纸上呢？于是韦宙就来请求慧寂禅师，慧寂当即在纸上画了一个圆相，并写下注释道：思量之后而知晓的，是落入了第二头；不思量而知晓的，则落入第三层次。这个公案再好不过地说明了沩仰禅理事不二、无心是道的宗旨。不思量是在混沌层面中打滚，一思量则落入了分别的二元对立。而禅的无心是道则是在禅悟之后的更高的“无心”层面，并不代表不经禅修而全然无心的混沌层面。故这个圆相，是禅的最高境界。这个无心是道的境界中是自然而然的，它对应着理事不二的佛理。在慧寂这样的天才禅思中，除了圆相，还能用什么来表征呢？

三　方圆默契，顿悟渐修

法眼宗宗主文益禅师在《宗门十规论》中，曾用四个字概括沩仰家风——“方圆默契”，然其家风毕竟由根本理念而来。沩仰的理论则是直承马祖、百丈的基本主张，即要把体认和发掘自心佛性放在首位；人皆具佛性，明心见性，即可成佛——这种理念实质上是渊源于慧能。在“方圆默契”的沩仰家风中，慧寂平时多用圆相符号，回答各种问题，并总以手势传达其内在含义以启悟学人，故又开启了深邃奥妙的“仰山门风”。圆相示知，心照不宣，语默不露，禅宗“不立文字”的宗旨在这里得到完美体现。仰山还常开示大众收摄性灵，反观自性：“且

① 静、筠二禅师编撰：《祖堂集》下，《仰山和尚》，中华书局 2007 年版，第 803 页。

② 同上书，第 804 页。

③ 同上书，第 827 页。

④ 道原：《景德传灯录》第 11 卷，载顾宏义译注《景德传灯录译注》第 2 册，上海书店 2009 年版，第 717 页。

莫将心凑泊，但向自己性海，如实而修。”[①] 可见，反观自性仍以“如实而修”为基准。故此，以灵祐、慧寂为代表的沩仰禅系，在“方圆默契”的沩仰家风中，其顿悟渐修之禅法乃有其必然性。

要之，沩仰宗顿渐圆融的修行观，致使其既重顿教，又主修行；须知，此全然是一种顿悟渐修的禅法。据《景德传灯录》载：

> 时有僧问：“顿悟之人更有修否？”师云：“若真悟得本他自知时，修与不修，是两头语。如今初心，虽从缘得一念，顿悟自理，犹有无始旷劫习气未能顿净，须教渠净除现业流识，即是修也。不道别有法教渠修行趣向，从闻入理，闻理深妙，心自圆明，不居惑地。纵有百千妙义，抑扬当时，此乃得坐披衣，自解作活计。以要言之，则实际理地不受一尘，万行门中不舍一法。若也单刀趣入，则凡圣情尽，体露真常，理事不二，即如如佛。”[②]

可见，顿后仍须修。杨曾文在其《唐五代禅宗史》中十分到位地指出：“沩仰宗虽着重传授顿教禅法，但对于其它修行方法也不完全排斥。这与它任何时候也不反对修行的主张是有关系的。”[③] 即便有了顿悟，也未见得就是“顿净”，故顿悟之后，仍须针对习气——“无始旷劫习气”而不断修行，此诚如灵祐禅师所言：“须教渠净除现业流识，即是修也。”事实上，所有的“悟”在获得的那一刹那，都可谓“顿”；然而顿悟的真正获得并非易事，须从“事”上磨炼而出、从“事”上积累而得。法眼宗文益禅师就在《宗门十规论》中倡言“理在顿明，事须渐证”[④]，从而强调“次第修行”[⑤]，其实，这是十分透彻而明白地指证了禅修的必要路径。须知，顿超直入、不落层级的修行成就观，确为南宗禅法所标榜的，然此并非像一般人所认为，南宗禅全然否定渐修，完全否定传统佛教的持戒修行。事实上，南宗禅师虽以明心见性之论而强调直截了当的顿悟禅法，但多持有顿悟渐修的圆融禅法。

从上载《景德传灯录》这段重要记载看，灵祐禅师就是明确提倡顿悟渐修不偏废的人。他大概认为，从究竟来讲，说修或不修都是多余的，都是因为没有真正体悟到无得中道而来的世俗思维方式以及表达方式。而对于我们这个世间的人来讲，普遍的，即便根机较好，能够在当下一念中明白至理。然而多生累劫所熏染的习气毛病，污垢重重，却是难以随着理上的顿悟而当下转化清净的。所以必须不断地借着对真理的把握来清除烦恼众多的凡俗虚妄心识，修正不合正理的世俗言行，这才是脚踏实地的修行功夫，于人于己才会有实质性的受用。也就是说，从一般人来讲，必须做好顿悟之后的渐修功夫，这当然并不排除顿悟的当下理事都清净圆满的可能性，只是这种可能性实在太过于稀有难得。不过，灵祐禅师毕竟是南宗禅师，故此顿悟成

---

① 道原：《景德传灯录》第11卷，载顾宏义译注《景德传灯录译注》第2册，上海书店2009年版，第719—720页。

② 道原：《景德传灯录》第9卷，载顾宏义译注《景德传灯录译注》第2册，上海书店2009年版，第556—557页。

③ 杨曾文：《唐五代禅宗史》，中国社会科学出版社1999年版，第487页。

④ 《禅林僧宝传》第4卷，《文益传》，《续藏经》第79册。

⑤ 道原：《景德传灯录》第24卷，载顾宏义译注《景德传灯录译注》第4册，上海书店2009年版，第1842—1845页。

就仍然是其禅法的主体精神，然顿悟渐修毕竟是其禅法的基本特色。这导致灵祐时常教导弟子："一切时中，视听寻常，更无委曲，亦不闭眼塞耳。"[①] 而慧寂也直承此法而坚主"困来合眼，健即坐禅"[②]、"绵绵密密"[③] 的禅修方法。

《景德传灯录》又有一"水牯牛"公案，尤能说明沩山灵祐顿悟渐修的禅法："师上堂示众云：'老僧百年后，向山下作一头水牯牛，左胁下书五字，云沩山僧某甲。此时唤作沩山僧，又是水牯牛；唤作水牯牛，又云沩山僧。唤作什么即得？'"[④] 沩山之意虽在僧、牛有别而法身则一；但禅门内的"水牯牛"之喻，一直是涵括着精进修行之喻示的——"水牯牛"不执分别，一意修道，是修行得道的榜样。对灵祐帮助最大的大安禅师，也曾在百丈门下修禅，灵祐圆寂后，他在沩山接任住持。大安祖师与百丈怀海之间的牯牛公案，最具禅修意味："安在沩山三十来年，吃沩山饭，屙沩山屎，不学沩山禅，只看一头水牯牛，若落路入草便牵出，若犯人苗稼即鞭挞。调伏既久，可怜生受人言语，如今变作个露地白牛，常在面前，终日露逈逈地，趁亦不去也。"[⑤] 这便是沩山大安对禅修的一种独特领悟，一方面，是即心即佛，人人自有；另一方面，禅修则是个艰苦的修炼过程，须看好自家心性，勿使其被当下妄念所转。禅门多有牯牛诗与偈颂，所吟咏多为勤修束俭、渐驯渐化，直至找回家园，终获自在。用现代哲学话语说，这就是一个通过修炼而达至高度自觉与自由的过程。对禅佛来说，这就是一个由"戒"到"定"再到"慧"的修行三阶段。可见，沩山灵祐与其同修大安禅师的牯牛公案，都在喻示立志修行并相应展示修行次第及其艰难历程。的确，有关牛的禅话，在禅宗祖师语录中多有记载。可以说，如离开牛的公案，中国禅宗必然会是另一副模样。禅史上最早出现的有关"牛"的公案，即江湖禅中怀让禅师以"打牛，打车"的作略，纠正马祖道一对修行形式的执著。其后，在江湖禅马祖、石头的儿孙中，许多人直截了当以"牯牛"来誓喻修行。先有石巩慧藏的"一回入划草去，蓦鼻抻过来"；后有百丈、大安父子句句不离牛的"牛"禅；而南泉普愿更是将活生生的牛，直接牵进了庄严、神圣的法堂。诸大师"牯牛"所表征的，实际上都是以"牛"象征人之"心"，由寻觅、驯服"心牛"起始，依序展现修行次第，最后达到禅悟的终极境界。

最后，笔者想说的是，禅宗五家中，虽然沩仰兴起最早，但其衰亡也较早，其法脉流传150年左右。不少学者认为，这可能是由于沩山灵祐的顿超得妙，过于奥秘；仰山慧寂功行绵密，过于深邃，非大根器者不易悟入之故。然而我们无论如何也得看到，沩山、仰山的垦荒开田、自食其力，是直接承续了百丈"一日不作，一日不食"的农禅并修的作风。当年灵祐门下修禅者已多达一千五六百人，说明这一宗风影响力巨大。特别是灵祐、慧寂的亲自劳作，更有那种顿悟渐修的内在魅力。慧寂后半生的活动地点主要是在宜春仰山。据考，他的主要法嗣有无著（他在江西新建县古佛岭观音院参仰山慧寂得印可）、顺支了悟（新罗国人，参仰山得心

---

① 《潭州沩山灵祐禅师语录》，《大正藏》第47册，第577页。

② 同上书，第579页。

③ 同上书，第583页。

④ 道原：《景德传灯录》第9卷，载顾宏义译注《景德传灯录译注》第2册，上海书店2009年版，第562页。

⑤ 同上书，第586页。

印，归国后弘法于五观山，创立新罗即今韩国沩仰宗）、西塔光穆（弘沩仰禅法于仰山西塔，传法弟子有吉安资福如宝禅师，如宝传资福贞邃）、南塔光涌（弘法于仰山南塔，曾住持洪州石亭寺，著名弟子有新罗僧芭蕉慧清禅师，慧清传郢州继彻等 10 人便绝）。弟子中也有像陆希声这样的文人，陆希声是慧寂的故交，慧寂在洪州石亭观音院时就与之结识。陆希声得遇慧寂之后，洗心求道，言下契悟玄旨，大师尝论门人，以希声为称首。慧寂圆寂后，陆为其写下了著名的《仰山通智大师塔铭》。

五代末，沩仰传至第六世蕲州三角山志谦和第七世郢州兴阳词铎，宋以下有无传承则未见史载。史家谓其法脉断绝，然其在韩国却盛传至今。而至 20 世纪 50 年代，虚云大师住持永修云居山真如寺后，念此宗法脉中断千年，而遥承七世兴阳词铎法脉为沩仰宗八世祖。虚云后嗣则早已远播北美。此则为沩仰佳话了。

（责任编辑：周建刚）

慧洪觉范禅师与南岳方广寺法太希先法师的交谊

——兼述法太希先法师的生平事迹及交游

万　里[*]

摘　要： 法太希先是北宋时期南岳方广寺的一位活动较为频繁、与外界接触亦多的僧人，但是，其生平事迹未见于各种佛教史籍及灯录，也没有一份较为完整详细的传记或塔铭。其事迹大多记载于与其有着交往的僧侣、文士的诗文之中。慧洪觉范禅师在与法太希先交往的过程中，留下了较多的史料。借助慧洪觉范的诗文，可以刻画出法太希先法师生平事迹的大致轮廓。

关键词： 法太希先；慧洪觉范；事迹；交游

唐代著名文士刘禹锡《陋室铭》云："山不在高，有仙则名；水不在深，有龙则灵。"一所寺院也必须有名僧的驻锡与诸多的佛事活动，才能够称之为名寺进而享誉于世。位于南岳衡山后洞的方广寺是一所历史悠久的著名寺院，被明代四大高僧之一的紫柏真可禅师（1543—1603）称之为"南岳诸刹，唯方广寺道场最古，风水最胜，殿宇庄严，僧众广盛，可垂万世，诸寺莫及"[①] 的禅寺。历史上，有许多著名僧人或剃度出家于此，或驻锡禅修于此；更有许多文人墨客与该寺僧人结下了深厚的因缘。然而，在互联网上检索南岳方广寺，看到的只是极为简略的介绍，罗列的只是一些众所周知、耳熟能详的史事，如南宋朱熹、张栻等人曾经来此游览，明末清初王夫之曾经在此组织抗清活动等，不只是信息量极少，而且部分叙事似是而非，与史实不合；更多的则是介绍浙江天台山方广寺的文字。至于应该是作为寺院活动主体的僧人，则未见详细地介绍一人。即使是记述南岳名胜的历史文献，如《南岳总胜集》、《南岳志》等，乃至于王夫之撰写的《莲峰志》，也对方广寺僧人事迹的记载几乎阙如。这显然与方广寺作为历史名寺的地位极不相称。实际上，历史上有许多著名僧人，或者剃度出家于此，或者长期驻锡于此，或者曾经在此寓居禅修，他们的声名与活动，使得方广寺不仅仅是一所古寺院的

* 万里，湖南省社会科学院宗教文化研究中心主任、研究员。

① 憨山德清述，钱谦益纂阅：《紫柏尊者别集》第3卷，《续藏经》第73册，第424页。

名称或者是建筑群，更成为有着盛大的佛事活动、有着丰富的历史文化内涵的佛教丛林。然而，这些名僧的事迹与活动，湮没在浩瀚的历史文献之中，有待人们发掘整理，以揭开掩罩其上的面纱，还其本来的辉煌面目。

笔者以为，作为僧人，其实是出世俗之家而入释迦之家（例如从俗家姓氏改为姓释），所驻锡之寺院便是自己的家，寺院的历史就是自己的“家史”，当然应该将自己的家史弄清楚；作为湖湘学人，作为宗教文化研究者，也可以为湖湘宗教文化的历史研究做出贡献。因此，借此次会议之机，湖南省社会科学院宗教文化研究中心的几位同人，先围绕方广寺的历史人文选择几个问题进行探讨，将所涉及的议题一件一件搞清楚，以求对研究南岳方广寺在历史上的地位、影响、僧人活动情况及其寺院历史状况提供新的翔实史料。更多、更深入的研究，尚待今后有机会再组织进行。

法太希先法师是北宋时期南岳方广寺的一位活动较为频繁、与外界接触亦多的僧人，但是，其生平事迹未见于各种佛教史籍及灯录，也没有一份较为完整详细的传记或塔铭。记载其事迹的，多为当时与其有着交往的僧侣与文士的诗文，故欲知晓法太希先法师的事迹，必须从相关的诗文中寻觅梳理。换言之，在了解法太希先法师与当时的僧侣及文人交游情况的同时，便可以了解他的部分活动事迹。就目前所接触的文献看，与法太希先法师交往较为密切并留下相应资料的，文士主要是吴则礼，僧人主要是慧洪觉范禅师。由于陈靖华研究员所撰参加本次会议的文章中将会对法太希先法师与吴则礼的交往情况进行考述①，本文拟对慧洪觉范禅师与法太希先法师的交往活动进行考述，两者综合在一起，便可以刻画出法太希先法师生平事迹的大致轮廓来。

一　慧洪觉范禅师初识法太希先法师于南岳方广寺

慧洪觉范禅师（1071—1128）本名德洪，江西筠州新昌（今江西省宜丰县）人，为北宋著名禅僧和禅史家，并以诗僧和诗评家享誉于世。他幼以读诗书为乐，好为古文。14岁时父母双亡，依新昌三峰山靘禅师为童子，日记数千言，深为靘禅师所器重。后入洞山从禅宗大德真净克文（原称“云庵克文”，后由王安石奏请，宋神宗赐其紫方袍，号真净大师，遂以“真净克文”名于世）学。19岁时（1089），参加东京天王寺试经，冒“惠洪”名得度为僧，遂留于京师，从宣秘律师深公学成实、唯识二论，深得其奥。23岁时（1093），辞宣秘律师入庐山归宗寺，谒其师真净克文禅师。宋哲宗绍圣三年（1096），张商英（1042—1121，字天觉，号无尽居士）出镇洪州（今江西南昌）。次年（1097），张商英邀请真净克文禅师入锡洪州北部泐潭之石门山，惠洪随侍其师于石门掌书记，时年27岁，服勤七年，尽得真净克文之传。惠洪29岁时（1099），离开真净克文，先游东吴，后于次年参访游历于湖湘诸寺院。宋徽宗崇宁二年（1103），真净克文示寂，惠洪自湘中归，拜其塔。值显谟阁学士朱彦（世英）知抚州，奉邀入主临川之北禅寺。徽宗崇宁四年（1105），辞入金陵，住清凉寺大慧宗杲禅师处。因其享有诗

① 陈靖华：《宋代著名文士与南岳方广寺》，本次会议参会论文。

名，又善与文人学士结交，动见瞻观，遂遭嫉妒，东吴“狂僧”起而诬告，入制狱一年。坐冒惠洪名，着缝掖，入京师。因丞相张商英特奏，再得度。宋徽宗政和元年（1111）四月，张商英罢相。坐交丞相张商英、节使郭天信，于同年十月被贬，自京师先后被流放于琼州、崖州。政和三年（1113）五月，遇赦，十一月渡海北归；次年（1114）春，过衡岳谒方广寺的誉禅师，馆于该寺灵源阁下，名其居（斋）曰“甘露灭”并以此自号[①]；四月，到筠州，先后馆于荷塘寺、不门寺；冬十月，证狱于太原。政和五年（1115），自太原南还，往来于九峰、洞山间凡四年。正待入湘，而于徽宗宣和元年（1119）正月为“狂道士诬，以为张怀素谋反党人，坐南昌狱百余日，会两赦得释，遂归湘上南台”。自此年至宣和七年（1125）的近七年间，惠洪禅师一直在湖湘的诸寺院游历、参访和驻锡。后于宣和七年（1125）秋还鹿门，过荆渚。宋高宗建炎元年（1127）十月，自汉上南还江西。于宋高宗建元二年（1128）夏五月示寂于福建同安，享年58岁。

惠洪禅师第一次到衡山是在宋哲宗元符三年（1100）至宋徽宗崇宁二年（1103）间，他在其所著《石门文字禅·寂音自序》中自称：“……年二十九，乃游东吴。明年，游衡岳。又三年，而真净终于庵，自湘中归拜塔。”[②] 由于他刚出师门，修为尚浅，声名亦未彰显，故这次游历湖湘并登衡岳，为的是参访求学，留下的记载不是很多。但他与方广寺的誉禅师及法太希先法师等人结下最初之因缘当在此时。

第二次到衡山是在宋徽宗政和四年（1114）春天，惠洪禅师遇赦从海南岛渡海北归，经过衡山，便给方广誉禅师写了一信，并附《海上初还至南岳寄方广首座》诗一首，诗云：

> 天风吹笑落人间，白发新从死地还。往事暗惊如昨梦，此生重复见名山。倦禅想见堆危坐，知法应抛放纵闲。初嚼芳鲜动诗思，一篇先寄倩君删。[③]

方广誉禅师接到信后，便偕同妙高仁禅师一道下山来接他，这使他感到特别惊喜。到了衡山方广寺后，方广誉禅师专辟一静室请惠洪禅师安住下来。这所静室位于莲华峰灵源洞旁的灵源塔（阁）下。惠洪禅师将这一处静室命名为“甘露灭斋”，在所撰《甘露灭斋铭（并序）》中云：

> 政和四年（1114）春，余还自海外，过衡岳，谒方广誉禅师，馆于灵源阁之下，因名其居曰“甘露灭”。道人法太请晓其说。余曰：三祖北齐天平二年得法于少林，隐于皖山，终身不言姓氏。老安隋文帝开皇十年（590）括天下私度僧尼验勘，安曰：本无名，遂遁于嵩山。二大老厌名迹之累，而精一其道盖如此，余实慕之，乃为之铭曰：

① 慧洪觉范遇赦北归作有《初过海自号甘露灭》一诗，见《石门文字禅》第9卷，影印《文渊阁四库全书》本，第1116册，台湾商务印书馆1986年版，第254页。

② 慧洪觉范：《石门文字禅》第24卷《寂音自序》，影印《文渊阁四库全书》本，第1116册，台湾商务印书馆1986年版，第475—476页。

③ 慧洪觉范：《石门文字禅》第11卷，影印《文渊阁四库全书》本，第1116册，台湾商务印书馆1986年版，第283—284页。

吾闻甘露，食之长生，而寂灭法，乃有此名。寂灭而生，谷神不死。唯佛老君，其意如此。我本超放，忧患缠之。今知脱矣，须发伽梨。安遁嵩少，璨逃潜霍。是故觉范，老于衡岳。山失孤峻，玉忘无瑕。当令舌本，吐青莲华。[①]

序中所称“道人法太”，即法太希先法师。惠洪禅师的《甘露灭斋铭（并序）》便是以回应法太希先法师的询问而作。序中的“三祖”指的是僧璨禅师（？—606），出家后，逢周武灭佛，他隐居于舒州的皖公山（今安徽境内），“往来太湖县司空山，居无常处，积十余载，时人无能知者”[②]。“老安”指的是慧安禅师（？—709），荆州支江人，俗姓卫（一说姓李），“隋……文帝十七年敕，条括天下私度僧尼，勘安，云：本无名姓，亡入山谷。大业中开通济渠追集夫丁，饥殍相望。安巡乞多钵食救其病乏，存济者众。炀帝闻之诏安。遂潜入太和山。至帝幸江都，海内扰攘。（安）乃杖锡登衡岳寺，行头陀法。……”[③]“甘露灭”为佛教语，意为“涅槃”、“寂灭”，《维摩诘所说经·佛国品第一》云：“始在佛树力降魔，得甘露灭觉道成。”[④] 即佛教所说的涅槃境界，得涅槃而灭生死。惠洪禅师倾慕“二大老厌名迹之累，而精一其道盖如此”，而自己却“本超放”但“忧患缠之”，故试图借“甘露灭”以表达自己从“忧患”之中“寂灭而生”并“老于衡岳”的意愿。

然而，惠洪禅师归隐于此的想法只是一厢情愿，并未能够实现，他在方广寺的“甘露灭斋”只住了短短的数十天，便匆匆离去。

在短暂驻锡方广寺期间，在方广誉禅师与法太希先法师的陪同下，惠洪禅师除了在方广寺周边游览外，并参访了衡山上的一些寺院，写了许多诗文。如《次韵题方广灵源洞》云：

万峰剔卓起孤峰，惭愧灵源与世通。花异空怀上林苑，梦清疑宿广寒宫。泄云吐雨遮金地，溅雪跳珠落石中。忙里为君成妙语，丰碑正欲就崖砻。[⑤]

虽然有挚友相知的陪伴宽慰，但官司未了，心绪烦恼，加之初春山上酷寒，身心疲惫的惠洪禅师患上了骨节疼痛的疾病，《岳中暴寒冻损呻吟》诗云：

由心有痴爱，痴爱乃有业。因业疾病生，痛此百骨节。声相成呻吟，齿颊空咬龁。侧眠看圜扉，以手枕匣褉。观此心无形，安得有业结。业结如空华，病宁有枝叶。方作是念时，颠倒想即灭。心造古佛样，路入法界辙。稽首甘露味，销此烦恼热。[⑥]

然而，“稽首甘露味”，却未能“销此烦恼热”。在方广寺诸法侣的陪同下，惠洪禅师参访

① 慧洪觉范：《石门文字禅》第20卷，影印《文渊阁四库全书》本，第1116册，台湾商务印书馆1986年版，第412页。
② 普济集：《五灯会元》第1卷“三祖僧璨大师”，《续藏经》第80册，第44页。
③ 赞宁等：《宋高僧传》第18卷《唐嵩岳少林寺慧安传》，《大正新修大藏经》第50册，第823页。
④ 鸠摩罗什译：《维摩诘所说经·佛国品第一》，《大正新修大藏经》第14册，第537页。
⑤ 慧洪觉范：《石门文字禅》第12卷，影印《文渊阁四库全书》本，第1116册，台湾商务印书馆1986年版，第291页。
⑥ 慧洪觉范：《石门文字禅》第4卷，影印《文渊阁四库全书》本，第1116册，台湾商务印书馆1986年版，第188—189页。

了福严寺。在福严寺，惠洪禅师结识了一位名为“言禅师”的福严长老。福严长老的一番话，犹如重锤击在他的心头。一年后（1115），他写下《记福严言禅师语》回忆此事：

余既至衡山，福严长老言公曰：今年五月当有灾，不可逃，过是乃毕世安适耳。问其故，曰：运厄于珀鬼耳。五月二十八日，太原造大狱，来追对验，十月六日得放。夜宿沟镇中，中夜行荒陂，阴晦迷失道路，有光飞来照行，坐休则光为止，起进则导之。至榆次凡百里，而晓光乃没。于是口占曰：“大舜鸟工往，卢能渔父归。神光百里送，鬼事一场非。”明年春，见超然于海，昏夜语及之，书以示素所办送者。因觉先忠无外，政和五年三月二日题。①

随后，忐忑不安的他便匆匆离开衡山，四月到江西筠州（今江西高安市），先后馆于荷塘寺、不门寺；五月，对验。冬十月，证狱于太原（并州）。②

徽宗宣和元年（1119）正月，惠洪禅师在江西为“狂道士诬，以为张怀素谋反党人，坐南昌狱百余日，会两赦得释，遂归湘上南台”。自此年至宣和七年（1125）的近七年间，惠洪禅师一直在湖湘的诸寺院游历、参访和驻锡。在此期间的一个夏季，惠洪禅师曾经重上衡山，到方广寺寻觅故地“甘露灭斋”，与方广誉及法太希先法师等旧雨新知一述茶缘，如《诚心二上人见过》诗云：

破夏来寻甘露灭，快人如对水晶轮。烟云扫尽词传意，知见不生情透尘。旋缚茅茨吞远壑，偶临檐隙见归人。露芽便觉如浮雪，品坐同分一盏春。③

二　慧洪觉范禅师再访法太希先法师于益阳白鹿寺

法太希先法师曾经担任潭州益阳白鹿寺的住持。惠洪禅师流寓湖湘期间，曾经到白鹿寺拜访法太希先法师，其《题白鹿寺壁》文记述了法太希先法师与他人的一些交游事迹，以及他出任白鹿寺住持的经过和对该寺的贡献。题记云：

希先昔游公卿间，与邹至完、曾公衮、蔡子因、吴子野厚居。自江左还南岳，庵方广十年，丛林高之。湘南使者劝请开法此山，希先持一钵欣然而来。既至，屋老，过者疑将压焉。残僧才十许辈，大率如逃亡人家。未五白，殿阁宇室间见层出如化城，如梵释龙天之宫从空而堕人间。此邦之檀信往来之，士大夫太息以为勤，不知希先盖游戏也。余自长

① 慧洪觉范：《石门文字禅》第24卷，影印《文渊阁四库全书》本，第1116册，台湾商务印书馆1986年版，第479页。
② 同上书，第475—476页。
③ 慧洪觉范：《石门文字禅》第11卷，影印《文渊阁四库全书》本，第1116册，台湾商务印书馆1986年版，第285—286页。

> 沙来，馆余四昔。时故人傅彦济试手作邑，搀奸推滑，民惊以神。当暇日，携僚佐时时舟而至，其登高临远，烹茶赋诗，则兹山之风月未至干没也。①

题记中述及，法太希先法师“昔游公卿间，与邹至完、曾公衮、蔡子因、吴子野厚居”。邹至完即邹浩（1060—1111），字志完，常州晋陵（今江苏常州）人，著名文士，宋神宗元丰五年（1082）进士。宋徽宗时，因受蔡京排挤被贬谪为衡州别驾。方广寺的法太希先法师及方广誉禅师就是在邹浩担任衡州别驾之时与之熟识并交往的。② 曾公衮即曾纡（1073—1135），字公衮，晚号空青先生，江西临川南丰人，北宋丞相曾布第四子，著名政治家、“唐宋八大家”之一的散文家曾巩之侄，“南丰七曾”之一，为北宋末南宋初的散文家、诗人兼书法家。蔡子因即蔡仍，兴化仙游（今福建莆田仙游县）人，为北宋丞相兼书法家蔡卞之子，权相蔡京之侄，亦为书法家。吴子野即吴复古（？—1100），字子野，号远游，揭阳（今属广东汕头市）人，翰林侍讲吴宗统之子，为著名文士。这些人大都出身于官宦士大夫世家，本人亦均为当时名士。这些人均与法太希先法师有着深厚的交往。

题记中述及，法太希先法师“自江左还南岳，庵方广十年，丛林高之”，指的是法太希先法师曾经为了南岳方广寺大阿罗汉阁修建装饰事宜往江南（江左）参访游历。北宋文士吴则礼有《南岳十八罗汉颂·序》记云：

> 南岳方广僧法太以大阿罗阁缘事抵朱方，得江南画尊者像十八，笔法高古，是为希有。太见喜甚，且云：“归当结庵终事毕身以为师友。”北湖居士曰：“噫嘻异哉，是大奇胜。子以如是，因获如是，果真不可思议者。”为之序而颂之。太字希先，具眼目，知儒学，以韵语行丛林中。③

吴则礼（？—1121），字子副，富川（一作永兴，今湖北阳新）人。以父荫入仕。历官军器监主簿。宋哲宗元祐初（约1086），入河东经略使幕。宋徽宗崇宁初（约1102），以事贬荆南。崇宁五年（1106），遇赦归润州（今江苏省镇江市）。后定居盱眙（今江苏淮安盱眙县）之北湖，自号北湖居士。徽宗宣和初（约1119）起知虢州。宣和三年（1121）卒于任。

据此序文可知，法太法师字“希先”，故“法太”当为其法号。所谓“具眼目”，指法太希先法师具有极高的艺术鉴赏水平。这从下文所述中还将得知。“知儒学，以韵语行丛林中”，则表明法太希先法师的儒学修养亦佳，并以诗偈韵语为丛林所重。“朱方”即润州丹徒县之古称。法太希先法师获得“笔法高古”、“是为希有”的“江南画尊者（罗汉）像十八”后，迎请回方广寺，“归当结庵终事毕身以为师友”。吴则礼为此撰写了《南岳十八罗汉颂》。

法太希先法师本来就以韵语享誉禅林，在方广寺庵居禅修十年后，在佛教丛林享有更高的声誉。因此，时任荆湖南路安抚使兼知潭州的行政长官（俗称“湖南使者”，又称“湘南使

---

① 慧洪觉范：《石门文字禅》第26卷，影印《文渊阁四库全书》本，第1116册，台湾商务印书馆1986年版，第508—509页。

② 详细考证见陈靖华《宋代著名文士与南岳方广寺》一文，本次会议参会论文。

③ 吴则礼：《北湖集》第5卷，影印《文渊阁四库全书》本，第1122册，台湾商务印书馆1986年版，第469页。

者”）劝请法太希先法师开法于白鹿山（寺）。

白鹿寺在今益阳市。因益阳在宋代隶属于潭州，故在历史文献中或称之为益阳白鹿寺，或称之为潭州（长沙）白鹿寺。如明人李贤等撰《明一统志》“长沙府·寺观”云：“岳麓寺在岳麓山上，有唐李邕所书碑。道林寺，在岳麓山下。……白鹿寺在白鹿山，宋建。旌忠寺在茶陵县治西，宋建，葬战没之士于此，因名。”① 清雍正《湖广通志》记载长沙府益阳县古迹云：“白鹿寺在县南，唐元和间僧广慧建。司马头陀所卜地。”②《钦定大清一统志》“长沙府二·寺观”云：“白鹿寺，在益阳县南二里白鹿山上。唐元和中建。裴休谈禅于此。”③ 该寺位于益阳资江之滨的白鹿山上，风景优美，文人墨客每到益阳，此山寺乃是必往登临之地。如惠洪禅师的友人黄庭坚（1045—1105）有《和宁子兴白鹿寺》诗云：“谷郎岩开见佛灯，云遮雾掩碧层层。青山得意看流水，白鹿归来失旧僧。”④ 黄庭坚的弟子任渊（约 1090—1164）在为黄庭坚的诗作集注时，在《和宁子兴白鹿寺》诗题下注云：“寺在潭州。”⑤ 宋代抗金名臣李纲（1083—1140）《益阳白鹿寺》诗云：“寺枕清江荫碧梧，萧然景物类东吴。登临忽动思归兴，不待秋风可鲙鲈。”⑥

湖（湘）南使者为何劝请驻锡南岳方广寺的法太希先法师来益阳开法白鹿寺呢？在宋代，衡山县与益阳县均属荆湖南路潭州长沙府，而衡阳县则属衡州衡阳郡。宋人欧阳忞撰《舆地广记》载：“荆湖南路：上潭州……天宝元年曰长沙郡。升为武安军节度。皇朝因之。今县十一……望长沙县……望衡山县，本湘南县地，吴析置衡阳县，及置衡阳郡。晋惠帝改县曰衡山。宋、齐、梁、陈因之。隋平陈，郡废，属潭州。唐神龙三年，属衡州。皇朝淳化四年，来属（潭州）。”⑦ 当时的许多文士习惯于将潭州所辖地称为“湘南”。如惠洪禅师即是如此。在其所撰之《重修僧堂记》中称：

> 湘南号为山水之国，故佳处多为得道者所庐。自唐贞元间马祖、石头卜邻于衡岳，学者散止岩丛。本朝康定间，慈明禅师中兴于石霜，望马祖为十世嫡孙，儿孙遍天下，而长沙尤盛。元丰、元祐之间，角立杰出者比比，领名刹诸方指以为道之所在。今三十年禅林下衰，以大福田之衣自标识而号分灯嗣法者，例皆名愧其实。盖族大口众，不肖之子乃生，固其所也。龙图阁曾公之帅长沙，慨然惊嗟曰：吾祖楚公识雪窦显公于行间，擢置人天之上，遂为云门中兴。吾亲受大和尚圆照印可，今而坐视非雪窦、圆照所以付祝之意。

① 李贤等：《明一统志》第 63 卷“长沙府·寺观”，影印《文渊阁四库全书》本，第 473 册，台湾商务印书馆 1986 年版，第 331 页。

② 迈柱等修：《（雍正）湖广通志》第 80 卷“古迹志·寺观”，影印《文渊阁四库全书》本，第 534 册，台湾商务印书馆 1986 年版，第 116 页。

③ 《钦定大清一统志》第 277 卷“长沙府二·寺观”，影印《文渊阁四库全书》本，第 480 册，台湾商务印书馆 1986 年版，第 398 页。

④ 黄庭坚：《山谷集》第 11 卷，影印《文渊阁四库全书》本，第 1113 册，台湾商务印书馆 1986 年版，第 89 页。

⑤ 黄庭坚撰，任渊注：《山谷内集诗注》第 19 卷，影印《文渊阁四库全书》本，第 1114 册，台湾商务印书馆 1986 年版，第 218 页。

⑥ 李纲：《梁溪集》第 23 卷，影印《文渊阁四库全书》本，第 1125 册，台湾商务印书馆 1986 年版，第 711 页。

⑦ 欧阳忞：《舆地广记》第 26 卷“荆湖南路·潭州·衡山县”，影印《文渊阁四库全书》本，第 471 册，台湾商务印书馆 1986 年版，第 434—435 页。

于是删去其甚无状者，老病物故惧耆而宵遁者时或有之。遴选诸方之名德十余辈，所以扶其颠，整其倾。灵应方公乃其一也。①

此处明确将潭州所辖之长沙、衡岳（山）等地均纳入“湘南”的范围。其《沩源记》云：“沩山为湘南大丛林。”②《大沩山外侍者求诗》有句云：“湘南古丛林，钟梵百世传。大圆百丈来，缚屋岩石边。”③《次韵自清修过大沩乱山间作》诗有句云：“行尽湘南尽处山，爱公高韵不容攀。”④ 均将宁乡县纳入湘南之地域范围。其《石霜普照珂禅师赞》云：“漆瞳照座，骨相巉岩。横拈麈拂，寒拥云衫。五住名刹，道振湘南。是谁之子，亲见云庵。”⑤ 将浏阳纳入湘南地域范围。其《寄岳麓禅师三首》之三云：“湘南道价独惊群，知是黄龙的骨孙。本色住山何所有，白鸥春水自当门。”⑥ 由此可见，“湖南”与“湘南”地域所指完全相同。

法太希先法师担任白鹿寺住持期间，时任益阳知县的傅彦济是惠洪禅师的老朋友。傅彦济“当暇日，携僚佐时时舟而至，其登高临远，烹茶赋诗”于白鹿寺（白鹿山），致使“兹山之风月未至干没”。惠洪禅师从长沙去益阳白鹿寺游览并拜访法太希先法师，后者留他在白鹿山住了四天（“馆余四昔”）。在此期间，傅彦济也来到白鹿山相聚，他们在“助挥毫”的“湘南山水”氛围中一道“登高临远，烹茶赋诗”。惠洪禅师《和傅彦济知县》诗云：“句法疑君每太高，湘南山水助挥毫。暂临小邑聊观政，未见全牛可受刀。珠玉光难藏瓦砾，芝兰香岂掩蓬蒿。坐令百里清如镜，吏猾民奸岂易逃。”⑦ 惠洪禅师《题白鹿寺壁》中称“时故人傅彦济试手作邑，搀奸推滑，民惊以神”之“试手”，指的是傅彦济初次出任地方官员，与其《和傅彦济知县》诗中所云“暂临小邑聊观政”正合。

惠洪禅师又有《游白鹿赠大（太）希先》诗云：

昔人隐临湘，解跨白鹿游。公来吊陈迹，但有林壑幽。春风扫夕阴，雌霓饮涧湫。披晴望形胜，衣裾空翠浮。道人高尻揖，自陈语和柔。乌犹为人好，草亦能忘忧。矧汝家临川，共饮西津流。欣然为题诗，清绝如霜秋。诗成又自录，小字如蝇头。意重恐难荷，乡义良已周。遥乘知兴耳，兴罢夫何求。我和无好语，效颦增叹羞。⑧

诗中“昔人隐临湘，解跨白鹿游”，用的是晋代处士陶淡隐居于长沙临湘山的典故。宋李昉等撰《太平御览》引“《晋中兴书》曰：陶淡字处静，太尉侃之孙。一身孑然，无有同产。髫龀之时，雅好道养，谓仙道可祈。至年十五六，便服食绝谷，不婚娶。居长沙临湘县下，去

① 慧洪觉范：《石门文字禅》第21卷，影印《文渊阁四库全书》本，第1116册，台湾商务印书馆1986年版，第429页。
② 慧洪觉范：《石门文字禅》第22卷，影印《文渊阁四库全书》本，第1116册，台湾商务印书馆1986年版，第443页。
③ 慧洪觉范：《石门文字禅》第6卷，影印《文渊阁四库全书》本，第1116册，台湾商务印书馆1986年版，第220页。
④ 慧洪觉范：《石门文字禅》第12卷，影印《文渊阁四库全书》本，第1116册，台湾商务印书馆1986年版，第290页。
⑤ 慧洪觉范：《石门文字禅》第19卷，影印《文渊阁四库全书》本，第1116册，台湾商务印书馆1986年版，第394页。
⑥ 慧洪觉范：《石门文字禅》第15卷，影印《文渊阁四库全书》本，第1116册，台湾商务印书馆1986年版，第332页。
⑦ 慧洪觉范：《石门文字禅》第12卷，影印《文渊阁四库全书》本，第1116册，台湾商务印书馆1986年版，第296页。
⑧ 慧洪觉范：《石门文字禅》第6卷，影印《文渊阁四库全书》本，第1116册，台湾商务印书馆1986年版，第217页。

家十里，于山中立小草屋，裁足容身。时还家，设小床，常独坐，不与人共。于野得白鹿子，驯而养之。至七八岁时，恒与之俱往还，遂乃不复还家"①。陶淡为道家隐逸人物，后演化为道教民间神祇，今长沙市榔梨镇陶公庙所祀奉之神祇，即陶淡暨侄陶烜二位真人②。

诗中"矧汝家临川，共饮西津流"句，则涉及法太希先法师的俗家籍贯。临川即今之抚州，位于江西东部，地处武夷山区与鄱阳湖平原区接合地带。临（宜黄河）、汝（抚河）二水并流；抚河自东南向西北流贯北境，在中部纳南来的宜黄河，二水交汇之处即西津。

惠洪禅师是江西人，又出家于江西，因此，除被他视之为第二故乡的湖南外，江西是他活动得最多的地区。如前所述，宋徽宗崇宁二年（1103），惠洪禅师曾奉抚州知州朱彦（字世英）的邀请担任临川北禅寺住持。清雍正《江西通志》"寺观二·抚州府"记载："北禅寺在府城北隅，有潮音阁。"③ 在担任北禅寺住持期间，惠洪禅师与朱彦经常过从往来、诗文唱和。如有《朱世英守临川新开轩而轩有槐高数尺因名之作此》诗，诗云："圣朝贤佐蔚如林，天独于君着意深。喜气欲传黄阁信，夏窗先露绿槐阴。望云忽起怀亲念，隐几难忘济世心。他日此轩成故事，壁间应载野僧吟。"④ 正是由于惠洪禅师在临川驻锡过一段时间，因此，临川及其附近的古迹风景之地，都是他经常游历之处，时时涌现在其笔下。如《宿临川禅居寺书方丈壁》诗云："雨过沙村系客船，行间楼殿带晴烟。夜深霜月凉于水，门外云涛远际天。禾稻丰登如弃土，菱莲甘美不论钱。好峰不住犹行役，忽忆钟山搠涧泉。"⑤《与嘉父兄弟别于临川复会毗陵》诗中有句云："君家兄弟万人杰，何止才容夸两绝。忆昨江南山尽头，西津渡口曾相别。"⑥ 哪怕他在流寓湖南的十余年间，临川与西津也经常出现在其诗文中，表达出他对故地的怀念之情。如《瑀上人求诗》诗有句云："道人江南来，快作临川语。立谈当夕照，乡闾问安否。坐令十年心，想见西津渡。"⑦ 又《书华光墨梅》诗云："一枝已清妍，交枝更媚妩。见之已愁绝，那复隔烟雨。钱塘千顷春，想见西津渡。他日到南屏，莫忘孤山路。"⑧ 又《送僧归筠》诗云："西津渡口唐朝寺，到眼潇湘餍饫看。谁遣松声环坐榻，更令岳色堕栏干。君如鸟倦今知返，我与鸥盟久已寒。想见若耶溪上路，正尝庐橘带甘酸。"⑨ 甚至经常梦回西津，如《寄郄子中学句》诗中有句云："人品有如子，合在台阁间。归来梦西津，五峰解烟鬟。"⑩《游白鹿赠大希先》诗中"大希先"之"大"，即"法太"之"太"，"大""太"可通。与法太希先法师交往之文士的诗文中经常有"太希先"之称呼。"矧"者，况且，亦。"矧汝家临川，共饮西津流"诗句的意思是：况且你也是临川人，一道饮用的是西津水。据此，法太希先法师的里籍是江西

---

① 李昉等：《太平御览》第960卷"兽部十八"，影印《文渊阁四库全书》本，第901册，台湾商务印书馆1986年版，第127页。

② 万里：《陶公二真人事迹文献杂考》，《湖南城市学院学报》2009年第5期。

③ 谢旻等监修：《（雍正）江西通志》第120卷"寺观二·抚州府"，影印《文渊阁四库全书》本，第516册，台湾商务印书馆1986年版，第689页。

④ 慧洪觉范：《石门文字禅》第11卷，影印《文渊阁四库全书》本，第1116册，台湾商务印书馆1986年版，第281页。

⑤ 同上。

⑥ 慧洪觉范：《石门文字禅》第4卷，影印《文渊阁四库全书》本，第1116册，台湾商务印书馆1986年版，第186页。

⑦ 慧洪觉范：《石门文字禅》第6卷，影印《文渊阁四库全书》本，第1116册，台湾商务印书馆1986年版，第221页。

⑧ 慧洪觉范：《石门文字禅》第8卷，影印《文渊阁四库全书》本，第1116册，台湾商务印书馆1986年版，第245页。

⑨ 慧洪觉范：《石门文字禅》第11卷，影印《文渊阁四库全书》本，第1116册，台湾商务印书馆1986年版，第281页。

⑩ 慧洪觉范：《石门文字禅》第6卷，影印《文渊阁四库全书》本，第1116册，台湾商务印书馆1986年版，第216页。

临川（今江西省抚州市）。

惠洪禅师在江西时，法太希先法师曾经回到故乡临川，当时，惠洪禅师陪同他去临川宜黄县的石巩寺（山）一游。唐代马祖道一禅师自建阳（今属福建）佛迹岭迁至宜黄石巩，结庵巩下，开堂说法，广招门徒。故石巩寺也称“马祖第一道场”。马祖道一禅师的法嗣慧藏禅师便驻锡于此，世称“抚州石巩慧藏禅师”[①]。惠洪禅师《同希先游石巩》诗云：

良辰美景古难并，且趁身闲稻雨晴。鸟语猿歌留我在，水声山色益人清。得幽诗句聊题壁，遇好峰峦即住程。回首十年尘事里，与君今日梦魂惊。[②]

诗中“回首十年尘事里，与君今日梦魂惊”，表明这是他们相识相交十余年之后的一次相聚。

三　惠洪禅师与晚年归隐于南岳方广寺的法太希先法师

法太希先法师晚年归隐于南岳方广寺，将所居之室取名“明极堂”，惠洪禅师为其撰有《明极堂铭并序》：

道人法太，少年追随翰墨，所与游多一时显人。晚居衡岳，一衲穷年，垂涕扪虱，猥衰坐睡，守粪垆煨芋。直名其所居为“明极”，取《首楞严》“余尘尚诸学，明极即如来”义。欲以道人坐进此道，为之铭曰：

见明之时，此见明者，缘明开达，则见暗时。此见暗者，不明自发，见则常明，寄根成就。见岂明生，暗能昏否？我观明暗，尚难掩藏。岂生死门，乃欲存亡。惟道人太，以壁为口。全机现前，不落渗漏。[③]

据序文可知，法太希先法师自年少时，就对文章、书法、绘画有着浓厚的兴趣，所交游之人多为文坛艺苑的一时显要，潜移默化之际，无疑有助于其人文素养的提升及鉴赏能力的加强，并注重收藏。从已知文献看，法太希先法师的藏品除了前述在润州的丹徒所寻访到江南画师绘十八罗汉像并迎请供奉于方广寺外，还收藏有许多当时著名文士的手迹，其中便有秦少游、张文潜、晁无咎三位学士的手迹。惠洪禅师《跋三学士帖》云：

秦少游、张文潜、晁无咎元祐间俱在馆中，与黄鲁直居四学士，而东坡方为翰林。一时文物之盛，自汉唐已来未有也。宣和四年（1122）七月，太希先倒骨董箱，得此三帖，

① 普济：《五灯会元》第3卷“抚州石巩慧藏禅师”，《续藏经》第80册，第80页。

② 慧洪觉范：《石门文字禅》第13卷，影印《文渊阁四库全书》本，第1116册，台湾商务印书馆1986年版，第303页。

③ 慧洪觉范：《石门文字禅》第20卷，影印《文渊阁四库全书》本，第1116册，台湾商务印书馆1986年版，第413页。

读之为流涕。呜呼！世间宁复有此等人物耶。[①]

如前所述，宋徽宗宣和元年（1119）至宣和七年（1125）近七年间，惠洪禅师一直在湘中、湘北、湘南的诸寺院游历、参访和驻锡，在此期间的宣和元年（1119）夏至宣和四年（1122）夏，他均驻锡于潭州（长沙）谷山寺（今长沙宝宁寺）。其最为著名的僧史著作《禅林僧宝传》的初稿乃撰写于驻锡谷山寺期间，修订完稿于南台寺（岳麓山南台寺）。[②] 法太希先法师便是在此期间的宣和四年（1122）夏天，从南岳来长沙的谷山寺拜访惠洪禅师，并将旧藏之秦少游、张文潜、晁无咎三位学士于宋哲宗元祐间（1086—1094）所书手迹携来请惠洪禅师题跋。

秦少游即秦观（1049—1100），字太虚，又字少游，别号邗沟居士，世称淮海先生，高邮（今江苏）人；张文潜即张耒（1054—1114），字文潜，号柯山，楚州淮阴（今属江苏）人，祖籍亳州谯县（今安徽亳州）；晁无咎即晁补之（1053—1110），字无咎，号归来子，济州巨野（今山东巨野县）人；黄鲁直即黄庭坚（1045—1105），字鲁直，自号山谷道人，晚号涪翁，又称豫章黄先生，洪州分宁（今江西修水）人。这四人都是北宋时期的著名文学之士，均游于继欧阳修之后主持北宋文坛的领袖人物苏轼的门下并受其培养、奖掖和荐拔，故人称“苏门四学士”。他们的手迹，法太希先法师必然视若珍宝。惠洪禅师也与四学士之中的黄庭坚等人有所交往，当然是题写跋语的最佳人选。

而在此之前，法太希先法师还曾将自己收藏的晋代王羲之所撰之《兰亭记并诗》轴送来请惠洪禅师题跋。惠洪禅师《跋兰亭记并诗》云：

> 宣和四年（1122）夏，弥月不雨，稻田龟兆出。予晨兴垂头坐西斋，方与造物者游，而厨丁聿来告米竭。余作白眼。久之，希先送此轴来，索跋。欣然见王子敬诸君子，忘其厨丁。厨丁求与决。予曰：当以三筏用事，正不必逼人也。[③]

跋中所称“王子敬”即王献之（344—386），字子敬，为王羲之第七子，东晋著名书法家，会稽山阴（今浙江绍兴）人，官至中书令，故世称“王大令”。幼时从其父学书，后来取法张芝，别创新法，自创一格，与父齐名，人称“二王”。又跋中“以三筏用事”，乃用南朝陈梁重臣、著名文学家江总（519—594）《金陵摄山栖霞寺碑文并铭》中“三乘谓筏，六度为舟”[④] 的典故。

法太希先法师送来请惠洪禅师题跋的王羲之所撰书之《兰亭记并诗》轴，究竟是一通怎样的法帖呢？与惠洪禅师及法太希先法师时代相近并有一定因缘关系的两位著名文士，即黄庭坚与秦观，都曾经对《兰亭记（叙）》做过多次题跋，他们的题跋可以作为参考。

秦观《书兰亭叙后》云：

---

① 慧洪觉范：《石门文字禅》第27卷，影印《文渊阁四库全书》本，第1116册，台湾商务印书馆1986年版，第523页。

② 详细考证参见万里《慧洪觉范禅师与湖湘茶禅》，《世界宗教研究》2009年第1期；《唐宋潭州谷山寺及其驻锡僧人考》，《世界宗教研究》2010年第6期。

③ 慧洪觉范：《石门文字禅》第27卷，影印《文渊阁四库全书》本，第1116册，台湾商务印书馆1986年版，第523页。

④ 江总：《金陵摄山栖霞寺碑文并铭》，载梅鼎祚辑《释文纪》第31卷，影印《文渊阁四库全书》本，第1401册，台湾商务印书馆1986年版，第407页。

兰亭者，晋右将军会稽内使琅琊王羲之逸少所书诗序也。右军以穆帝永和九年（353）三月三日与太原孙统丞公、孙绰兴公、广汉王彬之道生、陈郡谢安安石、高平郄昙重熙、太原王蕴发仁、释支遁道林及其子凝之、徽之、操之等四十有一人，修祓禊于山阴之兰亭。酒酣，赋诗制序，用蚕茧纸、鼠须笔书，凡二十八行三百二十四字。字有重者皆构别体，而之字最多至二十许字。他日更书数十本，终无及者。右军亦自爱重，留付子孙，至七代孙智永为比邱，俗呼永禅师。永卒，传其书于弟子辩才，才俗姓袁氏，梁司空昂之元（玄）孙。唐正（贞）观中，太宗锐意学二王书帖，摹拓殆尽，惟未得兰亭，凡三召辩才，诘之，固称荐经丧乱亡失不知所在。后遣监察御史萧翼微服为书生以诡辩才，始得之，命供奉拓书人赵模、韩道政、冯承素、葛贞等四人各拓数本，以赐皇太子、诸王、近臣。贞观二十三年（649），高宗奉遗诏以《兰亭》入昭陵，惟赵模等所拓者传于世。事见何延之《兰亭记》。①

黄庭坚《跋兰亭记》云：

此本以定州兰亭土中所得石摹入棠梨板者，字虽肥，骨肉相称。观其笔意，右军清真风流气韵冠映一世可想见也。今时论书者憎肥而喜瘦，党同而妬异，曾未梦见右军脚汗气，岂可言用笔法耶？元符三年（1100）四月甲辰涪翁题。②

秦观《书兰亭叙后》将《兰亭叙》之产生本事及流传沿革叙述得非常清楚，并称“惟赵模等所拓者传于世”，“事见何延之《兰亭记》”云云，则表明他也未曾亲眼见过传世之赵模等人所拓本。据黄庭坚《跋兰亭记》可知，他所见到的传世之《兰亭叙》，为“以定州兰亭土中所得石摹入棠梨板者”，即从石刻拓摹下来后再刻版拓印者。以秦观与黄庭坚二人之身份，尚且不能看到唐代赵模等人所拓本，法太希先法师所觅得之本，当与黄庭坚所见之本相近。

“晚居衡岳，一衲穷年，垂涕扪虱，猥衰坐睡，守粪坊煨芋”的法太希先法师，欲循《楞严经》“余尘尚诸学，明极即如来”义，破尽生相无明之些许微尘明极以成佛道，但还与惠洪禅师保持着较为密切的交往，从某种意义上看，他们之间的交往是终其一生的。

根据以上讨论，对法太希先法师的生平事迹可以稍作归纳：法师为江西临川（今江西省抚州市）人。俗家姓氏不详。字希先，法号法太。生存活动年代大致与惠洪禅师相近，而年龄可能稍长于惠洪禅师。主要驻锡于南岳方广寺，人称方广法太希先法师。在湖南行政官吏的延请下，曾经担任过潭州益阳白鹿寺的住持。参访游历的足迹，除了其家乡的江西，以及作为长期出家驻锡之地的湖湘外，还有江浙一带。晚年归隐于南岳方广寺。

（责任编辑：周建刚）

---

① 秦观：《淮海集》第35卷，影印《文渊阁四库全书》本，第1115册，台湾商务印书馆1986年版，第614页。

② 黄庭坚：《山谷别集》第10卷，影印《文渊阁四库全书》本，第1113册，台湾商务印书馆1986年版，第636页。

南岳方广寺与天台山方广寺的因缘

——以“五百尊者道场”为例

徐午苗[*]

摘　要：对于湖南南岳与浙江天台山两地的方广寺，不仅今人常常混为一谈，而且某些历史文献的记载也非常凌乱。通过对历史文献的梳理，可以看出两地都有关于佛教五百罗汉应真显化的传说，这些罗汉隐居显化的处所都被称为方广寺。而南岳衡山的方广寺，为最早被认为是五百罗汉应真显化的场所。从文化传播学的角度看，很可能是在南岳方广寺之名与五百罗汉应真之境被有机地联系在一起，成为不可分割的一体概念传之于世之后，作为道释应真传说非常丰富的天台山，才出现了五百罗汉出没的传说，进一步引进了南岳“方广寺”的灵境说，并将其附会到天台山的石桥（梁）灵境之处。

关键词：方广寺；南岳；天台山；罗汉道场

宋代著名官吏、文士兼居士张商英在其所撰之《护法论》中说：“天台南岳，罗汉所居，应供人天，屡显圣迹。”[①]所述即是南岳衡山与天台山之共性因缘——都是“罗汉所居”并“屡显圣迹”之处，或者说都有着这种传说。而其因缘的纽带，便是方广寺。

关于南岳衡山方广寺的历史，笔者尚未见到过系统深入的研究文章。只有寺院或地方文化研究者所撰写的介绍性文字。互联网上百度百科杂糅了这些文字所整理出来的简介，不只错误甚多，更增添了混乱。如称：

> 方广寺分上方广寺、中方广寺和下方广寺三寺，是天台宗著名寺院。宋建中靖国元年（1101），始建石桥寺，宋绍熙四年（1193）重建，中有应真阁及妙音、响空、瞻风、伫真、许来、先照诸亭。“南岳四绝”之一，位于南岳衡山莲花峰中央花蕊之上。据《南岳志》载：寺始建于南朝梁天监二年（503）。寺院因年久失修，庙宇房屋毁坏殆尽。1989

---

* 徐午苗，湖南省社会科学院宗教文化研究中心研究员。

① 张商英：《护法论》，《大正新修大藏经》第52册，第638页。

年10月14日，下方广寺举行了隆重的佛像开光仪式。……

天台山为东南第一名山，上方广乃天台开山之第一古寺也，溯自东晋昙猷尊者，以神通道力，降伏山神，而为开山，创建此寺。初名石桥寺，以在石桥之侧，过石桥则有方广寺，乃五百应真寄居之圣寺。天台山下方广寺，位于浙江省天台县天台山风景区北部，距县城25公里。据传是五百罗汉应真显化的地方，故下方广寺以五百罗汉道场而著称。据《南岳志》载：寺始建于南朝梁天监二年（503）。①

这些描述，将南岳与天台山的方广寺混为一谈，致使人们不知所从。而且，哪怕是关于天台山方广寺（石桥寺）的创建时间，前后文又有矛盾，或称建于宋建中靖国元年（1101），或称创建于东晋昙猷尊者，均不可信。

实际上，对于南岳衡山的方广寺，不止今人的叙述语焉不详，某些历史文献的记载也非常凌乱。即使是明末清初著名思想家、为衡阳本地人又在南岳后山避难隐居多年的王夫之，在其所撰之《莲峰志》中，关于方广寺在明代之前的情况，包括其发展历史及曾经驻锡过的僧侣等，也只是罗列了一些常见于其他文献中之众所周知的记载，并且非常简略，也不乏疏误，对于了解尤其是研究方广寺，并无多少助益。这是因为王夫之是一位思想家而不是史学家，他所专注的是形而上的思辨而非形而下的考证，因此，哪怕是他的《读通鉴论》、《宋论》等，更多的是论而非“史”，故不必苛求。基于此，本文拟以“五百尊者道场”为例，对南岳方广寺与天台山方广寺的因缘关系进行考述，并借以澄清部分史实。

一　历史文献中关于南岳衡山方广寺的记载

对南岳方广寺记载得较早而又较为详细的，是南宋道士兼学者陈田夫所撰辑之《南岳总胜集》。该书虽然撰辑于南宋绍兴年间，但其资料来源更早。正如他在《南岳总胜集·总序》中所云：

衡岳之记，有《寻胜》、《证胜》大、小二录，《胜概集》、《衡山记》，皆近代好事者编集，疏略何多，并各执于一隅，不能广其登览。故僧作《寻胜》，则道家之事削而不言；道作《证胜》，则僧舍之境阙而不书。不惟不究二教之始终，抑亦蔽诸峰之殊异。……愚因圃暇，合前四《记》，广为修之，删其重复，补其阙略。寥寥空山，绰有年岁，漫峰跨谷，未始云劳，探胜寻真，顿觉志倦，搜求内教，博采仙经，并讨旧记，断自三皇已来，迄于我宋，约数千万载之间，得道真仙，凡经涉于南岳者，必为之纂录。②

该书署名“拙叟”的序又云：

① 百度百科“方广寺”，2015年10月19日（http://baike.baidu.com/link?url=oKVaw13oHfrd8eurxaBGUJiz—D0AUySvCA78RyJ6pYWTTlhQrrinJLvaIOQa95E2）。

② 陈田夫：《南岳总胜集·总序》，《大正新修大藏经》第51册，第1056页。

> 闽中道人陈耕叟有焉，庵居南岳紫盖峰下，往来七十二峰之间三十余年。心有所慕，不倦求访。前古异人高僧岩居穴处，灵踪秘迹，考其事而纪之。所历滋多，所获亦广，遂积而成编，名曰《总胜集》。凡岳山之邃隐，与夫观寺之始末，古今之题咏，有关于胜趣者，靡不毕录。……虽然是编之作非特资于好事者寻幽讨胜，一时登览之兴，固有素怀净缘，默存真趣，按集迹事，感今怀昔，一旦契其夙心，发其雅志，悟修真之至理，躅前人之超然，仰山景行，鱼筌兔蹄有在于是，则于是编之作，庶几为知者有取也。①

由此可见，《南岳总胜集》的撰写，不但搜求博采了前人著作，还“往来七十二峰之间三十余年。心有所慕，不倦求访”，进行了“漫峰跨谷”、“探胜寻真”的实地考察，尤其是对“观寺之始末，古今之题咏，有关于胜趣者，靡不毕录”，无疑具有较为翔实可信的史料价值。

关于南岳方广寺，《南岳总胜集》之“五峰灵迹·潜圣峰”条记载：

> 昔高僧希遁游南岳，遍寻方广寺，访慧海尊者，经年了无踪迹。忽一日见精舍号“方广”，遇尊者，诘之来迟。宿送出，人屋并寺了无所有，因以名之。……又有祝融寺僧，于他处抄化五百副供器，约施主访山寺，或日遍游，并亡（无）名迹，至暮望融顶之西，隐然精舍，见化主云：“何来晚？”待之甚厚。游西轩有服黄衣贵人假寝，僧曰：“圣帝也，避喧秽憩此。”洎送出门，了无所有，但荒山而已。②

此处所述“昔高僧希遁游南岳，遍寻方广寺，访慧海尊者”云云，王夫之《莲峰志》引述后作“昔高僧希迁游南岳，寻方广惠海尊者，了无踪迹，一日见精舍号方广，遇尊者，诘之，留一宿去”③，将“高僧希遁”误作“高僧希迁”，而恰恰唐代著名僧人石头希迁禅师曾经长期结庵禅修于南岳，致使后人承袭王夫之的疏误，以为是石头希迁禅师在禅修之余去寻觅惠海尊者的遗踪。

《南岳总胜集》之“五峰灵迹·莲华峰”条记载：

> 莲华峰下有方广寺，八山四水周回环匝。昔人题诗略云：“寺在莲花里，群峰附花叶。”又范寅亮一联云：“寺藏螺髻顶，人在藕花心。”北有灵辙源车辙迹，《记》云：昔罗汉居此，鬼神运粮，车辙道也。东望芭蕉庵，乃宋高僧宗炳修行之所。北有灵源塔。④

此处所载罗汉居此、鬼神运粮的车辙道遗迹，后世修建有车辙亭，位于方广寺之右。从下

---

① 陈田夫：《南岳总胜集·拙叟序》，《大正新修大藏经》第51册，第1056页。

② 陈田夫：《南岳总胜集》卷上“五峰灵迹·潜圣峰”，《大正新修大藏经》第51册，第1061页。

③ 王夫之：《莲峰志》第2卷“附丽·潜圣峰”，船山全书编辑委员会编校《船山全书》第11册，岳麓书社1992年版，第622页。

④ 陈田夫：《南岳总胜集》卷上“五峰灵迹·莲华峰”，《大正新修大藏经》第51册，第1061页。

文可以看出，传说居此运粮的是五百罗汉，但王夫之《莲峰志》却记载为“相传百八阿罗汉运粮于此，憩力分餐，以为灵迹”[①]。罗汉或为十八，或为十六，或为五百，从未有百八[②]罗汉之说，王夫之之说不知从何而来？但显然是错误的。

《南岳总胜集》之“五峰灵迹·天堂峰”条记载：

> ……又草衣和尚曰定名，后迁妙高峰，结草为衣，因而呼之。其草茎两两相缠，如绦有垂头，名曰“罗汉绦”。自天堂、潜圣岩窦中多生。……其草自岩而垂，亦曰垂岩草。昔人咏罗汉绦诗云：“五百移栖绝洞深，空留辙迹杳难寻。绿丝绦带何人施，长到春来挂满林。”[③]

“昔人咏罗汉绦诗”之“昔人”，即北宋早期的湖湘著名诗人毕田。明人李贤等撰《明一统志》云：“毕田，长沙人。博学有文，尤工于诗。（宋）真宗朝以吏部（郎）兼王府侍讲。一日，居经筵，值天寒，奏蠲临湘七都科调。里人德之，因祀焉。”[④] 清迈柱等修《（雍正）湖广通志》“乡贤志”的记载与此相同[⑤]，但在“古迹志”中记载毕田的遗迹时，称：“湘阴县，读书坪在县二十二都，宋毕田读书于此。”[⑥] 可知毕田为长沙府湘阴县人。毕氏撰有《湖湘故事》（又名《湘中故事》）一书，所记均为湖湘掌故；现存诗亦多为关于湖湘各地名胜古迹之掌故者，其中包括多首对南岳名胜的题咏。毕田所咏之“罗汉绦”便生长于南岳后洞方广寺附近，宋人阮阅撰《诗话总龟》云：“（南岳）后洞有草蔓结如带，长丈余，附木而生，相传谓之‘罗汉绦’。毕田诗云……”[⑦] 何谓“后洞”？《南岳总胜集》称：“（南岳）十五洞：朱陵洞、黄乐洞、舜洞、白云洞、西明洞、观音洞、迭相洞、前洞、玉清洞、九真洞、妙喜洞、灵

---

① 王夫之：《莲峰志》第2卷“名迹·车辙亭”，船山全书编辑委员会编校《船山全书》第11册，岳麓书社1992年版，第621页。

② “百八”者，一百零八。一百零八为中国本土出现之传统的天干三十六与地支七十二的两数相加；而印度之记数多以“四”或四的倍数，如构成世界的基本元素的“地、水、火、风”四大，以及四大金刚、天龙八部、十六罗汉等。“十八”为天干之数的1/2，亦为中国传统记数。在佛教中，“十八罗汉”本为“十六罗汉”，成为“十八罗汉”，是人为加上“降龙”、“伏虎”二位罗汉而被中国化的结果。王夫之显然没有注意到这些。《莲峰志》中类似这样的舛误还有很多，有些甚至错得极为离谱，例如《莲峰志》第3卷“名游·朱文公”中在谈到朱熹与张栻等人往南岳游览一事时称：“乾道丁亥（三年，1167）十一月，访张南轩于潭州。时洪觉范在峰，公有怀同异，邀张南轩及林择之，由潭抵岳……”“洪觉范”即慧洪觉范禅师（1071—1128），为北宋著名僧人，卒于宋高宗建炎二年（1128），至朱熹等人游南岳之年，他已去世40年，不可能还“时在峰（南岳）”。志书的价值主要是存史，故记事之准确为对志书最基本的要求，一部仅仅22000余言的《莲峰志》，类似错误还有数十处之多，很难说是一部有史料价值的志书，因避免离开本文的主题，不再一一指出了。

③ 陈田夫：《南岳总胜集》卷上“五峰灵迹·天堂峰”，《大正新修大藏经》第51册，第1061页。

④ 李贤等：《明一统志》第63卷“长沙府·人物”，影印《文渊阁四库全书》本，第1116册，台湾商务印书馆1986年版，第254页。

⑤ 迈柱等修：《（雍正）湖广通志》第50卷“乡贤志·长沙府”，影印《文渊阁四库全书》本，第533册，台湾商务印书馆1986年版，第95页。

⑥ 迈柱等修：《（雍正）湖广通志》第50卷“古迹志·长沙府·湘阴县”，影印《文渊阁四库全书》本，第534册，台湾商务印书馆1986年版，第87页。

⑦ 阮阅：《诗话总龟》第21卷“咏物门下·罗汉绦”，影印《文渊阁四库全书》本，第1478册，台湾商务印书馆1986年版，第494页。

境洞、宝真洞、罗汉后洞、倒洞。”[①]其中的罗汉后洞便是因其为五百尊者（罗汉）所居而得名。

《南岳总胜集》又云：

> 梁天监中，有高僧希遁，精修梵行，默诵教典，隐于丛林，时人莫能知。因度夏天台，遇惠海尊者，朝昏承事之，未尝懈怠。遁欲辞去，乞师诲言。师云：“汝戒行无亏，惟是诵持声喧众，听汝当于南岳方广寺为会。”遁闻之骇然致恭，知师能通心，非常人也。及至南岳询访其寺，远近耆旧咸云山中诸寺无有名方广者。遁自谓至人实语，岂欺我哉？乃历岩谷，祈见道场。一日忽于七十二峰间遇精舍，号“方广寺”。其地平坦，灵泉交流，鬼神运粮，金牛服乘。俄见海师出门问曰：“汝何来迟耶？”遁赞叹作礼。师曰：“此五百尊者道场。未当居此，汝当居在西北峰顶。”乃留一宿而去。如尊者之言，结庵其处，至大通六年，即其庵建方广寺。[②]

《南岳总胜集》在记述南岳历代佛教寺院和道教宫观时，对方广寺又有专门的记载：

> 方广崇寿禅寺在岳之西后洞四十里，与高台比近在莲花峰下，前照石廪，旁倚天堂。传记云：梁天监初，有僧希遁，因度夏天台遇惠海尊者，朝昏承事之。海云：“汝当于南岳方广寺为会。”洎遁至南岳，访方广则无之。后忽值一精舍号“方广”，有鬼神运粮，金牛服乘。俄见海师出门，问曰：“汝何来之迟也？”遁愿留。海云：“此五百尊者所居。汝居处在西北峰顶。”留一宿而去。出门，已失尊者及方广众。遁即如其言，结庵其处。后建方广寺。本庙赐“崇寿”为额，今所谓圣寿寺基是也。中夜尝闻钟磬声，出山谷见圣灯。元丰中，山洪暴发，乃纪和尚开山卓锡移建今寺。李白咏方广诗一绝云：“圣寺闲栖睡眼醒，此时何处最幽清。满窗明月天风静，玉磬时闻一两声。”[③]

梁大通年号只有三年，为公元527—529年；而紧接着的“中大通”年号正有六年，即529—534年。此处称“大通六年”，似应为中大通六年（534）。此为关于南岳方广寺创建之事最早且最为翔实的记载。按照这一记载，相应的史实是：在梁天监年间（502—519），有一位名希遁的高僧在天台山度夏，遇见了惠海尊者并向其请益。在离开天台山时，惠海尊者相约在南岳的方广寺再会。希遁来到南岳后，寻觅方广寺，但远近耆旧都称在南岳诸佛寺中没有名为方广寺的寺院。希遁认为作为高僧的惠海尊者不会欺骗他，故乃在山中到处寻找，希望能够找到这所道场。一天，在山中看见一处精舍，名为方广寺，“其地平坦，灵泉交流，鬼神运粮，金牛服乘”。见惠海尊者来到寺院门问他：你怎么来得这么迟啊？并且说：这是五百尊者的道场，你不当居此，而应当停居于西北峰顶。希遁在方广寺留宿一夜，然后遵照惠海尊者的指

① 陈田夫：《南岳总胜集》卷上“五峰灵迹·十五洞”，《大正新修大藏经》第51册，第1062页。

② 陈田夫：《南岳总胜集》卷上“叙历代帝王真仙受道·梁高僧希遁”，《大正新修大藏经》第51册、第1067页。

③ 陈田夫：《南岳总胜集》卷中“叙观寺·方广崇寿禅寺”，《大正新修大藏经》第51册，第1077页。

示，在所指定之处结庵。到了南朝梁中大通六年（534），又在结庵处建方广寺。这所寺院在北宋时被赐额为“方广崇寿禅寺”。北宋元丰年间（1078—1085），因山洪暴发，寺院被冲毁，一位名纪和尚的僧人开山卓锡将方广寺移建到陈田夫所记载的现在的位置。

根据这一记载，希遁是在梁天监年间于天台山见到惠海尊者，而后来到南岳，再次与惠海尊者相见后结庵于南岳，然后于梁中大通六年（534）在结庵处创建了方广寺。而包括王夫之的《莲峰志》在内的一些文献，正是在概述上述记载时做了省略，并将希遁于天台山初见惠海尊者的时间与在南岳再次见他的时间相混淆，从而认为南岳方广寺的创建时间是梁天监二年（503）。最值得注意的是，希遁在南岳寻觅方广寺时，当地的老人们都说南岳并没有这样一所寺院，而惠海尊者也说这是五百尊者的道场，并不是你所（能够）停居之处。表明在希遁结庵之前，南岳方广寺并非实有，而是所谓为五百尊者所居的“方广灵境”。下文对此将予以讨论。

在南岳，与方广寺密切相关的还有一所寺院，即上述与方广寺同在莲花峰下的高台寺，又名高台惠安禅院，《南岳总胜集》云：

> 高台惠安禅院在后洞妙高峰下，与方广比邻，山势幽邃，景物与山前不侔。本朝赐今额。寺前五十步正险绝处，石上有迹如车辙状。记云：昔五百罗汉居此。闻惠思和尚将至，乃相谓曰：“山主即至，我辈当避之。”遂徙他所。今辙迹尚存。记云：乃鬼运粮以供厨馔。又西有水源，自岩下出，莫知其所，自号“灵源”。宋宗炳有庵在灵源之上，今芭蕉庵是也，尚存基址。①

此处所述“高台惠安禅院在后洞妙高峰下，与方广比邻”。所谓“后洞”即前引《南岳总胜集》所云之列名南岳十五洞之一的罗汉后洞，罗汉后洞正是人称昔五百罗汉居此的方广灵境之所在。“自岩下出，莫知其所”之“灵源”为南岳方广寺的一处灵迹，宋代方广寺的僧人曾经在此修建有“灵源阁（塔）”，北宋著名僧人慧洪觉范禅师于政和四年（1114）春天遇赦从海南岛渡海北归经过衡山时，应方广寺住持誉禅师的邀请短暂驻锡于方广寺，便是寓居于灵源洞旁的灵源阁（塔）下，惠洪禅师将这一静室命名为“甘露灭斋”，并撰有《甘露灭斋铭（并序）》②。

宋代文士史尧弼有《题南岳方广后洞五百罗汉所居二绝》，诗云：

> 岳势扶舆峻莫攀，岂知深处锁幽闲。千岩万壑争回互，别有乾坤藏此间。
> 山自周回溪自流，沉沉万籁不胜幽。此间有句谁堪话，五百真人今在不?③

史尧弼（1118—1157），字唐英，眉州人。生于宋徽宗重和元年（1118）。尝以古乐府洪范

① 陈田夫：《南岳总胜集》卷中“叙观寺·高台惠安禅院”，《大正新修大藏经》第51册，第1077页。

② 详细考证参见万里《惠洪觉范禅师与湖湘茶禅》，《世界宗教研究》2009年第1期；又见《宋代惠洪觉范禅师与南岳福严寺》，《湖南科技学院学报》2012年第2期。

③ 史尧弼：《莲峰集》第2卷，影印《文渊阁四库全书》本，第1165册，台湾商务印书馆1986年版，第679页。

等论往见张浚，浚谓其大类东坡，留馆于潭州（今长沙市）。与张栻游，每开以正大之学。绍兴二十七年（1157）与弟尧文同登进士，未授官而卒。撰有《莲峰集》30卷。这首诗就是他与张栻同游南岳时所作。诗中所谓“别有乾坤藏此间”，“五百真人今在不”，便是对南岳方广后洞五百罗汉所居灵境的题咏。宋代诗论家阮阅撰《诗话总龟后集》也记载了一则掌故，称：

大观中，吴兴郡有邵宗益者，剖蚌将食，中有珠现罗汉像，偏袒右肩，矫首左顾，衣绫毕具。僧俗创见，遂奉以归慈感寺。……曾公衮（诗）云：“不知一壳几由旬，能纳须弥不动尊。疑是吴兴清霅水，直通方广古灵源。月沉浊水圆明在，莲出污泥实性存。隐现去来初一致，莫将虚幻点空门。”一时名公和篇甚众。今藏慈感寺。①

诗中亦将佛教之罗汉与“方广古灵源”联系在一起。可见，在宋代乃至之前，“方广灵源”为罗汉所居之灵境的说法，乃人所共知。

二　历史文献中关于天台山方广寺的记载

再看历史文献中关于天台山方广寺的记载。宋人陈耆卿（1180—1237）撰《赤城志》云：

石桥在县北五十里，即五百应真之境，相传为方广寺。有石梁架两崖间，龙形龟背，广不盈咫，其上双涧合流，泄为瀑布，西流出剡。中梁既峭危，且多莓苔，甚滑。下临绝涧，过者目眩心悸。昔僧昙猷欲度梁，访方广，忽有石如屏梗之，旧号“蒸饼峰”，孙绰赋所谓“践莓苔之滑石，搏壁立之翠屏”是也。凡往来人，供茗乳花效应，或宝炬金雀。灵踪梵响接于见闻。石罅有木瓜尤异，华时青蛇盘纠枝干，至实落，供大士乃去，人目为护圣瓜。（杨蟠诗云：“金毫五百几龙尊，隐隐香山圣迹存。方广寺开无俗路，优昙花现有灵根。一峰突岸临天壁，阙涧淙桥透石门。今日不将心洗尽，更从何处觅真源。”赵湘诗云：“白石峰犹在，横桥一径微。多年无客过，落日有云归。水净苔生发，山寒树着衣。如何方广寺，千古去人稀。”）②

这一记载表明，天台山的“五百应真之境”位于天台县北50里的石桥，相传为方广寺。而石桥并非真正的桥，只是一道龙形龟背的石梁横架于两崖之间。这道石梁的宽度不超过一咫（按：咫，中国古代的长度单位，周代指八寸，合现市尺六寸二分二厘），显然，这样的石梁只能作为鬼斧神工的景致看，而不能作为真正的石桥来使用。况且，即使是石梁可以通行，走到对岸也迎面被“有石如屏梗之”，不能再往前行走了。明代著名旅游地理学家徐宏祖（徐霞客）

---

① 阮阅：《诗话总龟后集》第45卷“释氏门”，影印《文渊阁四库全书》本，第1478册，台湾商务印书馆1986年版，第881—882页。

② 陈耆卿：《赤城志》第21卷“山水门三·山·天台·赤城山·石桥”，影印《文渊阁四库全书》本，第486册，台湾商务印书馆1986年版，第769页。

曾经实地考察，《徐霞客游记》称："初四日……即循仙筏上昙花亭，石梁即在亭外。梁阔尺馀，长三丈，架两山凹间。两飞瀑从亭左来，至桥乃合流下坠，雷轰河隤，百丈不止。予从梁上行，下瞰深潭，毛骨俱悚。梁尽，即为大石所隔，不能达前山，乃反。过昙花，入上方广寺，循寺前溪，复至隔山大石上坐，观石梁为下寺，僧促饭乃去。"① 正如《赤城志》引诗所云：这是一道"多年无客过"的石桥（梁），石桥的对面仅仅是隐隐圣迹存，一言以蔽之，至少至陈耆卿撰写《赤城志》时，这里尚未有名为方广寺的实体寺院，有的只是传说中之"五百应真之（灵）境"，因此诗人才有"方广寺开无俗路"、"更从何处觅真源"、"如何方广寺，千古去人稀"的感叹。

明代著名学者陆容（1436—1497）也对天台山的石桥方广寺进行过实地考察，在其所撰《菽园杂记》中云：

> 骆宾王《灵隐寺》诗有"待入天台路，看予度石桥"之句，释之者云："赤城山上有石桥悬渡，石屏风横截其上。"赤城山即天台山之一也。又引顾恺之云："天台石桥广不盈尺，长数十步，至滑，下临绝冥之涧。"尝问之天台人，亦极夸其幽迥奇，绝似非人世所有者。壬子七月十八日，与潘佥宪应昌乘兴往观，跋涉岭涧，行三十余里，至其处，路极险僻。盖天台诸山之水自西北流者，中分二派，一下自南，一下自东，皆会于此。当二水之冲，有石隐隐横亘其下者三，横石之外，石势直下，壁立数丈，飞瀑下泻，其声如雷，而石桥正当其前。桥之两端抵涧两崖，约长数十步，其上中隆而旁杀，若窑背然。其下齐平如截。桥之下，石势壁立而下者，又数丈飞瀑出其下，歕激震怒，势益湍急。自此而下，其深莫测矣。始信其幽怪奇绝，诚非人间所有。又以知石桥本在山下深涧中，彼以为悬渡赤城，山上石屏风横截其上者，皆妄也。应昌生长，天台亦未之到，则台人所云其中方广寺为罗汉出没之处，皆谬妄不足信矣。②

经过实地考察后，陆容的结论是：石桥的"幽怪奇绝，诚非人间所有"，但"台人所云其中方广寺为罗汉出没之处，皆谬妄不足信矣"。

明代天台山僧人释无尽（释传灯）在其所撰之《天台山方外志·山寺考》中云：

> 石桥寺，在县北五十里十五都，旧传五百应真之境，又有方广寺隐其中。宋建中靖国元年建，后毁于火。绍熙四年复新之。中有应真阁。妙音、响空、瞻风、伫真、许来、方广、先照诸亭俱废，惟昙花亭独存焉。万历甲辰，钱塘居士葛一鹏重新之。③

释无尽在《天台山方外志·圣僧考》中又云：

① 徐宏祖：《徐霞客游记》第1卷上"游天台山日记"，影印《文渊阁四库全书》本，第593册，台湾商务印书馆1986年版，第65页。

② 陆容：《菽园杂记》第11卷，影印《文渊阁四库全书》本，第1041册，台湾商务印书馆1986年版，第333—334页。

③ 释无尽：《天台山方外志》第4卷"山寺考第五"，台湾丹青图书公司影印本1985年版。

……《楞严经》云：如今世间，旷野深山，圣道场地，皆阿罗汉所住持，故世间粗人所不能见，此其证也。然有二途，以隐言之，赤城支提，即台山，是实报；石梁方广，即台山，是有余也。……

石桥方广寺。按《西域志》云：天台山石梁桥方广寺五百罗汉之所住持，其灵异事迹往往称著，如晋白道猷尊者、陈智者大师，皆觌面相呈，事非影响，大圣隐显，故不可得见。①

释无尽在此说得非常明白，区分得也非常清晰。他将世间实有的寺院归类于“显”，将并非实有的寺院归类于“隐”。上述石桥寺因为确实存在，便为显；而石梁（桥）方广寺并无实体存在，故列为隐。名为“石桥方广寺”者，谓作为实体存在的石桥寺“旧传五百应真之境，又有方广寺隐其中”也。换言之，即实者石桥寺，隐者方广寺，两者一体也。在《天台山方外志》中，列为“隐”的寺院仅有石桥方广寺一所，其余均为“显”于世间的实有寺院。正是如此，明代著名文学家、戏曲家屠隆（1543—1605）在为《天台山方外志》所撰序言中说：“天台山……又五百应真行化此山，方广寺在有无缥缈间，土人时闻钟磬梵呗声隐隐从地中出。”②

天台山之石梁及其为五百尊者（罗汉）应真出没之地，在宋代便已经传播甚广，大量的诗文之中记述了此事。人们——无论是出家人还是世俗人等——到天台山，无不向往并欲寻觅到这有无缥缈间的方广寺，沐浴罗汉尊者的灵光。如宋代高僧重显禅师（980—1052）《送僧之石梁》诗云：

万卉流芳不知春，力岩畔涧下蹙红。皱碧乘兴复谁同，孤踪远雠敌，君不见五百尊者导雄机，灵峰晦育深无极。寒山老，寒山老，随沇迹迢迢此去须寻觅。花落花开独望时，记取白云抱幽石。③

宋代名臣李纲（1083—1140）《陈国佐左司寄示天台山图以绝句两章报之》诗云：

往年曾读兴公赋，颇爱天台擅美名。数幅生绡传貌得，恍如陆地到蓬瀛。应真飞锡游行处，峭壁危峰跨石桥。便欲远寻方广寺，却疑图上有嘉招。④

宋人林季仲（生卒年不详，约1138年前后在世）《答宝林长老书》云：

……顷过石桥，留二绝句，其一云：卧听泉声似雨声，直愁泥滑马难行。世间疑似都

① 释无尽：《天台山方外志》第5卷“圣僧考第六”，台湾丹青图书公司影印本1985年版。
② 屠隆：《天台山方外志·序》，载释无尽撰《天台山方外志》卷首，台湾丹青图书公司影印本1985年版。
③ 释重显：《祖英集》卷上，影印《文渊阁四库全书》本，第1091册，台湾商务印书馆1986年版，第644—645页。
④ 李纲：《梁溪集》第31卷，影印《文渊阁四库全书》本，第1125册，台湾商务印书馆1986年版，第784页。

如许，千百年来谁与明。其二云：今人议论只从多，蒉土那能障大河。我有室庐亦方广，归途不向石桥过。今人游石桥，谓真有方广寺者。何限说便饶舌，纸尽且休。①

南宋词人韩元吉（1118—1187）《自国清寺至石桥》诗云：

出郭天驱气，阴车日亭午。漫漫山中云，犹作衣上雨。仙山八百里，胜概随步武。稽首金地尊，栖心玉京侣。浮空方广寺，楼殿若可睹。石梁泻悬流，下有老蛟怒。我来净焚香，千花发茶乳。拟访林下仙，飞来但金羽。②

韩元吉在所撰《建安白云山崇梵禅寺罗汉堂记》中亦云：

……予尝游天台，至石桥，爱其山林之幽深，泉石之峻洁，以求望见所谓方广寺者，而神光钟磬之异，好事者往往能道之，则五百大士之神，其庇荫于世有不可诬。宋颖今为台州从事，盍一造其地，以吾言招之，于此方之民宜有以慰其意者矣。③

宋人陈著（1214—1297）《跋僧石藏玉罗汉图》云：

藏玉以龙眠所画物初所跋《十六身罗汉图》求著语，余不事佛，安识罗汉？卷还之。则曰："罗汉本无实相，满虚空是大方广寺，说著罗汉便是罗汉。如何是识？如何是不识？才说识，便不识龙眠之画物。初之跋，亦不过无香之香，无色之色，遇著便是，岂常见其面目之如何耶！"藏玉左手展图，右手执笔，濡墨以授，曰："便下笔，莫蹉过。"余讶其强，不觉大笑，喷薄图画，为之欣舞。藏玉曰："罗汉见矣！"因书其语，并发罗汉一笑。④

据上述宋人诗文所述可见，尽管直至宋代，天台山石梁桥之方广寺并非实有，但作为五百尊者显迹之灵境，致使无数世俗及教界人士无不神往之而朝觐之，无论是作为信仰者心目中实有，还是明知道其并非实有但仅仅为了满足好奇心去寻幽览胜，人们无不抱着"游石桥，谓真有方广寺"而往，否则何必去寻觅？至于是否实有罗汉在彼处，也不必认真，因为"罗汉本无实相，满虚空是大方广寺，说著罗汉便是罗汉"，因为在冥冥之中"其庇荫于世有不可诬"的事情是既不可能证实但也无法证其虚无的。

宋代文献中最有意思的记载，是南宋僧人古月道融所撰《丛林盛事》中记载的一件逸事：

尤延之侍郎于宗门甚注意。初自郎中出守台州，朝觐次。孝宗忽问曰："卿去南台，

① 林季仲：《竹轩杂著》第5卷，影印《文渊阁四库全书》本，第1140册，台湾商务印书馆1986年版，第357页。
② 韩元吉：《南涧甲乙稿》第1卷，影印《文渊阁四库全书》本，第1165册，台湾商务印书馆1986年版，第10页。
③ 韩元吉：《南涧甲乙稿》第15卷，影印《文渊阁四库全书》本，第1165册，台湾商务印书馆1986年版，第218页。
④ 陈著：《本堂集》第48卷，影印《文渊阁四库全书》本，第1185册，台湾商务印书馆1986年版，第231页。

地里图中有何胜概?”尤奏曰:“国清、万年。”孝宗大喜,又戏问曰:“朕闻方广有五百应真大士,元来是强人,忽然一时出现。卿以何法治之?”尤不觉竖起拳头云:“臣有金刚王宝剑。”孝宗喜动天颜。尤既至台,以宽慈御民,民甚爱之。但南台旱涝易得,尤尝作诗曰:“来雨一朝成汗漫,才晴三日人忧干。向来尽道天难做,天到台州分外难。”然黄堂政暇,多过报恩(寺)与佛照论道。佛照后赴冷泉之请,继请伊庵权住持,众常四五百。①

南宋孝宗是一位笃信佛教的皇帝,对佛教的掌故非常熟悉。他曾经派人到径山寺供养五百应真(罗汉),并请宗杲禅师说法,而后孝宗亲书“妙喜庵”额赐予宗杲禅师。② 尤延之出知台州,在朝觐之时,南宋孝宗向他开玩笑说:我听说方广寺有五百位应真大士,他们原来是强盗,如果忽然一时出现,你用什么办法治理呢?尤延之称有金刚王宝剑。这本来就是一句充满禅意的戏语,类似于禅师们经常所说的机语,如某某禅师是强盗,某某祖师是小偷,佛祖怎么样,菩萨又怎么样,等等,本来就不能当真。有意思的是,百度百科在根据相关寺院网站资料所整理的文字中,却将此说成天台山“传说五百罗汉原是一群有文有武、三教九流的各色人物,他们在此相聚,抢劫赌博,无所不为。有一次观音菩萨到此,为了点化这批狂徒,以‘放下屠刀,立地成佛’的教义相开导,结果,五百罗汉深受教诲,终于改邪归正,各成正果”。而后据此认为:“因此‘五百罗汉’之说是始发于天台,而后传向全国的。”③南宋孝宗皇帝的一句戏语,便演绎成有眉有眼的传说故事,进而当成作为论证的史实,不觉使人莞尔一笑。

由于天台山的石桥寺与方广寺为隐显之一体二名,故自元代开始,有些人干脆将石桥寺称为方广寺(但似非正式命名),后来又在被认为五百罗汉隐身之石梁(石桥)昙华(花)亭附近修建了一所寺院,名之为上方广寺;如此,石桥寺便成为下方广寺。此即前引《徐霞客游记》中所云“……过昙花,入上方广寺,循寺前溪,复至隔山大石上坐,观石梁为下寺”。清《浙江通志》记载了石桥寺创建的时间,称:“石桥寺,《台州府志》:在县北五十里,相传五百应真之境。宋建中靖国元年建,后毁。绍熙四年重建。有观音应真阁。今有上、下方广寺。国朝康熙十七年,有范若铸者,祝发,名体弘,倾资重修,更建大悲阁。”④ 这一记载清楚地指明,宋建中靖国元年(1101)建的是石桥寺,绍熙四年(1193)重建的也是石桥寺,“今有(之)上、下方广寺”乃是后来命名或新建的。正是如此,自元明以降,诗文中出现的天台山方广寺便虚实交相出现。如元人程端学《和题台州方广寺应诏画图》(三首)诗云:

瀑布声中隐约听,钟声欲出翠岚凝。也知地气灵如此,空现楼台千万层。

---

① 古月道融:《丛林盛事》卷上,《续藏经》第86册,第693页。

② 祖琇:《僧宝正续传》第六卷“隆兴府沙门·径山杲禅师”,《续藏经》第79册,第577页。

③ 百度百科“方广寺”,2015年10月19日(http://baike.baidu.com/link?url=oKVaw13oHfrd8eurxaBGUJiz—D0AUySvCA78RyJ6pYWTTlhQrrinJLvaIOQa95E2)。

④ 嵇曾筠等:《(雍正)浙江通志》第232卷“寺观七·台州府下·天台县·石桥寺”,影印《文渊阁四库全书》本,第525册,台湾商务印书馆1986年版,第294—295页。

水激成钟仿佛听，楼台暂在眼中凝。要图宝迹归天子，须过危桥踏几层。

图里钟声曷可听，架空楼阁不长凝。李成再使生今日，楼阁何知画几层。①

元人张雨《方广寺石桥》诗云：

绿玉飞梁碧藓封，羽人来倚瀑帘风。偶翻贝叶经台上，与散昙华茗碗中。有象到头终幻灭，无生弹指即虚空（一作“解说是虚空”）。春寒大展三衣坐，百衲云山一线通。②

明人皇甫涍《石梁》诗云：

来寻方广寺，石壁路中分。合涧飞丹壑，春萝挂碧云。苔梯徒屡践，芝客信难群。不见花前女，空音时复闻。③

至清代，则基本上都将石桥（梁）寺称之为方广寺了。如清人潘耒《石梁观瀑布宿方广寺》诗云：

岂必湔肠访化城，岩边古寺最幽清。僧于绀发光中坐，客在银虹顶上行。不夏松杉含雨气，无眠楼阁撼涛声。应真留我遥招手，一堕红尘便隔生。④

清人施闰章《游石梁记》云：

游天台而最者，高则华顶，奇则赤城。石梁赤城距城西数里，山色正殷，崇墉复阙，上下二岩若层城，去此北五十里为石梁，两崖堵立，横片石长三寻，广可盈咫，龙首龟脊，西北双硐飞来，抵巨石合流争道，万籁镝砰崖石，皆汹汹蠕动。……吾与诸君子发在川之永叹，蕴濠上之遐观。惝恍有得，人百其情，姑记之于石畔。是夕宿方广寺。旦日雨止乃去。时康熙丁巳十月朔。⑤

天台山石桥寺之五百应真像为元明之际一位人称“光菩萨”的僧人所塑，明代洪武年间天台山僧人无愠《山庵杂录》记载：

光菩萨者，鄞县张氏子也。某先世习雕塑，至光艺益精。甫壮年，忽厌家累，将从海

① 程端学：《积斋集》第1卷，影印《文渊阁四库全书》本，第1212册，台湾商务印书馆1986年版，第323页。

② 张雨：《句曲外史集》卷中，影印《文渊阁四库全书》本，第1216册，台湾商务印书馆1986年版，第373页。

③ 皇甫涍：《皇甫少玄集》第12卷，影印《文渊阁四库全书》本，第1276册，台湾商务印书馆1986年版，第572页。

④ 嵇曾筠等：《（雍正）浙江通志》第276卷“艺文十八”，影印《文渊阁四库全书》本，第526册，台湾商务印书馆1986年版，第538页。

⑤ 施闰章：《学馀堂文集》第15卷，影印《文渊阁四库全书》本，第1313册，台湾商务印书馆1986年版，第189—190页。

会寿梅峰剃落。其妻携子诉于官，寿因却之。光与万户完者都厚善，劝其遁去。遂潜，自引刀断发，服僧伽梨，绝浙河，逾贝区，登匡阜，遍参有道尊宿，逾十寒暑。还谒，寿已迁化。闻华顶无见和尚道行清峻，挟胸中所疑投之。无见令究狗子无佛性话，获证入，遂礼无见为得度师。光一生雕饰两浙诸山佛菩萨像甚多，事毕，掌包即去，未尝受其毫发之报。暮年归隐华顶，遂于石桥庵塑五百应真像，穷极巧妙。始事之晨，云雾间鼓钟与梵音洋洋间作，赡工阙园蔬，光欲遣人化之，忽宁海多宝寺圆讲主者送菜至。光喜问故，曰："向真菩萨以尊命到寺化菜，故送至。"时庵中有名真者，卧病久不出，由是知神人应化也，光亦不经意。年七十有三，无疾坐蜕于华顶。火后，塔葬山中。①

据此记载，这位为石桥庵雕塑五百罗汉的僧人是一位技艺卓绝的民间艺人，出身于雕塑世家，俗家姓张，剃度于天台山华顶无见先睹禅师座下。他为两浙诸山雕饰了不少佛菩萨像。石桥庵的五百罗汉雕塑为其晚年归隐天台山华顶时所作，当然技艺更加炉火纯青，作品穷极巧妙。值得注意的是，《山庵杂录》称该寺为"石桥庵"，这表明，明初之前的石桥寺并非一所规模较大的寺院，很可能只是一所庵堂。在此之前，则已经有人为在天台山石桥（梁）出没的这五百罗汉辑录出各自的名号，并将五百罗汉的名号书写为卷藏之于石桥庵以备僧人诵礼。元代僧人天如惟则禅师所撰《五百尊者名号序》云：

……今夫所谓五百尊者隐显于石桥方广者，疑皆得记之俦也。吴门云隐庵清上人尝览胜于天台石桥，复集五百名号为卷于其庵以备诵礼，求叙其由于卷端。余忝习禅，于教莫之考向，粗为小大之辨者，意令学佛之流直趣上乘，毋循偏小之辙耳。然世尊初则诱引，次而弹斥，终乃开显，其化之序若此。今余作是说者，于世尊反耶合耶？机应随宜，行者自择。②

据此序文可知，辑录五百罗汉名号书卷于石桥庵者，为吴门云隐庵清上人者，他是在亲临天台山石桥览胜之后，有感而复行此事的。

三　南岳衡山与天台山的五百罗汉应真因缘

综上所述，湖南的南岳衡山与浙江的天台山都有关于佛教五百罗汉（尊者）应真显化的传说，这些罗汉隐居显化的处所都称为方广寺，并且分别在此基础上都修建了实体的方广寺。下面对相关史事进行梳理，以了解南岳衡山与天台山以五百罗汉应真显化传说为纽带的因缘关系。

就现存文献看，关于佛教五百罗汉应真显化传说产生的时间，在南岳衡山为六朝时南朝的

① 无愠：《山庵杂录》卷下，《续藏经》第87册，第129页。
② 善遇编：《师子林天如和尚语录》第6卷，《续藏经》第70册，第804页。

梁代，当时便修建了作为僧人修行活动场所的实体庵堂，随即被命名为方广寺，时在梁代中大通六年（534）。唐宋以降直至当代，虽然在历史上该寺院也有过毁废，但也不断重新修葺，并以方广寺作为基本而且固定的寺院名称，这些都有相应时期的诗文游记予以记载并作为佐证，并且有许多实有其人其事的高僧大德驻锡活动于此，以至南岳方广寺成为中国佛教史尤其是禅宗史上的著名寺院之一。

相关传说在天台山出现的时间大致在宋代初年。虽然也有文献记载与东晋昙猷尊者在此结茅为庵，但仅仅是一种追溯叙述，直至宋元时期，天台山的所谓“方广寺”，从来就并无实体存在，都是以“隐”的形式存在于人们的想象空间，成为人们寻幽览胜的处所。正是如此，人们于明清时期，才将始建于北宋晚期徽宗建中靖国元年（1101）的石桥寺称为“方广寺”，并在另外两个地方修建了两所亦名为方广寺的寺院，并将这三所寺院分别以上、中、下方广寺命名。由于石桥寺地处狭隘之处，从来就没有也不可能建成为一所规模较为庞大的寺院，因此，实际上只是一所庵堂，在很多文献中都是将其记载为石桥庵，如前述明代洪武年间天台山僧人无愠《山庵杂录》所载之“光菩萨者”即是“于石桥庵塑五百应真像”。因而，该寺从未出现过留名于灯史的僧人，寺院也仅仅是作为人们寻幽览胜的处所而闻名于世。这是与南岳方广寺所无法相比的。

文献中记载五百罗汉在天台山的应真显化，多称之为“尊者应真之境”、“罗汉出没之处”；而南岳的相关记载则是“罗汉居此”、“此五百尊者道场”等。这些表述，还是有着微妙差异的。最重要的是，在天台山，仅仅只有石桥（石梁）附近有五百罗汉出没显化的传说，内容比较单薄；而在南岳，关于罗汉（尊者）显化的传说记载却十分丰富，除了方广寺外，还有前述所引述资料提及的高台寺，以及“罗汉绦”。此外，还有一些其他寺院也有着关于罗汉应真显化的记载。例如，南台寺，北宋著名僧人慧洪觉范禅师《衡山南台寺飞来罗汉赞（并序）》云：

> 旧说太平兴国初，武牢沙门惠了游庐山，宿于云居寺中，夜闻呻吟甚苦，及旦视之，有僧雪眉而臞卧腥臭中，见了涕泣，指其疮曰：“当奈何?”了恻然怜之，为留五日，洗摩传药，甚有恩惠。逾年疮愈，谓了曰：“我家南岳，子他日游湘中，当过我于石崖峰下。”探怀出纸裹付了，了送至西岭，诀别而还，视裹中乃疮痂。为屏除卧处，亦皆疮痂也，心恶之，俄成熏陆，投诸火中有异香，了心骇异之。明年春，南来，果逢雪眉于国清山路间，倚杖而笑曰：“来何暮也?”相与坐青林之下，语笑欢甚。了问：“石崖峰安在?”雪眉以手指之，俄失所在。于是了乃悟其为圣贤也，怅恨弥日。至方广寺，入罗汉堂，而雪眉乃在十六像中。了殊大惊，喜跃逗留久之。后至南台，见昔同学道普者，为叙说其事。有童子方扫除，闻之，停帚参立曰：“今日添香殿庑间罗汉辄剩一身。”了亟往视之，即方广所见雪眉塑像，自是号“飞来罗汉”。了后还云居，以疮痂葬西岭，为坛其上，今号“罗汉坛”。如来世尊曰：如今世间，旷野深山，圣道场地，皆罗汉所住持。故世间粗人所不能见，夫岂不然哉！皇祐间，泉南僧谷泉隐居芭蕉庵，有异迹，尝自后洞负石僧像至南台，而像无虑数百斤。后人诬此僧为飞来罗汉，非也。余不可以不辨。宣和元年春，余与

大梁郭中复彦从来游，彦从问像所从得，因为叙之。而长老昭公请为书之，赞曰：

惟毗尼藏，称性之印。印一切法，无有少剩。而此尊者，跏趺不瞬。外寂中空，幻灭都尽。诸佛子等，勿故起妄。于是像中，作去来想。昔本不来，今亦焉往。即一切法，离一切相。如一月真，无二无别。于众水中，同时见月。像非异同，月岂生灭？以应缘故，光影清绝。钟山众泉，石井异味。灵隐众山，小岭异翠。此岭此泉，皆飞而至。示根境法，其实同体。如此大士，诸法成就。南岳庐山，宴坐驰走。而事藏界，随处而有。虽证无生，亦不灭受。①

慧洪觉范禅师所述，便是关于南岳方广寺的罗汉显化，并且活动到了江西的庐山。赞序中所称隐居于南岳后洞芭蕉庵的“泉南僧谷泉”，即灯史所载芭蕉谷泉，慧洪觉范称其为“衡岳泉禅师”，并为其撰写了较为详细的传记。传记中记载泉禅师：“……又自后洞负一石像至南台，像无虑数百斤，众僧惊骇，莫知其来；后洞僧亦莫知其去。遂相传为飞来罗汉。”②

南岳的上封寺也有所谓罗汉行道的遗迹，《南岳总胜集》记载：

上封禅寺……寺之侧有风渊穴、雷池、龙年堂、祝融庙基、青玉白壁二坛，即是二福地也，今云罗汉行道坛是也。故毕田诗云：“既壮黄金宇，何言青玉坛。谁将应供者，又此易仙官。”③

此外，在南岳的福严寺也有罗汉应化的逸事，《南岳总胜集》又载：

饶州妙果长老师立，少年时行去至衡山禓（福）严寺。方夏四月，晚游寺前兜率桥，见潭下峭壁间有僧背负石而立。师立夙闻人言此地有罗汉，隐见不常，且忆藏经有持地菩萨入石壁事，竦然敬视。忽壁开尺许，僧入其中，复合无纤罅。又旬日放参毕，与同参二人信步到寺后虎跑泉亭上。天风倏起，二僧欲归，师立独少留。二僧曰：“久知亭下多异，师无庸留。”立方壮不以为意。俄亭西南角有扣柱者，继即伸手内向，渐进不止，时几过五尺。立戏之曰：“复能缩否？”应声而渐退。少顷又闻扣柱声，立曰：“若圣者邪当隐，若山鬼即见形。”又一食久，一手复出五指，初大如椽，渐小如婴儿初生指状。立颇恐，即下山。④

就本文所寻觅梳理的文献资料看，在六朝时南朝的梁代，就有五百罗汉（尊者）应真显化的传说。《南岳总胜集》记载梁代高僧希遁因度夏于天台山而遇惠海尊者，被惠海尊者指引到南岳来寻觅方广寺，可见在当时，天台山并无五百罗汉出没其处的传说，也未出现所谓“隐”

① 慧洪觉范：《石门文字禅》第18卷，影印《文渊阁四库全书》本，第1116册，台湾商务印书馆1986年版，第382—384页。

② 慧洪觉范：《禅林僧宝传》第15卷，影印《文渊阁四库全书》本，第1052册，台湾商务印书馆1986年版，第710页。

③ 陈田夫：《南岳总胜集》卷中“叙观寺·上封禅寺”，《大正新修大藏经》第51册，第1071页。

④ 陈田夫：《南岳总胜集》卷下“叙唐宋得道异人高僧·饶州妙果长老师立”，《大正新修大藏经》第51册，第1091页。

于石桥（梁）附近的方广寺，否则便可在当地就近寻找，何必指引他远赴湖南？因此，南岳衡山的方广寺，为最早被认为是五百罗汉应真显化的场所，这是无疑的。从文化传播学的角度看，很可能是在南岳后洞的方广寺之名与五百罗汉应真之境被有机地联系在一起，成为不可分割的一体概念传之于世之后，作为道释应真传说非常丰富（此处不展开讨论）的天台山，又出现了五百罗汉出没该处的传说，便引进了南岳“方广寺”的灵境说，并将其附会到天台山的石桥（梁）灵境之处。

明代万历年间曾经担任天台县知县的王孙熙［字君文，号镜如。直隶松江府华亭县人。明万历二十三年（1595）进士］在为《天台山方外志》所撰序文中称：“夫中国名山有七而五岳为尊，天台山，其南岳之佐理乎?”这一说法，或者有着令人玩味的余地。

（责任编辑：周建刚）

庞蕴居士禅学思想论略

杨文斌*

摘　要：唐代衡阳居士庞蕴既是一个另类的禅者，也是一个另类的儒者，既心游象外，又不变儒形。庞居士深信“运水搬柴”即是“神通妙用”，被誉为“达摩东来以后，白衣居士第一人”。庞蕴禅法并非依止洪州一家，而是杂糅了石头等系的某些玄机，以空寂为本，无相为依、无心为乐、无念无住。这样的综合与会通既发扬了“中华禅”的特质，也进一步澄清了“生活禅”的基本路向。依据禅宗思想的发展历程，参照唐朝中叶的社会背景，对其栖心佛道的行迹及禅法思想进行考量，不仅有利于分判庞居士在禅宗中的地位，也有利于对中国佛教思想史，乃至对整个中国思想史的解读。

关键词：庞蕴；居士；马祖禅；石头禅；儒者

《六祖坛经》付嘱品第十“吾去七十年，有二菩萨从东方来，一出家，一在家，同时兴化，建立吾宗；缔缉伽蓝，昌隆法嗣”一语。后世大多数人认为出家菩萨为江西马祖道一禅师，在家菩萨即此处的庞蕴居士。当然也有少数人认为出家菩萨为黄檗禅师，在家菩萨为裴休丞相的。但若依史实，笔者认为前者比后者更有说服力。

“禅天下”局面之所以形成，实际上主要得益于“马祖造丛林，百丈立清规”，而黄檗禅师则是于怀海处才悟得马祖道一大机大用，并得印可。在马祖道一知名之前，怀让其人鲜为人知。权德舆撰《唐故洪州开元寺石门道一禅师塔铭并序》说：“衡岳有让禅师者，传教于曹溪六祖。”此文写在唐贞元七年（791）以后。①南禅经马祖阐扬，得以盛行于江湖，风靡于南北，乃是史家共识。再者，慧能于唐玄宗先天二年（713）八月三日夜三更，在新州国恩寺“奄然迁化”，若慧能的预言为真，“吾去七十年”也就是唐德宗建中四年（783）。马祖卒于唐贞元四年（788），唐德宗建中四年（783）左右，实是马祖禅风最成熟的阶段，也是影响力最盛的

* 杨文斌，安徽省铜陵学院思政部副教授、哲学博士。

① 杜继文、魏道儒：《中国禅宗通史》，江苏古籍出版社 1993 年版，第 226 页。

时期。此时，黄檗禅师的影响实不能与马祖相提并论。所以《坛经》中预言的“出家菩萨”当指江西马祖道一。既然“出家菩萨”为马祖，那么“同时兴化”的“在家菩萨”就应该是同时代的庞蕴居士了。唐德宗贞元初年（785）庞蕴谒石头和尚，后参承马祖二载，“自尔机辩迅捷，诸方向之”。《祖堂集卷》卷十五、《景德传灯录》卷八、《五灯会元》卷三、《指月录》卷九、《释氏通鉴》卷九、《佛祖历代通载》卷十五等均载有类似记载。

那么，庞居士又是如何赢得盛名的呢？作为一禅门居士，之所以被誉为达摩东来开立禅宗之后的“白衣居士第一人”，且素有“东土维摩”之称，庞蕴当有其不凡之处。在某些特定的历史时期，居士不仅保证了中国佛教的存在，而且还决定了中国佛教的繁荣。[①]或许，在庞居士身上，我们能发现更多的、更复杂的历史细节。

一　“心游象外”与“不变儒形”

庞蕴，字道玄，衡阳（在今湖南省）人，生卒不详。世以儒为业。父任衡阳太守，寓居城南，建庵于宅西，为修行之所。据南宋本觉于咸淳六年（1270）编纂成书的《释氏通鉴》卷九云：居士“自幼敏悟，节概高洁，每混俗和光，尝以船载家珍数万，沉于洞庭之渊”[②]，自此靠编卖竹笊篱维持生计。庞居士为何甘于清贫，始终以在家俗人的身份参禅学佛？这是值得考量的。

（一）由儒向佛，心游象外

《祖堂集》卷四载，丹霞天然（739—824）初与庞居士结伴进京参加科举考试，在汉南道寄宿，逢行脚僧问他们到何处去，他们答：“求选官去。”这位僧人告诉他们，“可惜许功夫，何不选佛去?”[③]于是二人放弃入京赶考的念头，转去江西参谒马祖。

参照丹霞天然的生平，我们不难推断，庞居士进京应当在唐代宗朝（762—779）。唐代宗是唐朝所有帝王中最虔信佛的一个，代宗及其崇佛的大臣坚信：李氏王朝之所以能够在安禄山之乱后幸存下来的根本原因在于“佛力的护佑”。代宗对佛教的支持是慷慨的——无论是物质上还是道义上——促成了教团数量和财富的增长。[④]“凡京畿之丰田美利，多归于寺观，吏不能制。僧之徒侣，虽有赃奸畜乱，败戮相继，而代宗信心不易。”[⑤]以致“代宗之世，君臣表里，偕重空门”[⑥]。在这样“选官”还不如“选佛”的场景下，庞居士由儒入佛也就不难理解了。但是，这绝不是庞蕴萌生出尘之志的本怀——他还不至于为了讨生活而跻身释门。

唐朝中叶，安史之乱及其后一系列的叛乱不仅让唐王朝的统治者手足无措，也让许多儒家士子们彷徨不已，何处“安身立命”就成了他们最纠结的根本问题。佛教传入中国的早期，经

① 潘桂明：《中国居士佛教史》，中国社会科学出版社 2000 年版，第 5 页。
② 《释氏通鉴》第 9 卷，《续藏经》第 76 册，第 104 页。
③ 张美兰：《祖堂集校注》，商务印书馆 2009 年版，第 121 页。
④ ［美］斯坦利·威斯坦因：《唐代佛教》，张煜译，上海古籍出版社 2010 年版，第 92 页。
⑤ 刘昫等：《旧唐书》，中华书局 1971 年版，第 3417 页。
⑥ 赞宁：《宋高僧传》第 17 卷《崇惠传》，《大正藏》第 50 册，第 816 页。

典阅读无疑是士人接受佛教的主要途径，这种来自西域异国的学说，以它远远超过古代中国思想的精致、细密和深奥，曾经在中国知识阶层引起过相当高的理论兴趣。[①]唐贞元中（785—804），禅律大行，祖教相盛，分辉引蔓，触所皆入，禅宗那吊诡的直觉哲学、对个体开悟的强烈专注、对本性内有的“道”或“佛性”的认识，对艺术家、文学家和所有那些长期或暂时地追寻沉思的人们有着难以抗拒的魅力。[②]而打破一切拘束的禅宗，使得佛教更容易和教外的人接近，也更容易引发那些为生硬的教条、刻板的生活所禁锢的人的共鸣。当时，禅宗人才既多，理想且高，方法也很精妙，因此在社会上引起了众多士大夫的兴趣。[③]或许，这也就是彻悟“世事无常”的庞居士最终敝屣功名、抛尽家财，参禅学佛的最主要根由。庞蕴乃是唐朝中叶居士群体的一个典型缩影。

（二）不变儒形，行符真趣

谒马祖和尚后，丹霞随之剃发出家，后来嗣法石头。但是庞蕴却终生不剃染，不变儒形，在家“志求真谛”，举扬方外之风。尽管唐代最初的200年间，佛教呈现出前所未有的兴盛。但是，统治者对佛教的利用似乎是别有用心的，对佛教的怀疑和限制也绝不是偶尔的、零星的。随着时间的不断推移，唐朝统治者那些所谓的“崇佛情结”就越发变得脆弱不堪，甚至绝望。“会昌灭佛”绝非一次偶然的、简单的宗教事故，而是历史长期累积的必然产物。安史之乱不仅仅摧毁了李氏王朝本有的些许自信，也不经意间加剧了儒者对佛教“镇国”作用的怀疑。而寺院经济的无度、无序膨胀，也在无意间放大政教之间的紧张，加剧儒佛之间的对立。唐德宗在位期间，以举办密教法会“护国”为职责的内道场僧众地位急剧下降。公元780年七月十五日，德宗正式下诏取消了宫中的盂兰盆会，解散了内道场。[④] 10世纪的佛教历史学家赞宁发现，从公元810年到后周结束，这整整150年时间之中，朝廷就不再支持译经活动了。[⑤]佛教依靠“国主”供养的机会不仅在日趋减少，而且真正的风暴也在日益迫近。自此之后，佛教仪式很少成为国家及皇家典礼的主干，佛教不得不在公共话语体系中逐步隐身，渐次沦落为单纯的私人信仰。佛教的存在意义似乎已不再是去证明、解释一切，而是成为人们文化、生活的一部分。这或许也是唐宋之后佛教逐步边缘化的真正端由。当时像庞蕴一样的敏感者却非常有限。

唐代中叶，佛教传入中国已五六百年，进入极盛时期。[⑥]但是，这种极盛也播下了腐败的种子。因为僧侣既多，品类也就不齐，多数的僧侣不明教义，唯以虚言敛财为务，当时社会上信仰佛教的人也是明理者少，盲从者多，因此佛教自唐朝中叶以后一天一天腐败下去。[⑦]如果说安史之乱严重影响了朝廷的权威、破坏了帝国的经济，那么也可以说，它给佛教带来了同样巨大

① 葛兆光：《中国思想史》，商务印书馆2007年版，第310页。
② ［美］瑞沃寿：《中国历史中的佛教》，常蕾译，北京大学出版社2009年版，第59页。
③ 常乃悳：《中国思想小史》，上海古籍出版社2005年版，第72页。
④ 刘昫等：《旧唐书》，中华书局1971年版，第326页。有关取消内道场事，可参见《大宋僧史略》第2卷。
⑤ 赞宁：《宋高僧传》第3卷，《大正藏》第50册，第725页。
⑥ 柳诒徵：《中国文化史》，东方出版中心1988年版，第477页。
⑦ 常乃悳：《中国思想小史》，上海古籍出版社2005年版，第72页。

的损害。①安史之乱以来，朝廷因财政拮据而滥发度牒，使得教界充满了只顾世俗利益而缺乏宗教关怀的僧人，为有识者所不满。庞蕴悟道后，放弃家中的财产，无所依恋，举室修行，实际上是为佛教界注入了一股清新的空气，不仅让更多的人彻悟万物为“空”的佛教精义，也纠正了那般谋“食”不谋“道”的风气，同时也缓和了反佛潮流对佛教的攻伐力度。在反佛浪潮乘时而起的压力下，庞居士不变儒形传播禅法，起到那些僧徒们所不能达到的效果。他常鬻竹器，以供朝夕；他以行者之身，践行佛道。这在客观上都有助于人们对慧能—怀让—马祖一系禅法的了解。

尽管庞居士几乎不问外务，但是，却过着“隐于市”的自在生活。佛教禅宗的入世倾向是其中的一个端由，而“济世”则是他的情怀。8 世纪末到 9 世纪初，对唐王朝来说，显然是一个非常艰难的时期，原本强有力的国家政权忽然失去权威，无序化的政治状态又连锁式地引起了知识界、思想界的秩序紊乱。②如何重建国家权威与思想秩序正变得日益迫切！与庞蕴同时代的韩愈（768—824）、李翱（772—841）等人主张“排斥佛老”、“建立道统”，柳宗元（773—819）、刘禹锡（772—842）等人则主张“统合儒释”、佐世安民。安史之乱后，有学识及良知的人正以新的严肃态度对待儒家经典，从中寻找方法来诊断那个时代的危机并寻求解决的方案。但在当时的政治、文化环境中，酝酿、创造一种新型文化的条件尚未成熟，因此这些探索都没有取得实质性的成功。在此历史背景下，庞蕴作为一名“不变儒形”的佛教居士，儒禅双修，试图以一己言行为世俗指点迷津，创造文化的新格局，这种行为就显得格外珍贵了。

总之，举家修行的庞居士既不是一个单纯的儒者，也不是一个纯粹的禅者，而是一个另类的禅者，一个另类的儒者。

二　“空寂为本”、“无相为依”与“无心为乐”

喧嚣尘世，是佛子立足处，也是其转身处。庞蕴特殊的人生际遇，注定其禅学有别于他人。据《庞居士语录》载，庞蕴在唐贞元初（785）先参谒石头希迁（700—790），豁然大悟。后参谒马祖道一（709—788），顿领玄要。又遍历诸方，较量至理。庞居士出入石头、马祖之门，其禅法并非依止洪州一系，而是杂糅了石头等系的某些玄机。庞蕴的禅法思想主要以空寂为本，无相为依、无心为乐、无念无住。这种禅法思想既肇自于“曹溪顿旨”，也有庞居士自己的心地发明。

（一）空寂为本

“空”，作为佛教各家的通义，成为各宗施设学说的一个基本概念。但对于这样一个概念，我们几乎无法给出一个本质性的规定，佛教内部各派对“空”的使用意义不尽相同，他们对于“空”的诠解，也只有一种维特根斯坦所说的“家族的类似性”③。这种情况落实在庞蕴身上也

① ［美］斯坦利·威斯坦因：《唐代佛教》，张煜译，上海古籍出版社 2010 年版，第 66 页。

② 葛兆光：《中国思想史》，商务印书馆 2007 年版，第 342 页。

③ 龚隽：《禅史钩沉》，生活·读书·新知三联书店 2006 年版，第 101 页。

是有效的。在庞居士的诗偈中，说“空”的很多，“空空”、“虚空”、“真空”、“乘空”等不一而足。庞蕴将“空”当成禅宗乃至佛教义理的逻辑基石，并视之为成佛的根本要件。

首先，“理”由“空”生，依“空”而住。如果没有“空”，佛教的逻辑基石就不可能存在——“一切若不空，苦厄从何度”。禅宗也不可能超越念经、坐禅、拜佛等一切外在的束缚，心无挂碍，自在圆满。这种“空理”的存在，不仅消解了“世间”与“出世”二元对立，也使得超越现实成为可能——“乘空到彼处”。庞蕴说：

无有报庞大，空空无处坐。家内空空空，空空无有货。日在空里行。日没空里卧。空坐空吟诗，诗空空相和。莫怪纯用空，空是诸佛座。世人不别宝，空即是真货。若嫌无有空，自是诸佛过。(《庞录》)①

白衣不执相，真理从空生。只为心无碍，智慧出纵横。唯论师子吼，不许野干鸣。菩提称最妙，犹呵是假名。(《庞录》)

楞伽宝山高，四面无行路。惟有达道人，乘空到彼处。罗汉若悟空，擲锡腾空去。缘觉若悟空，醒见三生事。菩萨若悟空，十方同一处。诸佛若悟空，妙理空中住。空理真法身，法身即常住。佛身只这是，迷人自不悟。一切若不空，苦厄从何度。(《庞录》)

大乘一等义，本自无遮闭。凡夫著相求，心生有执滞。无心为真空，空寂为本体。无问亦无说，常照勿使废。佛子行道已，更莫愁来去。(《庞录》)

在这里，庞蕴不仅将“空”视为“真货”、“诸佛座”，还将由“空”而生、依“空”而住的“理”，视作“真法身”。于是，“性空之理”就有了绝对、遍在、实在的属性。“空观”也就不再是单纯地向心的静态回归，而是要求对“理”的切实把握和运用。以“空寂为本体”无疑是禅门中标准的“理学”，这种禅学的理路，实际上取径于石头希迁。

其次，“空”是成佛的根本要件。唯有“入空理”、“乘空”、“悟空”、“心空”、“空诸所有”等，才能超越烦恼，获得解脱，立地成佛。庞蕴说：

君家住聚落，余自居山谷。山空无有物，聚落百种有。有者吃饭食，无者空张口。口空肚亦空，还将空吃有。有尽物归空，同体无前后。(《庞录》)

平等如虚空，善恶俱无取。既不造天堂，谁受三涂苦。有法尽无余，乘空能自度。神作如来身，智作如来库。涌出波罗蜜，流通正道路。浑身总是佛，迷人自不悟。(《庞录》)

① 庞蕴：《庞居士语录》，慈慧印经处 1987 年影印本。以下征引本书者简称《庞录》。

四大本无情，清虚无色声。达人悟空理，知法本无生。诸佛常现前，妙德亦同行。无无无障碍，心牛不肯耕。(《庞录》)

世人重珍宝，我贵刹那静。金多乱人心，静见真如性。性空法亦空，十八绝行踪。但自心无碍，何愁神不通。(《庞录》)

但愿空诸所有，慎勿实诸所无。好住！世间皆如影响。(《庞录》)

显然，“启口说空空”的庞蕴并不是将“空”当作与“有”相对立的另一概念——“无”，而是视为“有”的超越性的范畴。于是，“空”就不再是“无”、“幻”，不再是对一切的否定、破斥，而是对非实在性的“诸有”的超越，是对“有无”、“物我”二元对立的规避。在这里，“有”的相对性也就被消解在“空”的绝对性之中；“性空”即“真空”，即法身，“空”成了万物的本性、本体。如此一来，色乃是相，为空之用；空乃是性，为色之体，色空不二，色空相即就成为可能。这样一来，现象界与本体界，也就可以彼此打成一片——即俗而真——依般若之智（“乘空”）“空诸所有”就可以洞照性空之理。保持精神的自由和通脱的前提，就是对“空理”的自觉的体贴。这是般若空观的延续、转换，而不只是如来藏“不二法门”的宗趣，这也是对“石头”禅学的发挥。

（二）无相为依

南宗的修证虽从无念着手，但他们的禅法重在“但行直心，不着法相”。南宗禅法的根本精神贯穿着无相、无住，又特提般若行，“般若经”系统中发挥无相、无住意义最透彻的《金刚般若经》，恰恰给他们提供了绝好的理论依据。①慧能所反复强调的“无相为体”实际上指的是以无相为本体（本质）。这个“无相之体”被庞蕴演绎为“无相之理”。

由“体”上升为“理”，并不是对慧能的偏离，而是一种改良、升华。万物即是关系的化身。“体”作为事物的内在结构，必将随着“用”而转移，即随着对象的变化而随之不断迁移、重构，并最终失去本来面貌。但既然是“无相真空妙法身，历劫恒沙不迁变”，那么在变化之中自有“不变者”存在。但是，这对一般人来说几乎是难以理解的，“法身无相貌，世人那得知”，质疑也就不可避免了。于是对“无相”的把握，就变成对“无相之理”的解蔽、体悟。亦如庞蕴所云：

真如本无相，所得是凡流。心依无相理，真是金刚经。无相真空妙法身，历劫恒沙不迁变。父子相守空山坐，无相如如寄有间。(《庞录》)

① 吕澂：《中国佛学源流略讲》，中华书局1979年版，第375页。

有人有所知，有事有是非。闻道无相理，心执不生疑……如来无相理，有作尽皆非。（《庞录》）

经体本无名，受持无色声。心依无相理，真是金刚经。（《庞录》）

“相”是事物外在属性的表达，真实内在的本性（真如）却是无从描述的，所以是“无相”的——“真如本无相”。但在庞蕴看来，这种“无相”却是“性”的一种表征，是“理”的一种表达。既然“有相”只是事物外在的、非实在的、刹那的偶然性存在，那么对“无相”的把握，必须通过“离相”的方式——对“有相”的超越、对“有”（有为、有作）的剥离来实现。庞蕴说：

云何为人演，离相说如如。心镜俱空静，无实亦无虚。心通常默用，出世入无余。（《庞录》）

外无他兮内无自，不动干戈契佛智。通达佛道行非道，不舍凡夫有为事。有为名相尽空华，无名无相出生死。（《庞录》）

凡夫智量狭，妄说有难易。离相如虚空，尽契诸佛智。戒相如虚空，迷人自作持。病根不肯拔，执是弄花枝。（《庞录》）

人有一卷经，无相亦无名。无人能转读，有我不能听。如能转读得，入理契无生。非论菩萨道，佛亦不劳成。（《庞录》）

慧能所说的“无相”，似乎仅仅是对心体本然状态的另一层说明。不过《坛经》并没有停止在对心体的规定上，而是着重于它的运用。它对一切修为，统冠以“无相”的限定词，所谓的“无相戒”、“无相忏悔”、“无相三皈依戒”、“无相偈”等，就是这种应用的具体表现。[①]而“无相理”的发明，不仅将此提高到一个新的思辨高度，也拓宽了其应用的范围。“无相”已不仅仅是心体的本然状态，而更成为万物空寂之性的本质规定。于是，这种抽象的“无相之理”就可以附着于具体的“事”上，且不被所谓的“事”所束缚，“于一切相而离相”有了很好的依止。“佛是无相体，何须有相持?”于是，无论是南泉斩猫，还是丹霞烧佛，都有了自己的台阶——“离相直入理”、“无相契真常”。庞居士的心地发明不仅推动了禅门“理学”的发展，似乎也在无意间影响着华严禅的前行方向。

（三）无心为乐

“佛语心为宗，无门为法门”、“以心传心”的禅宗视心为人性的主体承担者，禅师们既重

① 杜继文、魏道儒：《中国禅宗通史》，江苏古籍出版社 1993 年版，第 184 页。

视心之体，也重视心之用，把心看作终极的存在范畴，把“直指人心，见性成佛”，当成人生的最大追求，但是，他们对“心”的参究、体察、检验却各有侧重。究竟是“即心是佛”，还是“非心非佛”，不仅与禅师们的自心体认直接相关，也与禅宗心性论的分化有很大关联。此中，庞蕴却有着自己的见解。

首先，无心为真空。依照般若空义，一切法毕竟空寂，“有”或“无”没有本质区别，都是“空”的体现，“空”是没有什么“生”或“不生”的概念；而万法是由心生起的，真正的虚空应是无心的存在，无心就是真空。但是凡夫执著万物的表象，以虚妄的表象取代实在的本体、真实的本质，沉迷心的虑求得失，在“有无”、“来去”之间彷徨不已。只有洞达“无生理”，才能无心于物——“于物总无心”。庞蕴说：

> 万法从心起，心生万法生。法生何日了，来去枉虚行。寄语修道人，空生有莫生。如能达此理，不动出深坑。（《庞录》）

> 有无同一体，诸相尽皆离。心同虚空故，虚空是我师。（《庞录》）

> 大乘一等义，本自无遮闭。凡夫著相求，心生有执滞。无心为真空，空寂为本体。无问亦无说，常照勿使废。佛子行道已，更莫愁来去。（《庞录》）

> 心王不能了，何不依真智。一吼百兽伏，尽见无生理。无生理甚宽，无心无可看。非内外中间，非生死涅槃。诸法无住处，遨游神自安。（《庞录》）

> 欲得神通等居士，无过于物总无心。（《庞录》）

其次，无心是成佛的根本路径。佛与众生本无分别，都具有同一个“心”。人执著于“物”（万法），被“物”所左右，心心触物、附物，而不得自在；佛于万法不动心，不生心，而神通无碍。换言之，佛与凡夫的分别就体现在心物对待上，表现在心的“有无”、“生”与“不生”之上。其实“有无”、“生”与“不生”都是自心的作用。人的自心就是佛心，自信即佛。若依靠佛来求解脱，不仅不是正途，也不可能实现。真正的修行就是心不附物，就是无心。一旦“无心于万物”，不追求物、不执著物，就能超越“物”的羁绊，即可自度苦厄，体认佛道。故无心才是成佛的要门。庞蕴说：

> 佛亦不离心，心亦不离佛。心寂即菩提，心然即有物。物即变成魔，无即无诸佛。若能如是用，十八从何出。（《庞录》）

> 但自无心于万物，何妨万物常围绕。铁牛不怕狮子吼，恰似木人见花鸟。木人本体自无情，花鸟逢人亦不惊。心境如如只个是，何虑菩提道不成。（《庞录》）

牵牛驾空车，共入无为宅。无为宅甚宽，众生却嫌窄。十方同一室，何曾有间隔。有法人不得，无心自度厄。（《庞录》）

欲得真成佛，无心于万物。心如境亦如，真智从如出。定慧等庄严，广演波罗蜜。流通十方界，诸有不能疾。报汝学道人，只么便成佛。（《庞录》）

端助求如法，如法转相违。抛法无心取，始自却来归。无求出三界，有念则成痴。求佛觅解脱，不是丈夫儿。（《庞录》）

最后，无心为净土，无心为极乐。典型中国化了的禅宗所谓的禅实际上是一种意境，一种摆脱思维羁绊、超越相对、涵盖相对、游行自在的意境。①这种意境也就是中国禅师们所理解的佛的境界——净土。所谓的无心就是“心心无所住，处处尘不著”，超越心物对待、有无分别，免受现象界的迷惑，而从容自在、任运逍遥，这样的境地与净土是没有本质差别的，就是成佛的体现、佛性的自然流露。若能体味无心，就能体察佛的极乐世界，与佛无别。换言之，无心就是成佛的圆满境界。庞蕴说：

学佛作梦事，不须论地狱。天堂总越却，六识为童仆。心心无所住，处处尘不著。五道绝人行，无心是极乐。空里见优昙，众生作桥彴。（《庞录》）

欲得速成佛，只学无生忍。非常省心力，当时烦恼尽。七宝藏门开，智慧无穷尽。广演波罗蜜，无心可鄙吝。只恐着有人，愚痴自不信。（《庞录》）

山中失却心，任运腾腾语。语即说空空，空中无蛇鼠。有心波浪起，无心是净土。净土生真佛，佛还传佛语。佛能度众生，众生是佛母。（《庞录》）

久种善根深，同尘尘不侵。非关尘不染，自是我无心。无心心不喜，超三越十地。究竟真如果，到头只个是。（《庞录》）

这种“无心”的主张是否会落于断灭见，是否违背了“三界唯心，万法唯识”的宗旨，是否与“即心是佛”的禅宗宗旨相背离，是值得考判的。在笔者看来，对世界的深究似乎存在着三种路向：超越、肯定、否定。佛家所说的“中道”就是超越的路向。佛陀始终用超越的态度观察世界，劝导人们超越自身的局限，依止“八正道”，克服愚见、痴解，自觉自信，摆脱生命既有的困境。但是，绝大多数的中国人对佛陀教诲的理解、把握似乎永远未走出格义佛教的

① 麻天祥：《中国禅宗思想史略》，中国人民大学出版社2007年版，第3页。

阴影。受格义的纠缠，禅宗不断走向分化。一路为否定之否定，由否定再否定而走向肯定，认同一切；另一路则是彻底否定，用道家所谓的“无”取代佛家之“般若”——超越的智慧，把“超越”变成否定，逃避一切，否定一切，甚至连同佛也给否决了。这种极端的误读最终不是走向超越，而是走向堕落。这或许就是禅病风起、狂禅肆行背后的思想根源。“石头路滑”并非戏言！其实，庞居士所说的“无心”就是自性清净之心（如来藏）——未受染污的、超越万物的“本心”、“真心”。这个“无心”与“非心非佛”的“非心”一样都是为了便于普通民众理解迫不得已设置的“权便”法门。

由空寂转出无相，由无相引出无心，由无心推出无求、无念、无住，再由无求、无念、无住，来落实、印证空寂、无相、无心。这种以“空寂”、“无相”、“无心”等为一体的禅学体系，既是对慧能禅学的坚持、发扬，也是对牛头禅“空为道本”、“无心合道”的改良、升华。可以这样断言：牛头法融“无心为道”说与道信、弘忍等人“即心是佛”说之间的紧张，在马祖、石头、庞蕴等人的努力下，最终得以调和，并逐步融合为一种有别于以前的新的心性论。

要之，禅宗心性论的成熟、丰富，离不开祖师们的提持、发扬，同样也离不开居士们的坚持、发明。

三　“运水搬柴”与“神通妙用”

佛法重在行证。禅家一切行为的动机，始终在向上一着，探求生死不染、去往自由的境界，并且不肯走迂回曲折的道路，而是直截了当把握成佛的根源。这个根源，在他们所认识到的，即是人们的心地，也可称为本心。[①] 这个本然之心，仅凭具体的话语或文字功夫几乎是无从知解的，于是，庞蕴像慧能、石头、马祖等先辈们一样，不得不借助于各种身体语言来表达禅意，并形成自己的家风。

庞蕴出入石头、马祖二门，而这两家并没有什么特别的隔阂，都秉持“即心即佛”的宗旨，将佛心定格在自心上，但是其宗风还是有所差别，且传播的区域也不同——江西主马祖，湖南主石头。这种格局也造就了庞蕴禅风的复杂性，虽然其身上洪州禅的色彩要浓厚一些，但石头希迁一系的禅学也对他有所影响。庞蕴禅学的特点，主要表现在与禅师们往复应酬的“机锋”和“机用”上。据现存资料，庞蕴与石头法系的澧州药山惟俨禅师（751—834）、邓州丹霞山天然禅师、潭州长髭旷禅师、大同普济等禅师，马祖法系的明州大梅山法常禅师（794—839）、池州南泉普愿禅师（748—834）、仰山慧寂禅师（807—883）、毗陵芙蓉山太毓禅师，以及松山和尚、石林和尚、本溪和尚、齐峰和尚、则川和尚、百灵和尚等交互往来，较量至理。其中又与丹霞最为友善。

（一）对石头的坚持

石头禅的基本特征是“即事而真”。“即”，乃不离开；“事”，乃日常生活之行为；“真”，

① 吕澂：《中国佛学源流略讲》，中华书局1979年版，第376页。

乃真实、本性、道、理、空。“即事而真”就是要求禅修者在禅观时善于从客观的事象出发，从纷繁复杂的具体的个别的事象中体悟、显现理。这个理就是万物的共性，众生的本性、本心。虽然理与事并不相同（理为本，事为末），但是理与事又是统一的，是不分离的。理乃事之本体、本原、本质，事乃理之表达、具象、反映。理与事圆融而无碍、体用一元。这种思想的基础就是般若空观与华严理事观的融合、调和，但其重点却在于契“理”悟“智”，对心源的顿悟、把握。“即事而真”的下一个转语就是“触目是道”。希迁所倡导的这种禅法，开辟了青原一系的宗风。[①]这种宗风在庞蕴身上体现得很突出。

首先，不离凡夫事。释迦的理论不是来自对宇宙的观察，而是从人生过程发现这种现象（缘起），并以此来论证人生关键问题。[②]人生问题是释迦关注的根本问题。禅者的顿悟不离自心，也不可能离开自身生活。其实，心地觉悟就在日常的“运水搬柴”之间，生活即禅。

据史载，希迁问庞居士：“你见老僧以来，日常做过什么事?”庞翁答：“若是具体哪天哪月，我答不上来。”希迁说：“我知道你答不上来，所以才问你。”于是，庞翁便呈上一偈：

日用事无别，唯吾自偶谐。
头头非取舍，处处勿张乖。
朱紫谁为号，青山绝尘埃。
神通并妙用，运水及搬柴。（《庞录》）

结果，深得石头赞许。

其次，不失石头理。青原系在哲学上都是叩击两端的体用一如、理事圆融论者，与般若学的性物二空不同。在见性论上虽认为“无相即性”，但却主张“即物见性”、“即事而真”，从事相上明理，并与其“回互”论保持一致。

据史载，庞居士见普济禅师，拈起手中笊篱说：“大同师，大同师!”普济不应。居士说：“石头一宗到禅师处，冰消瓦解。”普济说：“不得庞翁举，灼然如此。”居士便抛下笊篱说：“宁知不值一文钱?”普济说：“虽不值一文钱，欠他又争得。”居士作舞而去，普济却提起笊篱说：“居士!”居士回答，普济于是作舞而去。居士拊掌说：“归去来，归去来。”（《庞录》）

禅宗所言证悟者，重事至理圆，以行修事至为首。[③]“拈”、“抛”、“提”笊篱是举事；应与不应则在验理；“作舞而去”暗示“道悟”；来来去去、反反复复，表明理事无碍。庞蕴与普济的一唱一和，都在演绎石头的观心法门，检验各自的心地。

最后，不落丹霞机。希迁之门，乏雄伟之材，惟俨、天然其最著名者。[④]所谓“丹霞机”，就是“体用如如转无转”，理事、空有俱不滞；以心的在境无境，随圆就方来回应石头的“回

① 方立天：《佛教哲学》，中国人民大学出版社2006年版，第292页。
② 吕澂：《印度佛学源流略讲》，上海人民出版社2002年版，第26页。
③ 南怀瑾：《禅海蠡测》，复旦大学出版社2003年版，第42页。
④ ［日］忽滑谷快天：《中国禅学思想史》，朱谦之译，上海古籍出版社2002年版，第187页。

互”即“不回互”。庞蕴与天然同师石头，又是至交，故禅路相同。①

据史载，丹霞见过灵照（庞居士的女儿）后，再会庞居士。庞居士见丹霞来，不起亦不言。丹霞乃竖起拂子，他也竖起槌子。丹霞问：“只恁么更别有？”居士答：“这回见师不似于前。”丹霞问：“不妨减人声价。”居士答：“比来折你一下。”丹霞问：“恁么则痖却天然口也？”居士答：“你痖由本分，累我亦痖。”丹霞便掷下拂子而去。庞居士便召唤：“然阇黎，然阇黎。”但丹霞并不回头。庞居士说：“不惟患痖，更兼患聋。”（《庞录》卷上）

其中，竖拂、拈槌、不顾、掷拂等表示心无外物，本心本生本不生，在境无境，当处灭尽，又随处即生，通身是口说不出，唯以“事相”之有可示“性理”之在，即事而真。无论是庞老无风起浪，丹霞浪起风生，还是丹霞“患痖”，庞翁“患聋”，他们机锋相对，酬唱相和，其实是事无两般，心地如一。

（二）对马祖的发扬

马祖禅系的基本特征是“触类是道”。“触类”乃所见、所遇、所在之境，亦指生命的见闻觉知。“道”乃修行之佛理、佛道，亦指所悟、所见的佛性、本心。“道”具有客观性、遍在性，随处即是，而无依止。“触类是道”的另一种表达就是“平常心是道”，它的下一个转语就是“任心”——随顺自然，一切即真。“平常心”的自然流露，就可以达到对“道”的体悟。庞蕴事马祖二载，深得马祖禅的精髓，亦在实践中发挥洪州特色。

首先，触类是道，立处即真。佛与众生本无分别，本具清净之心。这个本心心无所住，内外明澈，就在行住坐卧之中。“平常心是道”就要打破佛与凡夫之间的阻隔，把心与物融为一体，当下体验佛的境界，反对“抛却自家无尽藏”，肯定自家宝藏的圆满具足，重视人的主体地位、自身价值。

据史载，一日庞居士向牧童问路。牧童说：“不知道！”居士说：“看看这个牛儿！”牧童说：“这是畜生！”居士说：“今日什么时间？”牧童说：“插田的时间。”于是居士大笑。（《庞录》）

其中，“路”即道，而道其实并不用问，问题即答案，道在其中，就在这些放牛、插田之间开显、体现。这样的公案其实有多处。无论是庞居士与松山和尚就“择菜”而问，还是他与石林和尚就“接茶”而答，似乎都在表达道在日常行事间，平常心是道。

其次，自然任运，直显心性。既然“平常心是道”，“道”就是遍在的，心是对“道”的体贴、把握，那么，“心”就可随道而转、随道而显，不必特意造作，“即心是佛”，“任心”亦可“体道”。人的生心起念，一举一动，都是佛性的全体大用，本心的直接流露。

据史载，一日庞居士因在床上，睡卧着看经。有个僧人看见了，就责怪他说：“居士看经须具威仪。”居士于是就翘起一足，僧人于是无语。（《庞录》）

其中，“卧”、“翘”乃是形式、事；“看经”才是本质、理。而道并不存在绝对的、普适的唯一标准。理事虽不二，但理为一，事为多；一不碍多，多亦不妨一，理事才能圆融。悟道

① 毛忠贤：《中国曹洞宗通史》，江西人民出版社2006年版，第67页。

没有具体范式，所以，不必固守教条，“触类是道而任运”，任心即可显道，不待时节。

最后，机锋峻峭，杀活自如。洪州系发展的方向是破除哲学思考，代之以彻底的当下个体意识的直觉，特别强调体用中的用的自觉，以“平常心”的自在任运来开显“本来面目”。故而洪州系开启了机锋棒喝的禅风，以极端化的行为语言向参禅者暗示真如世界的不可认识，令其反身自悟。

既然本心、理在言相上难以道透，那么，就得从行相上下功夫。马祖经常喝、打、踏、竖拂、画圆相、说一些不可理解或无意味的话等，来接引学人，让对方脱离名相束缚，彻悟本心。这样的禅机，庞蕴运用得也十分自然。

据史载，庞居士在见本溪和尚时“将杖子划一圆相”，“以脚踏却”，然后再“拈杖子点点而去”；在访百灵和尚时，“以目瞬之”；在遇高峰和尚时，“便行一掴”……（《庞录》）

要之，庞翁的禅法既继承了石头的圆融无碍特色，又带有马祖的高峻激烈禅风。

“同树无别果，同坑无异土”，石头与马祖均为南宗嫡系，其禅法思想多有相似处，所以，有人会认为庞蕴的马祖色彩更浓一点，从而判定庞蕴为洪州禅的主要代表。这样的研判是否合理，还是值得深究的。

根据宗密的说法，石头系与洪州系一开始就有分歧，而石头系与牛头系则相近，喜欢做不二中道的哲学思考，善于对禅做形而上的考察；洪州禅强调如来藏与般若智慧的结合，提倡直显心性的大机大用，置身于现实生活中形而下的动态实践。[①]若就理而言，“理学”的石头要略高于“心学”的马祖。“平常心是道”是符合逻辑的，但是“触类是道而任运”，在逻辑上并不能自圆其说。其实，洪州禅也存在这样的倾向。禅一旦失去哲学的眷顾、经教的指导、戒律的约束，就会向着自己相反方向发展——“异化”的危险，会造成“只讲生活，而不问是非；只有游戏，而无三昧”的局面；不是“造作”，也是“造作”。换言之，虽然南禅“使禅宗丛林生活带有一种吸引世人注意的粗犷气息和朝气”[②]，但是，也可能使禅风流于虚玄，最终动摇信仰的基础。在这个方面，庞居士是比较清醒的。

庞居士既重视读诵佛经，“又一再提醒世人更要注重理解佛经的义理，并且应当注重修行，实践菩萨之道”。[③] 庞蕴说：

> 读经须解义，解义始修行，若能依义学，即入涅槃城。读经不解义，多见不如盲，缘文广占地，心中不肯耕，田田总是草，稻从何处生？（《庞录》）

这些提醒和践行其实是在为世俗化的、生活化的禅廓清路向。这不仅是一种危机意识，也是一种拯救情怀。

其传世的偈颂（迄今流传近200首）以模拟佛经偈语的风格，殷殷嘱咐学佛者修行的依

---

① 潘桂明：《中国佛教思想史稿》，凤凰出版传媒发展集团2009年版，第767页。

② 杨曾文：《唐五代禅宗史》，中国社会科学出版社1999年版，第319、320页。

③ 杨曾文：《唐代庞蕴居士及其禅诗》，载《曹溪禅研究》，中国社会科学出版社2002年版。

归，在唐朝白话诗派中以注重说理而著称。①

笔者认为，把庞居士纳入石头系也无不妥之处，似乎更为合理一点。庞蕴在对禅的理解以及体验方面并不逊色于甚至超越了那个时代的禅师，以至于“居士所至之处，老宿多往复问酬，皆随机应响，非格量轨辙之可拘也”②。这是与他同时代的文人居士白居易、柳宗元所无法比拟的，“东土维摩”绝非是随意的称呼。

（责任编辑：张利文）

① 李皇谊：《禅门居士庞蕴及其文学研究》，博士学位论文，台湾东海大学中国文学系，2004年。

② 普济：《五灯会元》第3卷，《续藏经》第80册，第87页。

圆悟克勤的“融通宗教”观

——以其早年参禅经历为考察

张利文[*]

摘　要：圆悟克勤在湖南夹山寺所著的《碧岩录》以评唱颂古的形式将北宋以来的文字禅推向了高潮，虽然历代对《碧岩录》褒贬不一，但这种“不离文字”而说禅的方式再现了传统佛教“因言显道，见道忘言”的经典诠释方式。这与克勤早年在蜀地接受的经论教学是分不开的。以成都大慈寺为中心的北宋蜀地佛教表现出了浓厚的义学色彩，曾出现不少不应忽视的义学高僧。出蜀而入湘赣的僧人，转投禅宗门下，大多带有“融通宗教”、“宗说俱通”的双重色彩。

关键词：圆悟克勤；融通宗教；碧岩录；文字禅

“临济宗杨岐派从杨岐下二世黄梅东山五祖寺法演之后开始兴盛”①，法演门下有三高弟，诸灯谓之三佛：佛果克勤、佛鉴慧勤与佛眼清远，而以佛果克勤最为著名。克勤门下又以大慧宗杲与虎丘绍隆最具影响，史称克勤门下“二甘露门”、“临济中兴”②。《大明高僧传》言：“北宋三佛并唱演公之道，惟佛果得其髓也。而入佛果之室，坐无畏床，师子吼者又不下十余人，独后法嗣之绳绳，直至我明嘉、隆犹有臭气，触人巴鼻者，妙喜与瞌睡虎之裔耳。他则三四传便乃寂然无声，然此二老可谓源远流长者也，当时称‘二甘露门’不亦宜乎。”③五祖法演、圆悟克勤、大慧宗杲与虎丘绍隆四人对于杨岐派，乃至于临济宗都是举足轻重的人物，他们的禅风对后来中国佛教的走向影响巨大。从此之后，临济宗成为汉传佛教的主要宗派，即所谓“临天下，曹一角”。而四人之中尤以圆悟克勤为中心人物，可以说圆悟克勤是临济宗发展史上承上启下的一位大宗师。

圆悟克勤在临济宗发展史上承上启下的历史地位，以及他的禅学成就，与他早年的求学经

---

* 张利文，湖南省社会科学院宗教文化研究中心副研究员。

① 杨曾文：《宋元禅宗史》，中国社会科学出版社 2006 年版，第 376 页。

② “（径山）师居数年，法席日盛，宗风大振，号临济中兴焉”（祖琇：《僧宝正续传·径山杲禅师》，《大藏新纂卍续藏经》，第 79 册，第 578 页中）；“大坐虎丘，雷动云骛，临济中兴，杨岐再住”（徐林：《宋临济正传虎丘绍隆和尚塔铭》，《虎丘绍隆禅师语录》，《大藏新纂卍续藏经》第 69 册，第 505 页中）。

③ 如惺：《大明高僧传》第 5 卷，《大正藏》第 50 册，第 916 页下。

历不无关系。如他自己所说："老汉生平，久历丛席，遍参知识，好穷究诸宗派，虽不十分洞贯，然十得八九。"[①]本文即借对圆悟克勤悟禅之前"久历丛席，遍参知识"历程的逐一考察，窥探禅师《碧岩录》佛学成就的义学基础。

一　圆悟克勤的早年学历

克勤（1063—1135），俗姓骆，字无著，彭州崇宁（今属成都郫县唐昌镇）人，徽宗时因枢密邓子常奏请赐号佛果，高宗时入对殿庐，获赐圆悟。克勤出家之前曾饱读儒家经典，孙觌记之："从师受书，日记千言，他生不敢齿。"后因"游妙寂院顾见佛书，读之三复，怅然如获旧物。曰：'吾殆过去沙门也。'始弃家祝发为浮图氏"[②]。

克勤在四川学佛的经历并不是十分清楚，《嘉泰普灯录》记载说："偶游妙寂寺……即出家，依自省祝发，从文照讲说，又从敏行授《楞严》。"[③]《佛祖历代通载》并说克勤"依妙寂院自省落发受具"[④]，据孙觌说其"寿七十三，僧腊五十五"可知克勤 18 岁时即在妙寂院受具足戒，戒师自省法师之行迹已不可考。克勤出家时的年龄则或在更早。

"从文照讲说，又从敏行授《楞严》"一事，孙觌所记稍详："当是时，成都名僧文照公为众讲说，作佛事，执经立，坐下率常数百人。师往从之。昼夜思，遂诵其学，为高弟。又从敏行公讲授《楞严经》、《论》。"[⑤]这些说明了克勤早年曾接受了很好的义学训练。四川佛教自唐初以来就有较为浓厚的经教氛围。僧传中就记载有："（隋）末年国乱，供料停绝，多游锦蜀。"[⑥]唐代高僧玄奘就曾因此对其兄说："此（中原）无法事，不可虚度，愿游蜀受业焉。"[⑦]无独有偶，克勤后来师从的五祖法演也是蜀籍僧人，且与克勤有着相似的早年求学经历，其"少落发受具，游成都讲席，习《百法》、《唯识》，窥其奥"[⑧]。《百法》即世亲所造《百法明门论》，《唯识》即玄奘汇编的《成唯识论》，前者是佛教唯识学的入门书，后者是唯识学的代表性经典。从诸灯语录来看，两宋间讲习唯识学的僧人已屈指可数，而法演即是其一。

文照是蜀中著名的《楞严》讲师。文同所撰《觉济大师真赞并序》记载他曾师从成都大慈寺号称"楞严道人"的觉济继舒，"成都府大慈寺有高行僧曰觉济大师继舒者以某年某月某日殁于其室，其学人文照、其弟子居逸等议葬之于彭州九龙县"[⑨]。此中"学人"一词当指其义学传人，列在"弟子居逸等"之上，犹谓上首之意。

---

① 绍隆：《圆悟佛果禅师语录》第 20 卷，《大正藏》第 47 册，第 810 页上。
② 孙觌：《圆悟禅师传》，《鸿庆居士集》第 42 卷，《文渊阁四库全书》第 1135 册，第 464 页上。
③ 正受：《嘉泰普灯录》，《大藏新纂卍续藏经》第 79 册，第 359 页上。
④ 念常：《佛祖历代通载》，《大正藏》第 49 册，第 685 页下。
⑤ 孙觌：《圆悟禅师传》，《鸿庆居士集》第 42 卷，《文渊阁四库全书》第 1135 册，第 464 页上。
⑥ 慧立撰，彦悰增补：《大慈恩寺三藏法师传》，《大正藏》第 50 册，第 222 页上。
⑦ 同上。
⑧ 念常：《佛祖历代通载》，《大正藏》第 49 册，第 679 页上。
⑨ 文同：《觉济大师真赞并序》，《丹渊集》第 21 卷，《文渊阁四库全书》第 1096 册，第 678 页下。

敏行（1044—1100）[①] 道号圜明，亦是蜀中义学高僧。黄庭坚《圜明大师塔铭》记载：

> 大师号无演，出于天鹏张氏。幼童英烈，不甘处俗。年十五，弃家师承天院宝梵大师昭符，符记之曰：“此子他日法中龙象也。”年二十以诵经落发，受《首楞严经》于继舒，舒没，卒业于惟凤文昭。受《圆觉经》、《肇论》于省身，受《华严法界观》、《起信论》于晓颜，受《唯识》、《百法论》于延庆。凡此诸师，皆声名籍籍，师必妙得其家风然后已。[②]

这段文字说明了圜明敏行早年也曾追随“楞严道人”觉济继舒学习《楞严经》，但因尚未卒业，继舒就去世了，所以由惟凤文昭代替讲完《楞严经》。参考前引文同的《觉济大师真赞并序》，敏行卒业《楞严经》所师从的惟凤文昭，很有可能就是觉济继舒的大弟子文照。另外一条线索是苏轼在《宝月大师塔铭》中提到：“宝月大师惟简……其同门友文雅大师惟庆……弟子三人：海慧大师士瑜先亡；次士隆；次绍贤，为成都副僧统。孙十三人：悟迁、悟清、悟文、悟真、悟缘、悟深、悟微、悟开、悟通、悟诚、悟益、悟权、悟缄；曾孙三人：法舟、法荣、法原。”[③]此中宝月惟简也是北宋大慈寺僧[④]，苏轼的文本提示出北宋时期成都大慈寺僧人的法名演派字现象比较明显，例如宝月惟简的同门中就有文雅惟庆[⑤]，那么克勤之师“文照”即成都大慈寺的“惟凤文昭”，且与惟简、惟庆同门，是有相当可能性的。

苏轼另有《大圣慈寺大悲圆通阁记》一文，记录克勤之师敏行造大慈寺圆通阁及千手观音像的事迹，其记云：

> 有法师敏行者，能读内外教，博通其义，欲以如幻三昧为一方首，乃以大旃檀作菩萨像，端严妙丽，具慈愍性，手臂错出，开合捧执，指弹摩拊，千态具备，手各有目，无妄举者。复作大阁，以覆菩萨。雄伟壮峙，工与像称，都人作礼，因敬生悟。[⑥]

从中可以看出敏行与文照一样也是大慈寺的僧人，而且很有可能在建造大悲阁的时候就是住持。

综合以上材料，可以得出结论：圆悟克勤在家乡妙寂寺受具足戒后不久，就前往成都，向惟凤文照（昭）、圜明敏行（无演）学习《楞严》经论，此二人又都曾先后受业于大慈寺的

---

① 此生卒据黄庭坚《圜明大师塔铭》所言：“年二十，以诵经落发……元符三年……不疾而逝化，僧腊三十有七。”（《黄庭坚全集》第2册，四川大学出版社2001年版，第856页）

② 黄庭坚：《圜明大师塔铭》，《黄庭坚全集》第2册，四川大学出版社2001年版，第856页。这一段的记叙，《补续高僧传》“继舒”作“继静”；《楞严经疏解蒙钞》“惟凤文昭”作“性凤文昭”，俱误，应以山谷《塔铭》为是。

③ 苏轼：《宝月大师塔铭》，《东坡全集》第89卷，《文渊阁四库全书》第1108册，第436下—437上。

④ 李思纯：《大慈寺考》，《李思纯文集（未刊论著卷）》，巴蜀书社2009年版，第726页。

⑤ 苏轼：《中和胜相院记》中作“文雅大师惟度”。（《东坡全集》第35卷，《文渊阁四库全书》第1107册，第496页下）

⑥ 苏轼：《大圣慈寺庙大悲圆通阁记》，龙显昭主编：《巴蜀佛教碑文集成》，巴蜀书社2004年版，第125页。参见《大悲阁记》，《东坡全集》第38卷，《文渊阁四库全书》第1107册，第533页上。

"楞严道人"觉济继舒。由于文照、敏行都是大慈寺僧人，所以圆悟克勤在成都参学的地点，应该就是在大慈寺。大慈寺是唐宋时期成都地区的最大寺院，也是西南乃至于全国佛教的义学重镇，偏重讲解经论。最盛时期曾有九十六院，"诸院为国长讲，计七十三座，诸院大藏经，计一十二藏"①。至少"晚至北宋中期，以大慈寺为中心的佛教义学仍在成都佛教中占有相当突出的位置。在禅、净两宗几乎一统佛教的背景下，这种仍然存在的、强势的义学影响，具有非常鲜明的地域特色。因此特色，一方面是分灯以后的南宗禅在成都地区很长一段时间不能有效展开；另一方面则是自成都外出求法的学僧大多具有良好的义学功底。一旦转入禅宗以后，他们大多能迅速成为一代龙象"②。

可以说，圆悟克勤的《楞严》、《唯识》、《百法》等佛典学识源自义学色彩浓厚的成都大慈寺。正是基于在蜀地积累的深厚义学功底，圆悟克勤后来转投临济宗后，能够成为振兴师门的一代宗师。虽然禅宗不立文字，其直指人心的证悟方式与传统义学表现出一定的理趣分歧，但是由圆悟克勤推向高潮的文字禅，以颂古、评唱的方式记述禅宗公案、语录，不仅表现了佛教不离文字的一个侧面，更借助文字、禅诗与两宋之际的士大夫相互酬唱、打成一片，使得宋代佛教与朝廷政治的关系更加密切，既推进了士大夫佛教的发展，又为丛林佛教都市化乃至于政治化创造了条件。

尽管义学功底在禅修的过程中有不可忽视的潜在作用，但在北宋南宗禅全盛时期，固守讲说毕竟显得不合时宜。最明显的一个例子就在于入川的官僚士大夫常会向蜀僧描述"外面的世界"如何精彩，怂恿蜀僧出川行脚。圆悟克勤遭遇范镇就是一个典型的例子。"克勤……初听讲成都，范蜀公作诗劝令行脚，有云：'成都本是繁华国，打住只因花酒惑'，遂出蜀。"③这里的"花酒"借喻迷于经教而失去本真。孙觌则说："（克勤）俄得病濒死，师叹曰：'朝闻道，夕死可矣。诸佛涅槃正路，不在句文中。欲以声求而色见，如一釜羹投鼠矢污之，吾知其无一是也。'遂弃去。"④这些文学修辞化的记载，大致勾画了这样一个历史轮廓：在外缘与内因的共同影响下，圆悟克勤离开了四川，"出峡"而下荆湖。值得一提的是，与这种机缘相似，克勤的老师敏行与法演也都经历过由教至禅的蜕变。"时黄太史公谪黔南，与圆明游相好……常夜语及南方宗师，公曰：'今黄龙有心，泐潭有文，西湖有本，皆亚圣大人、曹溪法道所在，或欲见之，不宜后。'于是圆明弃讲出蜀……至恭州而殁。"⑤法演则是"游成都讲席，习《百法》、《唯识》窥其奥，置之曰：胶柱安能鼓瑟乎？即日游方"⑥。抑或是巧合，抑或是必然，除了敏行出川未成身先殁，法演与克勤都经历了一个出入经教、禅下顿悟的过程。我们有理由相信，正是因为这种扎实的禅教合一的训练与长期践行，圆悟克勤后来才能在丛林佛教中开出文字禅独树一帜的局面。事实上，克勤即便在开悟之后，仍然保持着夜读经教的良好习惯。《僧宝正续传》记载："师悟门广大，说法辩博，纵横无碍，莫不人人畏服，以为未尝有也。凡

① 李之纯：《大圣慈寺画记》，《成都文类》，《文渊阁四库全书》第1354册，第792页下。

② 段玉明：《宋代成都佛教考论》，《宗教学研究》2014年第3期。

③ 绍昙：《五家正宗赞》，《大藏新纂卍续藏经》第78册，第594页中。

④ 孙觌：《圆悟禅师传》，《鸿庆居士集》第42卷，《文渊阁四库全书》第1135册，第464页上。

⑤ 慧洪觉范：《鹿门灯禅师塔铭》，《石门文字禅》，《嘉兴藏》第23册。

⑥ 念常：《佛祖历代通载》，《大正藏》第49册，第679页上。

应接虽至深夜，客退必秉炬开卷。于宗教之书，无所不读。”①这里所说无所不读的“宗教之书”，即指“宗通”与“说通”之书，具体而言也就是经教与禅宗的公案语录。正是因为圆悟克勤在参禅之前广涉义学，顿悟之后又不废宗教，自觉将禅宗与经教融会贯通，所以后来他的挚友丞相张商英如此钦佩他的“宗说俱通”，而赞曰：“美哉之论！岂易得闻乎！夫圆悟融通宗教若此，故使达者心悦而诚服，非宗说俱通，安能尔耶！”②

二 《碧岩录》与文字禅

圆悟克勤“融通宗教”、“宗说俱通”的思想特征，为《碧岩录》的创作提供了条件。《碧岩录》是圆悟克勤在云门宗僧人雪窦重显《颂古百则》的基础上添加“评唱”等解释而成。克勤对于禅宗颂古一直就保有浓厚的兴趣，他除了将雪窦重显的《颂古百则》评唱成《碧岩录》外，还评唱了重显的《拈古百则》成《击节录》。此外还有《佛鉴佛果正觉佛海拈八方珠玉集》也是克勤参与完成的，是对《禅门八方珠玉集》的评唱。圆悟克勤实际上从未停止过对拈古、颂古的演说性创作，只不过《碧岩录》是其中最成功且最著名的作品而已。③可以说圆悟克勤以《碧岩录》为代表，将北宋文字禅推向了高潮，这也反映出了克勤对文字说禅的偏尚。

尽管对《碧岩录》的评价历代不一，尤以克勤弟子大慧宗杲火烧《碧岩录》一事表现出其对禅宗中拘泥于文字现象的强烈不满，由此丛林禅风开始了向看话禅的转变，甚至当下学界的看法也大多褒看话禅而抑文字禅，认为文字禅舞文弄墨，失去了禅宗早期简洁明快的风格，使禅风与禅背道而驰，但也有不同的观点认为：“从思想发展的角度来看，由所谓的不立文字到倡导和实践文字禅，则是禅学发展的必由之路。禅学的衰变，原因不在于文字禅的兴起，而恰恰在于它的反面——以不立文字为口实，以‘任性’为遁辞，故作机锋，欺人盗世，为所欲为，习其狂猾。”④所以说圆悟克勤一生以文字说禅实乃借言诠为后代学人指点迷津，克勤老婆心切，不离文字，正是在彰显一种“标月指”、“敲门瓦”的学佛途径。

圆悟克勤倡导的文字禅除了引导学人借公案语录顿悟心性之外，另一个现实意义在于将禅与诗融合了起来，自北宋文字禅兴起之后，禅诗或者说诗偈的数量明显增多了起来，这为禅宗的文学化、艺术化；或者反过来说，也让文学艺术中渗入禅的因子，起到了推波助澜的作用。这一风气直接的后果就是导致了中国传统儒家社会中的文人士大夫更多地参与到了佛教当中来，相互酬唱，勘禅斗机，形成了蔚为大观的士大夫禅学。这也使得禅宗（尤其临济宗）的高僧大德大多与朝廷士大夫保持了密切的良好关系，如圆悟克勤与其弟子大慧宗杲就与张商英、张九成、张浚等士大夫交往甚洽，甚至在抗金护国问题上患难与共。

说到圆悟克勤对于禅偈诗化的推动作用，人们往往会联想到克勤在法演门下“因诗获悟”的一则公案。《嘉泰普灯录》对此事的记载颇为详细：

---

① 祖琇：《僧宝正续传》第4卷，《大藏新纂卍续藏经》第79册，第570页中。

② 晓莹：《罗湖野录》，《文渊阁四库全书》第1052册，第881页上。

③ 演法：《圆悟克勤传》，宗教文化出版社2012年版，第74页。

④ 麻天祥：《圆悟克勤的〈碧岩录〉与文字禅的泛滥》，《西南民族大学学报（人文社会科学版）》2011年第1期。

司会部使有解印还蜀，诣祖作礼，问佛法大意。祖曰：不见小艳诗云，频呼小玉元无事，只要檀郎认得声。使者惘然。师旁侍窃聆，忽大悟。立告祖曰：今日去却膺中物，丧尽目前机。祖曰：佛祖大事，非小根劣器所能造诣，吾助汝喜。师述偈曰：金鸭香囊锦绣帏，笙歌丛里醉扶归。少年一段风流事，只许佳人独自知。由此所至，众推为上首。①

《五灯会元》的记载略有小异：

会部使者解印还蜀，诣祖问道。祖曰：提刑少年。曾读小艳诗否？有两句颇相近。频呼小玉元无事，只要檀郎认得声。提刑应喏喏。祖曰：且子细。师适归侍立次，问曰：闻和尚举小艳诗，提刑会否？祖曰：他只认得声。师曰：只要檀郎认得声，他既认得声，为甚么却不是？祖曰：如何是祖师西来意？庭前柏树子聻。师忽有省。遽出，见鸡飞上栏干，鼓翅而鸣。复自谓曰：此岂不是声。遂袖香入室，通所得，呈偈曰：金鸭香销锦绣帏，笙歌丛里醉扶归。少年一段风流事，只许佳人独自知。祖曰：佛祖大事，非小根劣器所能造诣，吾助汝喜。祖遍谓山中耆旧，曰：我侍者参得禅也。②

此案被后世评说已多，甚至被视为参禅悟道的一种“呼小玉手段”，但本质上还是借俗世艳诗的形式，绕路而讲禅悟的心得。此喻之中“檀郎”指芸芸众生，“小姐”即为众生心中原本具足的如来佛性，“檀郎”借呼唤之声认得“小姐”心思，如同参禅学人借种种文字（包括艳诗）唤醒“当阳不昧的主人公”③。提刑官懵然不明，则如同檀郎只认得小姐之声，却不知小姐之心，所以唯有诺诺。克勤当下恍然若醒，出门见鸡飞栏杆，鼓翅而鸣，更识得大千世界一切音声俱是祖师西来意的呈现。而此音声他人不可解说，唯有唤醒自己内在的主人公（本性）去识得，方见其本来面目。于是克勤采用了文人唱和诗词的形式回呈一偈，同样也是艳诗，但说得更明白了：“少年一段风流事”（恰如佛性）是不可用言语道的，但却呈现在日常的一切生活之中，包括表面上纷繁迷乱的歌舞场中，只有“佳人”（恰如顿悟主人公者）独自认得、亲自体会，才能开启般若法门，契合禅悟的境界。所以说五祖法演与圆悟克勤的文字禅虽与简约粗犷的“德山棒”、“临济喝”在形式上不大一样，但仍然在文学修辞中将“临济家风，机用大全”展现得淋漓尽致，并且采用了两宋士大夫们更乐意接受的诗偈形式。这也是克勤、宗杲之后临济宗高僧与朝廷士大夫交游更为紧密的一个潜在因素。

---

① 正受：《嘉泰普灯录》第11卷，《大藏新纂卍续藏经》第79册，第359页上。

② 普济：《五灯会元》第19卷，《大藏新纂卍续藏经》第80册，第396页上。

③ “当阳不昧”一句出自克勤语录：“且当阳不昧一句，作么生道?”（绍隆：《圆悟佛果禅师语录》，《大藏新纂卍续藏经》第47册，第732页下）；其弟子大慧宗杲曾作偈云：“氛埃一扫荡然空，百二山河在掌中。世出世间俱了了，当阳不昧主人公。”（宗杲：《大慧普觉禅师年谱》，《嘉兴藏》第1册，第806页中）

三 结论

从形式上说，文字禅是上异于临济禅，下不同于看话禅的一种独特的禅风形式。五祖法演与圆悟克勤师弟二人对文字禅的推广与发挥尤为着力，这一方面使得学人对禅宗公案，进而对禅法大意有了初步的“敲门”方法；另一方面借助于文字的形式使印度式的佛偈与中国的古典诗词潜移默化地融合起来，深获文人士大夫的欢迎，从而也促进了临济禅僧与两宋士大夫之间的进一步文化交流与互动。这样的一种禅风，为实现禅“不立文字”的宗旨，采用了“不离文字”的表现形式，故而带有一些言教的背景。文字禅之所以能够成立，并且后来经过历史的证明，是焚而不毁且流传久远，这与五祖法演、圆悟克勤两位蜀僧早年深厚的义学修养，以及他们“融通宗教”、“宗说俱通”的平衡思想不无关系。

（责任编辑：毛　健）

谭嗣同涉佛诗名实论

赵建华*

摘　要：谭嗣同《仁学》基于佛学思想而建立了从分别对待向一的汇通的理论，其文学观即基于这一理论而集中表现在其对报章文体和文学文体的关系中。文学文体是促成文体分别对待走向通一的本质性因素，进而从名实关系来看，文学文体就成为无名之实，而报章文体就成为无实之名。依据谭嗣同这一辩证的论述，可以重新深入地理解谭嗣同涉佛诗的创作是其转化佛学思想的本质体现。

关键词：谭嗣同；文体；名实；佛学；诗歌

谭嗣同三十之后，诗风突变，其中最为显著的是被称为“诗界革命”的新诗的创作。这种诗歌的创作特点时人和后人都是能够很明显地看到的，就是将一些新名词加进了原本典雅的诗歌之中，这种风格人们也认为是从黄遵宪倡导诗界革命并为之实践而开始的，并进而认为谭嗣同也受到这种风气的影响，开始为冲破旧诗体的束缚而创作新诗。[①] 谭嗣同的贡献就是将佛教的一些名词术语加进诗歌之中，我们可以称之为涉佛诗。对于这种尝试，人们的评价一直是延续着梁启超的评价的：

> 盖当时所谓新诗者，颇喜扯新名词以自表异。丙申、丁酉间，吾党数子皆好作此体。提倡之者为夏穗卿、而复生亦綦嗜之。[②]

也就是认为革命精神可嘉，但多为标新立异，革命效果甚微，因为没有认识到诗歌美学的固有的规律，让人读起来满眼的光怪陆离，却不知所云，从而这种诗歌创新也就没有得到发展。从历史的发展来看，似乎事实也证明了梁启超的判断是没有错的。但是谭嗣同创作涉佛诗

* 赵建华，四川大学道教与宗教文化研究所博士研究生。

① 马卫中：《从革命诗歌到诗界革命——试论诗人谭嗣同》，《苏州大学学报（哲学社会科学版）》1984 年第 8 期。

② 梁启超：《饮冰室诗话》，人民文学出版社 1982 年版，第 49 页。

就这么简单吗？或许需要将谭嗣同的各种想法综合起来详细地考察一下才可以进一步地对之了解一点。

一　一个文学上的困境

光绪二十三年（1897），谭嗣同在《时务报》上发表了一篇文章，当时题为“报章文体说”[①]，后更名为《报章总宇宙之文说》。该文体小旨大，与《仁学》为同一风格，是一种可以称之为合一学[②]的追求宏大的风格。这一篇文章可以看作谭嗣同的文学革命宣言，《仁学》是思想大纲，那么这篇文章就是在大纲的指导下对文学的具体论述说明。这从这篇文章的具体论述也是可以看得出来的，文章首段就道和文的总体关系和历史关系论述起，这是很明显地从理论到历史到实践的合一学风格表现，后第二段开头就要梳别天下文章体例，是放眼天下之整理，由此可见合一学之倾向，从而说将之看作文学的总纲是可以的。

但是当从合一学的整体的角度和倾向来阅读这个篇章的时候，在一开始就会触碰到一个奇怪的规定，也构成了这个篇章一个奇特的困境。在文章的第二段开头，谭嗣同说：“今为梳别天下文章体例”[③]，然后后面紧跟着就来了一个看似很随意也很正常的补充说明：“去其词赋诸不切民用者。”[④]

既然要梳别天下文章，为什么又要去除一些呢？而且所去除的是词赋呢？对词赋诸体的驱除，绝非一个随意的笔误，也绝非可以用谭嗣同思想不成熟、前后矛盾之类的话来简单搪塞过去的。这个补充说明的驱除是有着细微的更深的缘由的。这是因为，到了第四段的时候，谭嗣同突然又将这起初驱除了的诸体又全部召唤回来了，只不过这种召唤回来的方式有点特别，第四段在具体说明三类十体在报章上的表现之后，谭嗣同同样似乎很随意地补充了一句：“编幅纡余，又以及于诗歌、词曲、骈联、俪句、歌谣、戏剧、舆诵、农谚、里谈、儿语、告白、招贴之属，盖无不有焉。”[⑤]

看这个补充说明，首先我们看到第二段的词赋诸体，当时是被控制压抑的，只出现了词赋两种，别的就用诸代替了，而现在好像一下子释放了，一下子爆炸出来这么多种类，按照今天的文学标准来看，大概只有小说没有涉及，别的都涉及了，而且还更加广阔，甚至包括今天的广告文案之类的；其次，也可以看到这里释放出来的各种不切民用者中，却有着农谚、告白、招贴等十分切民用的文章，也可以看到切不切民用并不是驱除和召回的关键要素；最后，要注意的就是谭嗣同在这里的召回，并不是一种光明正大的召回，而是一种十分奇特的召回，是以一种“编幅纡余”的方式重新收编这些当初被驱除出去的文章，从文体的划分来说，它们的身

① 谭嗣同：《报章总宇宙之文说》，载何执编《谭嗣同集》，岳麓书社 2012 年版，第 411 页。

② 谭嗣同：《仁学》，载何执编《谭嗣同集》，岳麓书社 2012 年版，第 373 页。“故尽改象形字为谐声，各用土语，互译其意，朝授而夕解，彼作而此述，则地球之学，可合而为一。”从这里可见其有一种统一全球的学问的倾向，今暂将此种理想称之为“合一学”。

③ 谭嗣同：《报章总宇宙之文说》，载蔡尚思、方行编《谭嗣同全集》，中华书局 1981 年版，第 375 页。

④ 同上。

⑤ 同上书，第 377 页。

份如今是一种非文体的文章、非文体的文体。

如此，通过驱除召回这一系列的策略，谭嗣同似乎完成了一个看上去有点矛盾的革命文学宣言的大纲，他直接以宇宙来命名这种新的文学体例计划了。但是如何理解这种驱除召回的策略、这看似随意的两条补充说明呢？它们作为补充，就如同词赋一样，既游离在正文之外，又恰恰在正文之中作为补充而存在着。

二　文体和汇通

从《仁学》中汇通精神来看，谭嗣同对文学文体梳别的目的就是要在名乱之上的重建汇通，以达到道通为一的宇宙文学的宏大理想。报章体被他赋予了这个伟大理想的使命。那么文学上的障碍汇通就是文体之乱了。

> 文之统绪乃胥移于选家，而其黜陟显晦之权亦惟选家操之。然选家率皆陈古而忽今，取中而弃外，或断代为书，或画疆分帙，致令奇觚瑰采，羌郁伊而被摈；瓦缶篢桴，轶钟球而引奏。进退失理，拘囿阶之焉。①

这段文字中叙述了众多选家导致的文体之乱，这些问题的症结所在正如在《仁学》中论述名乱时一样，乱是来源于对待分别。而相对应的通一的途径首先就是破除对待，然后就是道通为一的通一了。

首先文体是对待分别的，说对待就是古今中外断常之对待不通，而说分别就是说文体之间的画疆分帙。而相对于此的通一了的理想状态则是报章体。报章体的特点就是可以众体兼备地将上述三类十体统统包含融为一体：

> 乃若一编之中，可以具此三类十体，而犁然各当，无患陵躐者，抑又穷天地而无有也。有之，厥为报章，则其体裁之博硕，纲领之汇萃，断可识已。②

从这个描述可以看出，报章体已经是一种理想的大全的文章体例了。它融合三类十体的个别文体于一身，使得这些文体之间“犁然各当，无患陵躐”，而这也就是《仁学》中所说的一种“平等”状态了。但是如果按照《仁学》中的激进精神来说的话，这里所说的程度显然还是不够的，因为这些文体之间还是“犁然各当”，三类十体之间还是有界限的，有分别的，所以还是需要进一步地“缔合”。但是如果缔合了的话，那么三类十体之间就没有界限了，就只有一种被称之为报章体的文体了。那么如何缔合呢？既要犁然各当，那么报章体的宇宙合一、众体兼备合为一体又如何做到？

---

① 谭嗣同：《报章总宇宙之文说》，载蔡尚思、方行编《谭嗣同全集》，中华书局 1981 年版，第 375 页。

② 同上书，第 377 页。

于是，困境所有的压力被转移到看似随意一笔的补充上去。在报章宇宙之体中被委的角色是编幅纡余，也就是界限。界限既有区分间隔的作用，又有勾连并合的作用。就区分间隔而言，界限本身是要实有的，是有体的；但就勾连并合而言，界限却不需要实有，是无体的。于是作为界限的被召回的“词赋诸体”就变得既有又无，若隐若现，是实还虚；既是一种文体，又不是一种文体，是诗又不是诗。谭嗣同在《仁学》中说：名，名也；不名，亦名也，则相诡。①可以进一步推进说：诡，也是名，那么：诡，诡也，不诡，亦诡也。

三　名实之间

如果纠缠在名之中，可能只是止步在相诡之前。那么从实的角度来突破将会如何呢？谭嗣同是如何看待名实的关系的呢？这将深刻地关系到他对诗歌文学以及其所表现的对象的关系的认识。

就名实关系而言主要就是名实是否对应契合的问题。对于这个问题可以分别从名和实两个角度来加以说明。首先从名的角度来看，谭嗣同认为名是无法对应实的。《仁学》第8则笔记中说：“名本无实体，故易乱。”②而名既然本无实体，那么名却是从何处来呢？“名忽彼而忽此，视权势之所积，名时重而时轻，视习俗之所尚。”③名实关系只是偶然的，随后经过习俗的重复而渐渐固定下来的，所以这本质上是不固定的。那么当要遭遇到另一次强有力的权势的时候，名实之间完全可以改变原来的搭配关系。

又从实的角度来看，实固然是不会消失的，是存在的，但却无法通过名来完全显现，但实除却名之外却也无法自行显现：“其实固莫能亡矣。惟有其实而不克既（傳）其实，使人反瞀于名实之为苦。”④

正是在这种本质上无法彻底相应的情况中，从名实两个角度就具有不同的侧重点来实行想要达到彻底相应的努力了。从名的方面来看，就可以将一定的名和一定的实强制性地固定起来的努力方向了；从实的方面，就可以努力让实自身显现出来，而渐渐不借助于名。这两个角度的努力分别对应着：名教（或冒名）和务实。如果采取前一种方法，也就是名教的方法，不光不会彻底地解决问题，也就是做到名实相应，还会产生很多的历史悲剧。第8则笔记中说名教：

> 以名为教，则其教已为实之宾，而绝非实也。又况名者，由人创造，上以制其下，而不能不奉之，则数千年来，三纲五常之惨祸烈毒，由是酷焉。⑤

---

① 谭嗣同：《仁学》，载蔡尚思、方行编《谭嗣同全集》，中华书局1981年版，第299页。
② 同上。
③ 同上。
④ 同上书，第290页。
⑤ 同上书，第299页。

更进一步，当一定的名和一定的实结合起来，固定起来了并且产生历史性的悲剧的时候，这种结合甚至让深受其害的人还不觉得。

当夫生命之初，不问何一人出而偏执一义，习之数千年，随确然定为善恶之名。甚矣众生之颠倒也，反谓不颠倒者颠倒。①

与之类似的情况，还有冒名、盗名等情况，其后果也是一样的。

谭嗣同想要另外一种方式：务实。所谓务实是在《壮飞楼治事十篇》中提出来的，在本篇的第二篇《辩实》中谭嗣同说："故欲袪名之弊，亦惟有务实而已矣，不当别为名以益其敝也。"②这是提出了务实的理念了，具体怎么做呢？后面说道："吾即今日之法，程其功，责其效，求其无变法之名而有变法之实，则又未始不可以有为也。"③

从这个方案的设计来看，表面上谭嗣同建议的是务实而不求名，这也是就变法困难而提出的不得已的权变策略，但是我们细细考察就会发现：不管是冒名、窃名还是务实，其实都是在借名而行私行实，而务实却是针对窃名的，也就是说务实所采用的方法原则就是：以名破名。务实者寄住在一定的名之下，暗滋潜长，最终是可以取而代之的，而其所潜藏者恰恰就是窃名者所窃之名，而其最终所要去除者也就是这个被窃之名。所以这个方法就是：以名破名。这个方法和《仁学》中借力打力的方式是完全一致的，都是因为他在引进佛教唯识学作为最终解决的时候带来的，因为唯识中转识成智的方法原则就是一个"以楔出楔"的方法。但是这里有一个问题，就是如果这个计划得以完成的话，那么会不会带来以名破名的恶性循环呢？这是这个方法遗留下来的一个问题了。谭嗣同需要进一步地说明。

四　诗歌和佛法的交汇

在《壮飞楼治事十篇》中的《辩实》一开始，谭嗣同直说何为实：

耳目之所接，口鼻之所摄受，手足之所持循，无所往而非实者。即彼流质气质，以至太虚洞窅之际，莫不皆有实理实物。④

这一段话理解起来很容易产生误解，因为毕竟是从名上面来说的，谭嗣同觉得不尽意，所以后面紧跟着就自己做了一个小字的注解说明：

此理精奥难言，惟一空字足以释之。实到极处，所以空到极处。佛法有有门，复有空

① 谭嗣同：《仁学》，载蔡尚思、方行编《谭嗣同全集》，中华书局1981年版，第302页。

② 谭嗣同：《壮飞楼治事十篇》，载蔡尚思、方行编《谭嗣同全集》，中华书局1981年版，第436页。

③ 同上书，第437页。

④ 同上书，第436页。

门，二者并行不悖，职此故也。曩与某文士论空，辄拾西人之唾余，横来谤法，彼乌知佛法之大，固无所不包涵也。[①]

由此可见他所说的实，就是佛教中的空，同时又是不执空有二边的中道。参考《仁学》，可见实也就是仁、元、无、以太、性、性海、灵魂、爱力、唯识、藏识、心力，等等。

于是从务实的角度来看，所谓务实就是借名破名。因为借名破名，是不是就会产生取而代之的情况呢？不行，取而代之了就仍旧是妄生分别之名，还是不能真正实现实的。这种情况谭嗣同称之为轮回，在轮回中还是无法脱离生灭，也就是实还是无法完全实现，名之间的差异彼此替代指示，循环不已。所以务实之借名就不是去借助一个名而最终取缔这个名，相反而是既借助这个名，又取缔这个名，在这个名之下，既隐藏自身又显现自身之实。那么这是如何做到的呢？答案就是诗词赋之作为文体之界限所显示出来的方法。词赋是作为文体的界限而存在的，就区分间隔而言，界限本身是要实有的，是有体的；但就勾连并合而言，界限却不需要实有，是无体的。于是作为界限的被召回的“词赋诸体”就变得既有又无，若隐若现，是实还虚；既是一种文体，又不是一种文体，是诗又不是诗。这恰恰就是名既隐藏自身又显现自身的一个具体的表现，恰恰就是实以名破名的一个具体的表现。如此，就可以说作为词赋的名就是实，而实又是空，又是不执名实二边之中道。如此我们来看谭嗣同的涉佛诗，它名相堆积，完全不像一首诗，但是正是在于它不是作为一种固定文体的诗歌的意义上，它却就是一首作为文体界限的诗歌；由此，它名相堆积，只是一堆名相而已，根本不是什么佛法真实，但正是因为这不是名相的名相，而成就了名相之空，从而成就佛法真实义。

（责任编辑：周建刚）

① 谭嗣同：《壮飞楼治事十篇》，载蔡尚思、方行编《谭嗣同全集》，中华书局1981年版，第436页。

【湖湘历史人文】

论宋前湖湘学术中的“重道”传统

蒋　波*

摘　要：重视对宇宙形成、天人关系本原之道的探究，是湖湘学术的一大特征。湘学的“原道”色彩，渊源于湘楚文化的“重道”传统。屈原在沅湘地区创作的《天问》、道家型隐士渔父，以及楚帛书《十二月神》中“顺应自然”的观念，是湘学“原道”传统的早期表现。马王堆汉墓出土的道论著作，秦汉时期湖湘地区的黄老学者，柳宗元、刘禹锡等人寓湘作品中的“天人”之道，均是湘学原道传统的流韵与发扬。柳、刘的道论与战国秦汉湖湘地区相关原道思想具有明显内在联系，一方面它们均探究天地本原大道，另一方面都具有求索、创新的特点。宋前湖湘道论作品，与宋代之后湘学中的原道思想，一同构成了湘学的原道传统。

关键词：宋前；湘楚文化；湘学；原道意识

湖湘学术虽自宋代理学兴起后才引人注目，但其本身历史源远流长，譬如“原道”传统，也即重视天地本原之道、探讨天人关系的传统①，实则早在宋前就有一些端倪。

一　湘楚文化与原道传统

湖湘学术的地理载体是三湘大地，它的精神母体则是湖湘文化。广义的湖湘文化肇始于湖湘地区的古帝王文化与土著文化，但它发展到较高程度，则是南下的楚人与湖湘居民共同创造

* 蒋波，湘潭大学历史系讲师，史学博士，硕士生导师。本文为湖南省社科基金重大委托项目“湘学志”子项目“湘学源流研究”（12ls003）阶段性成果。

① “原道”概念早在《淮南子·原道训》中就已提出，指万物本原之道。后来梁代的刘勰、唐代的韩愈等人亦提出了文学之原道、儒家之原道。本文的“原道”概念指天地、万物本原之道。关于湖湘学术的“原道”传统，朱汉民先生在《湘学原道录》中已有所论述（中国社会科学出版社2002年版）。本文主要从其渊源入手，结合考古资料分期略加补述，并考察它们之间的内在关联。

的湘楚文化。之所以这样说，不仅在于楚文化是我国轴心时代各大地域文化中的佼佼者，而且文献记载以及今天的考古发掘显示，湖湘文化在楚文化影响下有了较大进步。个中表现与缘由有诸多文献及考古资料可证。

首先，湖湘地区与外部的联系加强，地位日益重要。《史记·越王勾践世家》曰：“雠、庞、长沙，楚之粟也；竟泽陵，楚之材也。”雠、庞、长沙、竟陵泽（《史记》误作“竟泽陵”）的地望，据唐张守节《正义》考证均在今湖南境内，可见湖南是楚国的物资供给地之一。考古资料表明，湖南也是楚国重要的商业贸易区：1957 年、1960 年在安徽省寿县陆续发现的“鄂君启节”铭文，显示封邑位于今湖北东部的鄂君的商业船队可以经常往返于湖南境内。与外活动的增多，也能从军事上窥测一二，1974 年衡阳市郊发掘一件带铭文铜戈，铭文记载该戈乃墓主从中原征战带回的战利品；[①] 1984 年在湘西古丈出土一枚铜戈，根据铭文判断同样来自中原[②]；等等。上述考古发现表明湖湘地区与外部经济、军事、商业上的联系日益紧密，这对于湖湘文化的整体进步无疑是一个有利因素。

其次，湖湘地区由原来王政之外的边缘区域，转而被纳入到国家行政区划当中。楚国是东周最早设立县、郡的诸侯国之一，楚人入湘后陆续建立了罗城、麇城、黔中城、义陵城、索县城等大批城邑[③]，这与原来土著民“以邑落自聚”的原始形态相比，显然有了较大发展。另外，通过“封君”的形式进行管理是楚国一个特殊的地方管辖方式，楚在湖湘地区设立的封君有郷君、临武君、九里君等，其中郷君、九里君的采邑在湘西北，临武君在今湘南临武县附近。[④] 可见楚国的有效统治区域涵括了湖南大部分地区，湖湘之地不再只是单纯的地理区域、文化区域，还是楚国的行政区域之一。

最后，湖湘地区不仅有了一批早期城市，还有大量典籍流传。虽然目前还没有证据说明当时出现了本土作品，但湖湘地区已有古籍传抄，譬如长沙杨家湾 6 号墓楚简、五里牌 406 号墓楚简、仰天湖 25 号墓楚简，醴陵九里 1 号墓楚简，常德德山夕阳坡 2 号墓楚简，慈利石板村 36 号墓楚简等，均有不少古籍残片。其中 1987 年发现的慈利县楚简残段 4557 片，内容包括《逸周书》、《管子》、《宁越子》等书佚文，在古代学术史上具有重要意义。文字的使用、书籍的传播是一个地区文明发展程度的重要标志，它说明湖湘文明有了巨大进步。

楚文化南下湖湘，推动本土文化的迅速发展，并成为早期湖湘文化重要组成部分，那么楚文化的某些特质也自然而然融入其中，如“原道”意识。我国古代很早就讲“道”，但春秋之前人们重视的是具有绝对权威、浓厚神秘意味的“天道”，巫、史等专职官吏负责“天道”、“人道”之间的沟通，普通老百姓无从明晓，也不能逾越。随着社会巨变，春秋战国之际原来的“天道”观遭到质疑，有人甚至指出“大道远，人道迩”，诸子转而各自论道，比如齐鲁儒家的理想人格之道（王道）、三晋法家的治国之道（霸道）等。与北方地域文化重视现实社会，

① 单先进、冯玉辉：《衡阳市发现战国纪年铭文铜戈》，《考古》1977 年第 5 期。

② 黄盛璋：《新出五年桐丘戈及其相关古城问题》，《考古》1987 年第 12 期。

③ 曹传松：《湘西北楚城调查与探讨——兼谈有关楚史几个问题》，载《楚文化研究论集》第 2 集，湖北人民出版社 1991 年版。

④ 湖湘地区的楚国封君情况，参见何浩、刘彬徽《包山楚简“封君”释地》，载《包山楚墓》上册，文物出版社 1991 年版，第 569—579 页；何浩：《战国时期楚封君初探》，《历史研究》1984 年第 5 期；等等。

讲人伦、治术不同，楚文化系统的“道”是探究宇宙本原的“大道”。关于这一传统，著名学者张正明先生曾有精彩表述，他用南“道”北“儒”来概括楚文化与北方地域文化的不同。[①]至于楚国历史上的“原道”现象，随处可见，如楚国道家学者众多，老子、庄子、老莱子、鹖冠子、詹何、江上丈人、长卢子、蜎子等，均属此列。因此说楚国有浓厚的原道传统，并非虚言。

虽然湖湘地区当时不属于楚国的政治中心，也不是楚国与其他诸侯国争锋的要地，相关文献涉及湖南的极少，但上述“道”的色彩并非绝无仅有。屈原被流放沅湘后见到的渔父，我们认为就是一位道家型隐士或佚名学者。

渔父与屈原的交谈见于《史记·屈原贾生列传》，生活于江滨的渔父看见屈原颠沛憔悴，劝他“不凝滞于物”、“与世推移”，并称这样的人为圣人：“夫圣人者，不凝滞于物而能与世推移。举世混浊，何不随其流而扬其波？众人皆醉，何不餔其糟而啜其醨？”[②] 渔父的看法与道家远离喧嚣、避祸全身的思想具有明显一致性。我们还可以找到与“举世混浊，何不随其流而扬其波”类似的楚国道家隐士的言论，如老子曾说：“已矣！天下犹是也。”[③] 再如孔子周游列国经过楚国北部，隐士们劝他退隐：“滔滔者天下皆是也，而谁以易之？且而与其从辟人之士也，岂若从辟世之士哉？”[④] “举世混浊”、“滔滔者天下皆是也”、“天下犹是也”均指社会普遍衰败，意涵相同。而且，道家作品中的“渔父”往往是道家思想的代言人，《庄子·渔父》中的“渔父”，就是一位替道家宣言、辩驳儒术者，“作《渔父》、《盗跖》、《胠箧》，以诋訿孔子之徒，以明老子之术”。所以隐于沅湘的渔父应是道家人士。渔父的劝说以及屈原在湖湘地区可能遇到的其他渔父型道家人物，是否对屈原产生过重要影响？创作于沅湘地区、带有浓厚天道意味的作品《天问》，应与此有关。《天问》开篇就谈天地形成、演变问题，“遂古之初，谁传道之？上下未形，何由考之？”[⑤]《天问》还追寻宇宙中日月星辰的排列安置，以及它们运行的原因和奥妙，“日月安属？列星安陈？出于汤谷，次于蒙汜，自明及晦，所行几里，夜光所德，死则又育？厥利维何，而顾菟在腹……”可见《天问》的连续发问，直指天地本原，所以王夫之曾有“以上皆问天地幽明之故”、“冲气以为本，阴阳以为化，天道人事尽于此也”之类的评价。[⑥]《天问》有别于屈原其他作品的“问道”特征，或许正受到了渔父或其他渔父型道家人士的影响。

类似的“问道”，在湖湘地区出土的一些器物中亦有体现。1942 年长沙子弹库楚墓帛书出土的帛画《十二月神》，内容涉及创世神话、道法自然、遵守时令等内容，如帛书乙篇强调要顺应自然，否则将导致天地失序：“日月星辰，乱逆其行，羸绌逆□，卉木亡尚（常）……天地乍（作）羕。”[⑦] 某种程度上与道家“法自然”的观念相似。以上这些说明，作为楚文化有

① 张正明：《〈楚学文库〉编者献辞》，载《张正明学术文集》，湖北人民出版社 2007 年版。
② 司马迁：《史记·屈原贾生列传》，中华书局 1959 年版，第 2486 页。
③ 《庄子·则阳》陈鼓应注译本，中华书局 1983 年版，第 685 页。
④ 《论语·微子》杨伯峻译注本，中华书局 1980 年版，第 194 页。
⑤ 屈原：《天问》，载聂石樵《楚辞新注》，商务印书馆 2004 年版。
⑥ 王夫之：《楚辞通释》，上海人民出版社 1975 年版，第 47 页。
⑦ 本文所引帛书中的释读文字，取自刘信芳《子弹库出土文献研究》一书，艺文印书馆 2002 年版。

机组成部分的湘楚文化，同样具有重视原道的特点。

二　秦汉时期湘学的原道表现

虽然作为战国后期最有可能统一中国的诸侯，楚国最终在与秦国的竞争中失败①，但楚文化并没消散，相反继续存在并对后世产生了广泛影响，因此历史上又有“楚风汉韵”之说。相对于其他楚地来说，湖南这方面更具优势，因为它远离楚国政治中心，秦灭楚后秦文化对湖南地区的影响有限，所以晚楚文化遗迹丰富是湖南楚文化的一大特色。这一特征也决定了“楚风”余韵，在之后的湖南地域文化中保留了鲜明痕迹，如原道传统。长沙马王堆汉墓出土的道家文献，就是这一现象的反映。

1972—1974 年，考古工作者在长沙市东郊马王堆发掘三座西汉墓葬，其中 3 号墓出土大量简帛资料，尤其是该墓出土的道家著作，引起学界热烈讨论。马王堆 3 号墓出土的道家著作主要有《老子》甲乙抄本、《经法》、《十六经》、《称》、《道原》、《九主》等。《老子》抄本不仅篇幅完整，而且有抄写年代不同的两种版本，甲种本用篆体写成，大约抄于秦汉之际；乙种本用隶书，大约抄写于西汉惠帝时期。《老子》乙本卷前四篇佚书（《经法》、《十六经》、《称》、《道原》），也属于道家著作——唐兰、余明光等先生指出，它们并非独立篇章，而有着内在联系，就是成书于战国时期的《黄帝四经》，“只有《黄帝四经》这一书名才符合这部古佚书的内容，故应命名为《黄帝四经》”②、“它就是《汉书·艺文志》里的《黄帝四经》四篇”③。先秦秦汉道家包括有继承重合关系的老庄传统道家、黄老“新道家”，而黄老之学又可细分为“黄学”（黄帝之学）与“老学”（老聃之学）。所以《黄帝四经》也是道学作品。《老子》甲本卷后第二篇佚书《九主》，内容是伊尹讨论九种类型的君主，文中特别推崇“法君”，而“法君”遵循之道乃天地大道，“法君者，法天地之则者”④，因此该篇同样是黄老作品。

两种相隔数十年的《老子》甲乙抄本，以及甲乙本卷前、卷后道家佚书集中出现在汉墓中，应该跟汉初休养生息、以黄老思想为指导无为而治的社会状况有关。同时，它更是楚地重“道”传统的体现。因为其一，这些著作基本上出于楚人之手，《老子》自不待言⑤，其他几篇佚书亦是如此，“有些文句直接引自楚人，或与楚地有关地区的人的著作”⑥，可证《黄帝四经》是楚人著作。其二，楚人喜好道家学说不仅有传统文献可证，也有大量考古证明，1993 年湖北荆门郭店楚墓出土的 805 支简牍，就有甲、乙、丙三种版本的《老子》，以及《太一生水》

① 目前学界认为当时秦、楚两大诸侯最有可能结束战国分裂局面，如李学勤先生说：“战国中晚期，天下的重归统一已成为历史的必然趋势……楚国灭国最多，疆域广阔，事实上已统一了东南半壁，在秦灭六国前，影响最为深远。”在另一篇文章中，李学勤还间接谈到过楚国统一中国的极大可能，“可以设想，如果不是秦国，而是楚国统一全国的话，《鹖冠子》一类的政治设计可能付诸实现”。分别参见李学勤《简帛与楚文化》、《东周至秦代文明概况》，二文均收入《中国古代文明十讲》，复旦大学出版社 2003 年版。

② 余明光：《〈黄帝四经〉书名与成书年代考》，载《道家文化研究》第 1 辑，上海古籍出版社 1992 年版。

③ 唐兰：《马王堆出土〈老子〉乙本卷前古佚书的研究》，《考古学报》1975 年第 1 期。

④ 马王堆汉墓帛书整理小组：《马王堆帛书》（壹），文物出版社 1980 年版，第 29 页。

⑤ 《史记·老子韩非列传》：“老子者，楚苦县厉乡曲仁里人也。”可见，老子是楚人。

⑥ 尤晦：《马王堆出土〈老子〉乙本前古佚书探原》，《考古学报》1975 年第 2 期。

等道家文献；现藏于上海博物馆的战国楚简中，亦有讨论宇宙生成过程的道家佚篇《恒先》；等等。因此，马王堆汉墓中的《老子》甲乙抄本等道家作品，并非孤立的存在，而与战国楚地的其他道家作品一样，是楚地重“道”传统的例证。其三，马王堆汉墓为长沙国丞相轪候利苍的家族墓，利苍的地位并不十分显赫，却有如此多的道论著作，说明西汉初期南楚之地仍盛行道家学说。换言之，楚人的原道传统在湖湘地区得到了传承。

与上述考古资料相佐证的还有入湘士人贾谊的道论，以及秦汉时期湖湘地区的道家人士。关于贾谊论著中的道论，学界已有讨论，恕不繁引。关于后者，《太平御览》卷八引吴均《续齐谐记》载，东汉末年桂阳士人成武丁曾研习黄老神仙方术，当地有很多相关传说。明代欧大任所撰《百越先贤志》卷三则记载，桂阳士人唐珍向成武丁学道：唐珍“幼闻读书即能记诵”，早年出仕做官，后因不愿同流合污归家隐居，“师事郴人成武丁，得黄老养性之术”[①]。联系马王堆 3 号汉墓出土的道家作品来看，湖湘士人成武丁、唐珍等喜好黄老之术，也应与湖湘文化的原道传统有关。

三　唐代寓湘士人作品中的原道色彩

早期湖湘文化的原道传统，除有出土资料证明，还有一个重要表现，即流寓士人作品中的原道色彩。唐代流寓士人柳宗元、刘禹锡等人，承袭屈、贾之风，寓湘期间创作了一批道论作品，而且通过对比我们发现，他们的思想与其他湖湘道论作品有明显的内在关联。

先看柳宗元。因“永贞革新”事件，柳宗元被贬为永州司马，流寓湖南长达 10 年之久。柳宗元关于天道、人道关系的作品《天对》、《天说》、《答刘禹锡〈天论〉书》、《贞符》等，便作于这一时期。这些作品主要围绕我国古代哲学领域核心命题“天人关系”展开讨论。柳宗元坚持物质本原的观点，认为宇宙始于元气，“本始之茫……曾黑晰眇，往来屯屯。庞昧革化，惟元气存，而何为焉！”[②] 这里的“元气”不是虚无缥缈的物体，而是客观、物质性的自然存在，为此柳宗元做了一个类比，指出“元气”与果蓏、痈痔、草木这些东西并无差异，“是虽大，无异果蓏、痈痔、草木也”[③]。同时，无处不在的“元气”时刻运动变化，因冷暖不同而不停流动、碰撞，游乎宇宙之间，“或合或离，或吸或吹，如轮如机”、“合焉者三，一以统同。吁炎吹冷，交错而功”[④]。“合焉者三”的“三”指阴、阳、天，它们皆由元气化生。[⑤] 既然“天”由物质性的“元气”演化而来，那么它本质上也是物质，只不过形体上更为庞大罢了，“天地，大果蓏也”。而且，元气运转并生成万物，不受外部神秘力量控制，而是元气自发的行为，“冥凝玄厘，无功而作”、“阴与阳者，气而游乎其间者也。自动自休，自持自流，是恶乎

① 欧大任：《百越先贤志》，广西人民出版社 1992 年版，第 69 页。

② 柳宗元：《天对》，载《柳宗元集》，中华书局 1979 年版，第 365 页。

③ 柳宗元：《天说》，载《柳宗元集》，中华书局 1979 年版，第 443 页。

④ 柳宗元：《天对》，载《柳宗元集》，中华书局 1979 年版，第 365 页。

⑤ 后人注《柳宗元集》引《谷梁子传》曰：“独阴不生，独阳不生，独天不生，三合然后生。”《柳宗元集》，中华书局 1979 年版，第 367 页。

与我谋？自斗自竭，自崩自缺，是恶乎为我设？”[①] 柳宗元对元气具体生成、运动的探索，否定了“天”的神秘与无所不能。

至于天、人关系问题，柳宗元的态度亦十分明确。如前所言，柳宗元的“元气说”认为天、地、阴、阳、人等都从元气化合而来，不存在人格化的“天”。既然如此，何来天人之间的感应？同理根本不存在天地万物谁主宰谁、谁干预谁的问题，“其事各行不相预”[②]。

诚然，柳宗元重视元气之天、物质之天，反对天人合一，只强调了天、人的非附属关系，还没有涉及二者之间的对比和联系，因此他的天道观比较朴素。流寓朗州（今湖南常德）的诗人刘禹锡在此基础上做了进一步讨论，提出了“天人交相胜”的观点。反映刘氏道学思想的最重要论文为作于朗州的《天论》。

《天论》开篇回顾了历史上论天的两类观点，一种认为天有感情、有意志（“阴骘之说”），另一类认为天就是自然（“自然之说”）。《天论》赞同“自然之说”，并做了进一步论证。首先，《天论》指出“天”与“人”都是有形实体，只不过“天”是物质中最大的，“人”是生物中最优秀、最智慧的。至于天地万物的本原，他说：“浊为清母，重为轻始。两位既仪，还相为庸。嘘为雨露，噫为雷风。乘气而生，群分汇从。”[③] 可见，刘禹锡继承了前人的“元气论”，将其作为天地“两仪”的本原，气的交错流动演化出万物。其次，《天论》具体分析了天、人各自的特性、规律，提出“天人交相胜，还相用”的著名论点，“天之能，人固不能也；人之能，天亦有所不能也”[④]。天的优势在于滋生万物，人的优势在于治理万物，所以天、人各有所长，在各自领域内谁也不干预谁，谁也不能取代谁，这便是天与人“交相胜”。

承认天之所能，不是说人在客观自然面前无能为力。相反人作为最智慧的生物，只要发挥自己的特长，就能战胜天，“人诚务胜乎天者也”[⑤]。《天论》指出“法”是“人之能”的最大优势所在，也是胜天的主要武器，“人能胜乎天者，法也”[⑥]。因为法制可以保证老百姓的公正是非，不会因社会地位的高低而影响赏罚，这样人们就不会将祸福看作上天的惩奖，“法大行，则是为公是，非为公非。天下之人，蹈道必赏，违之必罚。当其赏，虽三旌之贵，万种之禄，处之咸曰宜。何也？为善而然也。当其罚，虽族属之夷，刀锯之惨，处之咸曰宜。何也？为恶而然也。故其人曰：‘天何预乃事耶？唯告虔报本、肆类授时之礼，曰天而已矣。福兮可以善取，祸兮可以恶召，奚预乎天邪？’”[⑦] 法制在社会上得到普遍实施（“法大行”），为“人能胜天”提供了理论依据。

由上可见，对于天人关系中的“阴骘之说”、“自然之说”两种倾向，刘禹锡坚持“天”的物质性。刘禹锡观察到原有的“自然之说”将天、人绝对分割与绝对对立的缺陷，认为“天人交相胜，还相用”，将天人关系又大大推进了一步。

---

① 柳宗元：《非国语上》，载《柳宗元集》，中华书局 1979 年版，第 1269 页。
② 柳宗元：《答刘禹锡〈天论书〉》，载《柳宗元集》，中华书局 1979 年版，第 817 页。
③ 刘禹锡：《天论》下，载《刘禹锡集》，中华书局 1990 年版，第 72 页。
④ 刘禹锡：《天论》上，载《刘禹锡集》，中华书局 1990 年版，第 67—68 页。
⑤ 刘禹锡：《天论》中，载《刘禹锡集》，中华书局 1990 年版，第 70 页。
⑥ 刘禹锡：《天论》上，载《刘禹锡集》，中华书局 1990 年版，第 68 页。
⑦ 同上。

总之，柳宗元、刘禹锡与之前的寓湘士人屈原一样，都重视天道、人道之间的关系。而且通过前面的讨论，我们不难发现他们的作品与湖湘地区相关出土文献的内在联系：一方面，尽管这些流寓士人并非道家学者，但他们讨论的“道”都是世界终极本原，并且某些核心观念与道家以及相关出土文献中的“道”相同。柳宗元讲“惟元气存”、“合焉者三”（“三”指阴、阳、天），跟道家的“道生一，一生二，二生三，三生万物”模式异曲同工，其中“元气”、“三”分别对应于道家的“一”、阴阳天地；刘禹锡《天论》中“自然之天”的观点，也与道家“道法自然”、子弹库帛画《十二月神》中顺应自然的观念相一致，均强调从原生自然寻找世界本原。另一方面，湖湘地区的原道观往往不囿于陈说，而有所突破。譬如道家之“道”虽保留了较浓厚的巫史色彩，但已远非春秋之前至高无上的“天道”，而被用来解释宇宙的衍生过程，突出人在天地面前的主观能动性；屈原更是对原有的神话宇宙观连续发难，大胆质疑；作为儒生、文人的柳宗元、刘禹锡，也没有服膺于董仲舒的天人感应说，提出了“天人不相预”、“天人交相胜”的全新命题；等等。因此可以说，柳宗元、刘禹锡等流寓士人的思想，与战国秦汉出土的道论作品，都是湘学原道传统的重要链条。

四　结语

综前所述，早在楚人入湘后，湖湘文化中就有追寻天地由来与终极存在的基因，因此晚清湖南学者叶德辉十分重视早期楚文化在湘学中的地位，他不但辑有《鬻子》一部，还曾说：“湘学肇于鬻熊，成于三闾。”[①] 鬻熊乃楚人先祖之一，“三闾”即三闾大夫屈原，二人实则代指楚文化，表明其与后世湘学有渊源关系。而渊源于湘楚文化的原道色彩，在汉唐乃至宋元明清时期的湘学中仍有回响与明显表现，譬如周敦颐融通三教的理学原道观；尽管不同时代湖湘学者讨论的“道”具体含义有所差别，但均关乎大本大原问题。这种渊源与继续，可谓一脉相承。要之，湘学中的原道特征可追溯到湖湘文化的楚文化时期，在汉唐之际的湖湘士人、流寓学者身上也有迹可循。探究“原道”是湘学的重要特征之一。

（责任编辑：周建刚）

① 叶德辉：《叶吏部答友人书》，载《翼教丛编》，上海书店 2002 年版，第 176 页。

由楚及湘

——明清时期湖南别称流变考

刘继元*

摘　要：本文认为湖南省别称在晚清时期发生了由“楚”及“湘”的转变，并试图构建这一转变的过程。明代的分封制度与督抚制度使各布政使司与周代诸侯国之间产生文化意义上的联想，特别是明代“两京十三布政使司”与《诗经》中国风“二南十三国”在数量上的巧合，使得内地诸省均采用周代诸侯国国名作为别称。湖广布政使司即在此时与“楚”对应。“湘”原本仅指代湘资流域，自宋以来，士大夫与文人对“三湘”的解释发生变化，沅澧流域与“湘”产生了交集，这扩大了“湘”涵盖的范围。晚清湘军兴起，极大地提升了“湘”的影响力，使得其在与“楚”的竞争中胜出；而“湘”奠定的文化认同也使得“湘军”内涵由以湘乡勇为主力组成的新军扩大为指代湖南全境的军队，二者相辅相成。戊戌变法之前的新政运动，巩固了这一成果，最终在20世纪定型。观察清代至民国湖南人编纂的湖南地区总集中，可以清楚地看到“楚—沅湘—湖南—湘”这一变化。

关键词：湖南；历史文化地理；别称；流变；湘军

湘、楚均为湖南地区重要的地理概念。自晋设立湘州以来，湘资区的高层政区地域几乎没有变动，非常稳定，并逐渐形成自身的文化特色。这一地区常被称为“湖湘”或“湘”。对比来看，楚包容性强但模糊，湘针对性强且清晰。清初虽将湖广地区分为湖南、湖北二省，但湖南包括湘、资、沅、澧四水，因此“楚”仍长期为湖南的代称。直至晚清湘军兴起，湘的影响力才远远超过楚，最终成为湖南的首选代称。

一　湖南称楚考

西周末期，楚文化对湖南产生了微弱的影响，但终西周之世，楚人尚未跨过长江到达湖

* 刘继元，中国社会科学院研究生院近代史系博士研究生。

南，直至春秋早期，楚人才开始主动进入湖南领域。[①] 战国时期，“楚人地南卷沅、湘”，[②] 大举进入湖南。自此之后，湖南一地就与“楚”联系在一起。楚地所指范围极大，汉人分楚为三：自淮北沛、陈、汝南、南郡，此西楚也；彭城以东，东海、吴、广陵，此东楚也；衡山、九江、江南、豫章、长沙，是南楚也。[③] 可以看出，现在的湖南境内也只有湘资流域及沅、澧二水下游在楚地范围，西部（特别是西南）并不在此范围之内。沅水、澧水上游的民族与风俗均与西南省份更为相似。张伟然将湖南分为湘资区和沅澧区两块历史文化区域。两地区自秦至赵宋均处于不同的高层政区当中：湘资区在秦代属长沙郡，汉代分属长沙、桂阳、零陵三郡，南朝置湘州，唐后期置湖南观察使，宋代属荆湖南路；沅澧区在秦代属黔中郡，汉代属武陵郡，南朝分属荆、郢两州，唐后期分属荆南节度使、黔州观察使，宋代属荆湖北路。元代以后，两区才同属一个高层政区，但统县政区的设置则稳定未变，表明湘资流域和沅澧流域各自有着独立的历史演进过程。[④]

明初沿元制，于各地置行中书省。明太祖先后设置浙江、江西、福建、北平、广西、四川、山东、广东、河南、陕西、湖广、山西 12 个行省。洪武九年（1376）改行省为承宣布政使司，简称布政司。十五年（1382）置云南布政使司。明太祖重视地理图志的编纂，特别是全国性的地理图志。洪武年间，《大明志书》、《大明清类天文分野之书》、《寰宇通衢》与《洪武志书》等先后编成。[⑤] 朱元璋认为新朝初建，沟通地方与中央的联系，有利于笼络人心，巩固统一。其中，成书于洪武十七年（1384）的《大明清类天文分野之书》与本研究关系最大。

《大明清类天文分野之书》，题为刘基撰，共 24 卷。此书并不以行政区域或山川形胜划分章节，而是以十二分野星次，分配天下郡县。该书主要参考了《旧唐书·天文志》、《新唐书·天文志》、《汉书·地理志》、《晋书·天文志》、《大元大一统志》等重要天文地理著作。创作体例如下：先是介绍每一地区的分野层次，然后把当时某一星次对应的地区详细条列在后，再对照《新唐书·地理志》的星次分野，具体介绍府、州、县的建置沿革。[⑥] 分野是中国传统思想中“天、地、人”信仰秩序系统的有机组成部分，其本质是建立起天秩序与地秩序之间的映射对应系统。这里的“天”包括天体、星座、气象、时间等；“地”的内涵也极为丰富，既可以是大的区域，也可以是列国、州、郡、山脉、河流等。最为常见的是天体与列国、州郡的对应关系。[⑦]《大明清类天文分野之书》将直隶、十三布政使司及辽东都司的府、州、县（卫所），分别配置在吴、齐、卫、鲁、赵、晋、秦、周、楚、郑、宋、燕十二分野下。十二分野区域并未与布政使司行政区域对应。就楚分野来说，不仅包括湖广各府，也包括广西大部分：“自房、陵、白帝而东，尽汉之南郡、江夏，东达庐江南部，滨彭蠡之西，得长沙、武陵，又

① 李海勇：《湖南早期楚文化的历史地理分析》，《中国历史地理论丛》2001 年第 2 期，第 103 页。
② 刘文典：《淮南鸿烈集解》第 15 卷《兵略训》，中华书局 2013 年版，第 598 页。
③ 司马迁：《史记》第 129 卷《货殖列传》，中华书局 1959 年版，第 3267—3268 页。
④ 张伟然：《试论湖南的历史文化区域》，《地理学报》1995 年第 1 期，第 63 页。
⑤ 庞乃明：《〈明史·地理志〉疑误考证》，社会科学文献出版社 2012 年版，“前言”，第 1—2 页。
⑥ 韩道英：《〈大明清类天文分野之书〉考释与历代“星野”变迁》，硕士学位论文，暨南大学，2008 年，第 8 页。
⑦ 参见李智君《分野的虚实之辨》，《中国历史地理论丛》2005 年第 1 期，第 61—69 页。

逾南纪，尽郁林、合浦之地，自沅湘上流，西达黔安之左，皆全楚之分。”[①] 这是沿用的唐宋以来的看法。

永乐元年（1403）改北平布政使司为北京，这样明代就有南北两京。五年（1407）置交阯布政使司。十一年（1413）置贵州布政使司。宣德三年（1428）罢交阯布政使司，除南北直隶外，定为十三布政使司。此后，两京十三布政使司就成为明代全国地域的代称。这种行政区域的划分，产生了一个非常偶然的巧合。五经之一的《诗经》中，“国风”的构成恰好为“二南十三国”：周南、召南；邶风、鄘风、卫风、王风、郑风、齐风、魏风、唐风、秦风、陈风、桧风、曹风、豳风。其中“二南”地位在其余诸侯国风之上：“《关雎》、《麟趾》之化，王者之风，故系之周公。南，言化自北而南也。《鹊巢》、《驺虞》之德，诸侯之风也，先王之所也教，故系之召公。”所以朱熹说：“本之二《南》以求其端，参之列国以尽其变。”[②] 宣德之后，明代人将两京十三布政使司附会于《诗经》的“二南十三国”：“周有二南十三国，合之为十五国风。予尝谓我朝有两京十三省，亦合之为十五国。既尝欲赋两京，因欲为十五国之赋，总挈一代之体。近楚瞿氏亦欲采十五国之诗比于周风。予赋尚阁笔，未知瞿所采著云何”；[③]“《明僪》者，何北山先生所辑本朝诸名家之诗也。……以为明兴二百余年，景化醲郁，人文熙朗，发为声诗，凌跞近代，追轶古初，不可弗之传也。于是采国初郊庙朝会乐章，应周《诗》雅诵，析两畿十三省歌谣，比十五国风，命曰《明僪》”。[④] 清初姚之骃《元明事类钞》中也有“十五国风”的记载：“敖英《杂言》：周有二南十三国，合之为十五国风。本朝有两京十三省，亦合之为十五国，既尝欲赋两京，且为十五国之赋。近楚瞿氏欲采十五国之诗比于周风也。”[⑤] 按敖英为正德十六年（1521）进士，文翔凤为万历二十八年（1610）进士，于慎行也是活跃于嘉靖、隆庆、万历年间的名臣，可以看出，自正德到万历这一个世纪，两京十三省与二南十三国的对应一直是明代士人讨论的一个母题。在这种氛围下，各省别称很自然地就与周代分封的诸侯国名联系起来。

此外，明朝的分封制度与督抚制度加强了各布政使司与周代诸侯国的联系。明初朱元璋就建立了分封制度。赵现海指出，明初分封制度实际上是继承元代宗王出镇制度，皆以地方军事权为核心，但明朝在元、明之际民族冲突的社会背景、“华夷之辨”的社会思潮之下，回避制度建设与元朝的关系，从而将分封制度的渊源追溯至西周，并附会汉制，以加强其正统性与合法性，具有文化理想主义色彩。[⑥] 明初，行省制改为三司制，但内政上的互相推诿及外患的加重让明朝疲于应对，不得不向全国派出总督、巡抚统领一方，解决事端。督抚同地方三司的关系名义上是协商共议，但实际可以“节制三司”。这样一来，原来直接对中央各部负责的三司

① 刘基：《大明清类分野之书》第 18 卷《楚分野》，明刻本，第 1 页。

② 朱熹注：《诗集传》，中华书局 2011 年版，第 2 页；《诗集传序》，第 2 页。

③ 文翔凤：《皇极篇》第 13 卷《十五国风》，明万历刻本，第 4 页。

④ 于慎行：《榖城山馆文集》第 11 卷《明僪叙》，明万历于纬刻本，第 1 页。

⑤ 姚之骃：《元明事类钞》第 22 卷《文学门》，影印文渊阁《四库全书》本，第 884 册，上海古籍出版社 1987 年版，第 347 页。

⑥ 赵现海：《明初分封制度渊源新探》，《中国史研究》2010 年第 2 期，第 141—160 页。

官一般不能直接上传下达指令，而要经过巡抚这一中间环节。[①] 明代督抚始终是中央特遣官，不是正式的地方官。出身于中央，集权于地方，这很容易让人联想到分封制度。晚明省域巡抚的成形，更加强了各布政司与分封诸侯国在文化意象上的联系。

明中期，内地各布政使司的代称逐渐成形，绝大多数采用周代各诸侯国国名；边疆布政使司多为古国或古民族名，只有较晚建立的贵州布政使司采用秦朝郡名。各布政使司及代称如下：山西（晋）；山东（鲁多见，齐少见，有时也简称为东省）；河南（豫）；陕西（秦，也简称为陕）；湖广（楚）；四川（蜀，也用简称川）；广东（粤）；广西（粤，或称粤西）；贵州（黔）；云南（滇）；福建（闽）；江西（简称江，或用吴）；浙江（简称浙，基本不用越）。描述全国地域时，常使用“吴越”代指南直隶、江西、浙江一带。河南一省中诸侯国众多，且为周王国所在地，明代统治中心并不在周代统治中心，采用九州中的豫州为别称，或为折中。浙江使用简称浙，大概与朱氏起家于江浙地区有关。“越”这一本应远离统治中心的称呼很难再落到浙江头上。且自唐以来浙江省地区已按山川命名的习惯分为浙东与浙西，宋代沿用。而且两浙地区经济文化已经非常发达，南宋统治中心就在杭州，浙江不复是蛮荒的局面了。又广东、广西已称“粤”，浙江再称“越”易混淆。江西按照分野确实在吴国领域，但是吴的中心应在南直隶。明代两京的习称为“南直”、“北直”，可能这也是江西未能理直气壮被称为“吴”的原因。

上述代称得到官方和文人认同，并沿用到清代。在明代奏议中，“楚省”、“秦省”之称常见。明清之际文人王艮记载：“且备列滇、黔、闽、粤、楚、豫、秦、晋、齐鲁、吴越之名山大川、关塞险隘、人物风俗以及友朋宴好，一言一事无不详纪而致意焉。”[②]《世宗实录》：“庚午，礼部遵旨议奏：‘褒功列爵，古有成规。而肇锡嘉名，尤属旌庸盛典。……或就其立功之地，予以秦、晋、齐、豫、吴、越、楚、蜀、粤、闽、滇、黔等名，上加征靖、荡平、绥定、安辑等字……’”[③] 谢阶树《洪稚存先生传》：“（洪）亮吉雅好游览，自吴、越、楚、黔、秦、晋、齐、豫山水，履迹几遍焉。”[④] 清末民初山东诗人吴重憙写道：“我昔小年侍游宦，海内名山多屐齿。豫章桂林楚汴燕，蜀黔秦晋兼桑梓。”[⑤]

至明中叶，“楚”所指代的地域范围边界已不再模糊，明确为湖广布政使司，即清代的湖南湖北两省地域。成书于嘉靖二十四年（1545）的《楚纪》就明确将“楚”与湖广布政使司对应。《楚纪》开篇详细介绍了明代湖广地区的行政区划，紧接着的按语中说：“我皇祖见高千古、功冠百王，乃分封宗藩于天下，以法先王显比之道。列司以统府，列府以统州、县，以酌后世独运之权。而又恩法并行、威惠懋著，以绥蛮荒、以操古今合一之势。於乎，观诸楚而天下之政出于一矣。”[⑥] 清初分省后，湖南省别称仍长期为“楚”，或称为“楚南”。

---

① 刘秀生：《论明代的督抚》，《中国社会科学院研究生院学报》1991年第2期，第18—25页。

② 王炜（艮）：《屈翁山纪行序》，《鸿逸堂稿》第4卷，清初刻本。

③ 《清实录》第8册《世宗实录》（二）第98卷，雍正八年九月庚午，中华书局1985年版，第305—306页。

④ 谢阶树：《洪稚存先生传》，载钱仪吉纂《碑传集》第51卷，中华书局1993年版，第1452页。

⑤ 吴重憙：《石莲闇诗》第3卷《劳东五咏（壬申十月与李竹朋年丈同游作）·太清宫》，民国五年（1916）刻本，第9页。

⑥ 廖道南：《楚纪》第1卷《皇运内纪前篇》，明嘉靖二十五年（1546）何城李桂刻本，第13页。

二　清初至中叶湖南湖北的别称

明代，湖南、湖北都属于“楚省”，即湖广布政使司，直到清康熙时期才分疆而治。刘范弟认为，湖南建省分为五步：第一步，康熙三年（1664），偏沅巡抚和湖广右布政使移驻长沙，与驻武昌的湖广巡抚和湖广左布政使划分辖区；第二步，康熙六年（1667），湖广右布政使改称湖南布政使；第三步，雍正二年（1724），湖南单独举行乡试，生员不再前去武昌应试，偏沅巡抚也改称湖南巡抚；第四步，雍正三年（1725），湖南设立提督学政，湖南省政基本完整独立；第五步，雍正七年（1729），确立湖广官员回避制度，宣告湖南、湖北彻底分立。[①]“湖广省”的称呼仍存在，并隐隐凌驾于湖南、湖北二省之上，如乾隆《大清会典·户部·疆理》就称“湖广湖北省”和“湖广湖南省”。直到嘉庆《会典》才完全清除此前因分省而遗留的“湖广”痕迹。嘉庆《清会典事例·户部·疆理》：“京师顺天府、盛京奉天府、直隶省、山东省……湖北省、湖南省。”[②]

由于上述原因，导致楚不仅是湖广省的别称，也是湖南、湖北中任一省份的别称。两省细分可称“楚南”、“楚北”，亦被称为“南省”、“北省”。相对具有地方历史文化含义的别称“湘”、“鄂”也渐渐兴起，但起初都挂着“楚”这一前缀。湖北被称为“楚鄂”，如乾隆间湖北人崔应阶在山东做巡抚，作《黄冈二石桥记》和《重修五龙潭神祠记》，均自署“巡抚楚鄂崔某”。[③] 同样地，湖南亦有“楚湘”的说法，比如“瞿木夫中溶，嘉定名士，钱竹汀宫詹女夫，官楚湘藩幕，适开湖南通志局”。[④] 湖北以“鄂”为代称，有必要进一步说明。清代对省会的称谓主要有三种：一是“某省城”或“某省会”，如“江苏省城”；二是用省会所在的府城名加“省城”或“省会”，如“西安省会”；三是可以将某省会所在的府城名直接加省，也是指代省会，如“保定省”、“武昌省”。[⑤] 这样一来，省会城市的代称就有可能直接成为全省的代称，特别是对于新成立的省区来说。自隋以来，湖北省会武昌，长期被称为鄂州。清人也称武昌为鄂城，如咸丰四年（1854）太平军攻克武昌，骆秉章奏折中就说“湖北来营称鄂城于本月初二日失守”。[⑥] 因此湖北被称为鄂省。这种情况并非特殊，同样在清初分省后成立的安徽省被称为皖省，因省会安庆是春秋时皖国的封地；江苏省被称为苏省，也是省会在苏州的缘故。清末，广西省由粤西改称桂省，也有省会在桂林的因素。

湖南的情况相对复杂。首先，湖南省会长沙虽然在隋之后称为潭州，但接受度不高，这或许与“潭”只是对当地自然地理的表述，没有任何文化含义有关。其次，湖南内部畛域之分严

---

① 刘范弟：《湖南建省考疑》，《湖南社会科学》1992年第2期，第54页。

② 傅林祥：《政区·官署·省会——清代省名含义辨析》，《中国历史地理论丛》2011年第1期，第73—74页。

③ 李文藻：《（乾隆）历城县志》，清乾隆三十六年（1771）刻本，分见第8卷《山水考三》第47页、第11卷《建志考二》第9页。

④ 江标辑：《清黄荛圃先生年谱》卷上，台湾商务印书馆1978年版，第33页。

⑤ 侯杨方：《“西安省”考——兼论“大陕西”和“小陕西”》，《中国历史地理论丛》2009年第1期，第28页；傅林祥：《政区·官署·省会——清代省名含义辨析》，《中国历史地理论丛》2011年第1期。

⑥ 骆秉章：《鄂城失守抚臣带兵勇难民来南资送赴荆折》，《骆文忠公奏稿》第1卷，左宗棠等：《左宗棠全集》第18册，上海书店1986年版，第15465页。

重。“湘”被湘资流域人士广泛使用，如曾国藩在咸丰三年（1853）书信中就写道“鄂省之饷项空虚，倍甚于湘省”。[①] 但对于湖南整体来说，“楚”更能被全省接受。左宗棠叙述自己创立的楚军时说：“臣自咸丰十年（1860）由湖南奉诏襄办曾国藩军务，所部将士多沅、湘、澧、资之产，名其军曰楚军。”[②] 湘资流域与沅澧流域有明显的划分。比如陈宝箴于光绪年间署理湖南辰沅永靖兵备道，为政颇有声名。辰沅永靖兵备道，所辖地域为辰州府、沅州府、永顺府、靖州直隶州、凤凰直隶厅、干州直隶厅、永绥直隶厅与晃州直隶厅，俱在沅澧流域。[③] 郭嵩焘记载：“谓若廉访（按：即陈宝箴）可为，有救时之具，而尝惜吾湘未一与被其泽。而廉访居湘久，尤与湘人习。既解官，就家长沙，以为心所适也。……廉访于省城未有职任，其政绩多在辰沅。而湘人啧啧称道，乃在绥宁治匪一事。”[④] 可见在郭嵩焘的心目中，“湘”只指湘资流域一带，并不涉及辰沅。从南北朝时期就同属一个高层政区的湘、资流域，在当地人心中也有一定的分野。左宗棠《祭胡文忠公文》起笔就提到：“我生于湘，公产于资。”[⑤] 左宗棠是湘阴人，胡林翼是益阳人。两地虽同属长沙府，但湘阴属于湘江流域，益阳属于资江流域。因此，咸丰初年，鄂逐渐定型为湖北别称后，楚一度成为湖南一省的别称。咸丰间湖南巡抚骆秉章称：“臣前奉谕旨，在楚、鄂交界地方妥筹防堵。……维楚、鄂交界险要地方，无过岳州城北十五里之城陵矶、荆河口两处。而两处对岸相距不逾十里，湖南全境之水入湖，由城陵矶而入江；四川全境之水入江，由荆河口而东下。水道守此两处，湖南一省固可无虞。”[⑥] 显而易见，此折中楚为湖南代称，鄂为湖北代称。

三　由楚及湘考

张朋园指出：“湖南近代的发展，至少有两个突出的例子，第一是湘军的击败太平军，第二是戊戌变法之前的新政运动。”[⑦]“湘”代替“楚”成为湖南全境的代称，也不能脱离这两大因缘。这一变化起于湘军兴起，并在戊戌前后的湖南自治运动中不断强化，最终于民国年间完成。

湘军兴起极大影响了湖南省代称的转变。集中体现这一变化的史料有赵烈文的《能静居日记》和陈康祺所撰笔记《郎潜纪闻》。赵烈文（1832—1894），字惠甫，号能静居士，江苏人，多年为曾国藩机要幕僚。《能静居日记》自咸丰八年（1858）始，光绪十五年（1889）终。咸丰八年（1858）五月初六日，赵烈文与袁芳瑛会面，日记中记载：“泊舟谒袁太守。”自注：

① 曾国藩：《复吴甄甫制军》，李瀚章编纂，李鸿章校刊：《曾文正公全集》（五），中国书店 2011 年版，第 122 页。

② 左宗棠：《沥陈饷事窘迫片》，《左文襄公奏稿》第 31 卷，《左宗棠全集》第 6 册，第 4863 页。

③ 廖子森：《辰沅永靖兵备道考——兼谈〈清史稿〉的疵吝》，《吉首大学学报（社会科学版）》1989 年第 4 期，第 19—20 页。

④ 郭嵩焘：《送陈右铭廉访序》，郭嵩焘著，杨坚点校：《郭嵩焘诗文集》第 15 卷，岳麓书社 1984 年版，第 278—279 页。

⑤ 左宗棠：《祭胡文忠公文》，《左文襄公文集》第 5 卷，《左宗棠全集》第 17 册，第 14806 页。

⑥ 骆秉章：《通筹防剿大局谨拟制办船炮折》，《骆文忠公奏稿》第 1 卷，《左宗棠全集》第 18 册，第 15497—15499 页。

⑦ 张朋园：《湖南现代化的早期进展（1860—1916）》，岳麓书社 2002 年版，第 345 页。

“芳瑛，字漱六，楚湘潭人”；[①] 七月二十五日，“又访吴铁庵”，自注：“名靖，楚南人”；[②] 十一年（1861）十月二十四日：“楚南通省地丁八十余万”；[③] 同治元年（1862）正月二十四日：“撰帅命拟复楚抚毛寄云（原注：鸿宾）信”，毛鸿宾时为湖南巡抚。[④] 同治二年（1863）后，情况有了很大变化。同治二年（1863）四月十二日：“欧阳晓岑自湘来”；[⑤] 五月初九日：“录王虚斋语：湘省造枪炮系包工”；[⑥] 八月初九日：“见恽次山信，石达开余党李逆率众从滇入黔，窥伺鄂、湘边境。”[⑦] 之后“楚南”、“楚北”之称虽仍有出现，但频率很低。“湘”成为湖南主要代称。

陈康祺，字均堂，号盘园居士，浙江鄞县人，生于道光二十年（1840），卒年不详，光绪年间仍有活动。咸丰十年（1860）进士。在京政治不得意，晚年侨居苏州，直至去世。所著《郎潜纪闻》共四笔，内容包含晚清政治、经济、文化、典制、社会习俗等方面。搜罗广泛，内容宏富。在《郎潜纪闻》中，陈康祺也常提到两湖。涉及湖北省事，只用楚而不用鄂。如记述乾隆间事：“吴湛山中丞士功，起家部属，自乾隆丁丑暨戊寅，仅一载，由楚臬而护楚抚，升陕藩、护陕抚，既调直藩，再调陕藩，再护陕抚，旋授闽抚，仍留陕抚，兼管陕藩。”[⑧] 记述咸丰间事：“江忠烈公之殉庐州也，一误于楚抚崇纶强留援军自卫，于是公所部益单弱；一误于庐州知府胡元炜。”[⑨] 吴士功、崇纶均在湖北任职。记述湖南省事时，代称有所变化。记康熙时湖南巡抚赵申乔：“赵恭毅公抚楚，尝微服偕藩臬之市肆中，问政得失。”[⑩] 记乾隆时湖南巡抚陆耀：“清德陆朗夫中丞耀抚楚时，会总督阅兵抵长沙。”[⑪] 记咸丰初年事：“盖楚南当李沅发乱后，文宗亟欲得良二千石以拊循之也。”[⑫] 记曾国藩事时，就称湖南为湘省：“湘省藩、臬、粮、盐诸使者，至会牍上巡抚劾公，公姑忍之。”[⑬]

湖南地区的总集最能体现明清以来由楚及湘这一变化。总集是众家诗文的合集。东汉建安（196—220）以降，辞赋转繁，众家之集，日以滋广。[⑭] 于是总集体例始作，以统纪这些多而散的文献。总集有两个优点：“一则网罗放佚，使零章残什，并有所归。一则删汰繁芜，使莠稗咸除，菁华毕出。”[⑮]一般认为总集体例始于晋代挚虞所作《文章流别集》。因为这部书已佚，现存总集以南朝萧统所编《文选》为首。总集体例的源流，可以追溯到孔子整理诗、书文献而

---

① 赵烈文撰，廖承良标点整理：《能静居日记》（一），岳麓书社 2013 年版，第 9 页。
② 同上书，第 26 页。
③ 同上书，第 422 页。
④ 同上书，第 470 页。
⑤ 赵烈文撰，廖承良标点整理：《能静居日记》（二），岳麓书社 2013 年版，第 652 页。
⑥ 同上书，第 657 页。
⑦ 同上书，第 683 页。
⑧ 陈康祺：《郎潜纪闻三笔》第 12 卷《吴湛山中丞一岁九迁》，中华书局 1984 年版，第 857 页。
⑨ 陈康祺：《郎潜纪闻四笔》第 7 卷《江忠源之殉庐州》，中华书局 1990 年版，第 117 页。
⑩ 陈康祺：《郎潜纪闻三笔》第 5 卷《赵恭毅抚楚时微行察事》，中华书局 1984 年版，第 739 页。
⑪ 陈康祺：《郎潜纪闻初笔》第 14 卷《陆朗夫中丞》，中华书局 1984 年版，第 295—296 页。
⑫ 陈康祺：《郎潜纪闻二笔》第 7 卷《侍读学士出为知府》，中华书局 1984 年版，第 449 页。
⑬ 陈康祺：《郎潜纪闻三笔》第 9 卷《湘省大员会劾曾文正》，中华书局 1984 年版，第 811 页。
⑭ 魏徵等：《隋书》第 35 卷《经籍四》，中华书局 1997 年版，第 1089 页。
⑮ 永瑢等：《四库全书总目》第 186 卷《总集类一》，中华书局 1965 年版，第 1685 页。

成的《诗经》、《尚书》。有人认为总集体例包含西汉末年刘向等整理、东汉王逸注释的《楚辞章句》，如马其昶《桐城古文集略序》："总集盖源于《尚书》、《诗》三百篇，洎王逸《楚辞》、挚虞《流别》后，日兴纷出，其义例可得而言。"[①] 四库馆臣则认为："《隋志》集部以《楚辞》别为一门，历代因之。盖汉、魏以下，赋体既变，无全集皆作此体者。他集不与《楚辞》类，《楚辞》亦不与他集类，体例既异，理不得不分著也"；"《三百篇》既列为经，王逸所裒又仅《楚辞》一家，故体例所成，以挚虞《流别》为始"。[②] 总集的出现是为解决汉以后文籍日兴的情况，虽然处理方法可能吸收了孔子整理经书和刘向、王逸整理《楚辞》的成果，但还是应以挚虞《文章流别集》为始。

关于湖南地方总集，蒋江龙认为："湖南地方艺文总集应该是湖南人士的诗文总集或作者虽非尽为湖南人、但诗文内容皆关乎湖南地方者"；"真正由湖南人编纂的湖南地方艺文总集出现于明代"。[③] 本部分讨论的湖南地方总集的概念，并不完全依照蒋江龙的定义，而是只选择湖南人编纂的内容包含湖南全省地方的总集，不关注一府一县的总集或他省人士编纂的湖南地区总集。依此定义，本部分重点分析廖元度《楚风补》、邓显鹤《沅湘耆旧集》、罗汝怀《湖南文征》、张翰仪《湘雅摭残》四书，由此来说明明清以来湖南地方总集中由楚及湘的变化。

明代，"楚"成为湖广布政使司的代称。明代湖南人著作中以"楚"为标题并不鲜见。清初，湖广省分为湖南、湖北二省，但在湖南地方总集中，"楚"的影响力丝毫未见减弱的倾向。明代湖南地方总集仅见一种，为周圣楷编著的《楚才奇绝》，30卷，已佚，光绪《湘潭县志·艺文志》诗赋类存目。[④] 这是目前认为的最早的湖南地方总集。周圣楷，字伯孔，明末湖南湘潭人，生卒年不详。好交往，有才名。所著《楚宝》一书，取材广博，规模宏大，是迄今最全备的一部楚志全书，尤有功于两湖文献。光绪《湖南通志》有传。[⑤]

入清以来，较早出现的湖南总集是廖元度所编《楚风补》和《楚诗纪》。廖元度（1640—1707），字次裴，号佣客，晚年号大隐，长沙人。通经史，工诗，历游名山大川。中年遭遇三藩之乱，避乱于山寺。三藩平定后，廖元度年已五十。晚年参与《湖广通志》编纂，便因湖广通志局遗稿，编辑全楚诗，起炎黄之际，迄于明代，名曰《楚风补》。四库馆臣认为此书成于康熙二十三年至三十六年（1684—1697）。廖元度又辑清朝诗，名曰《楚诗纪》。两书卷帙浩繁，廖元度生前无力刊刻，至乾隆十四年（1749），始由长沙知府吕肃高资助整理刊行，定为48卷，附拾遗一卷，入《四库全书》存目；《楚诗纪》定为22卷，乾隆间被禁毁。[⑥] 廖元度以为《诗经》有十五国风，却无楚风，因此网罗搜集而补之。然而楚幅员广阔，"自淮北、沛、陈、汝南、南郡，史称西楚；彭城以东、东海、吴广陵——东楚；九江、江南、豫章、长

---

① 马其昶：《桐城古文集略序》，《抱润轩文集》第3卷，清宣统元年（1909）安徽官纸印刷局石印本，第2页。

② 永瑢等：《四库全书总目》，中华书局1965年版，第148卷《楚辞类》，第1267页；第186卷《总集类一》，第1685页。

③ 蒋江龙：《湖南历代地方艺文总集述略》，《文史博览（理论）》2014年第10期，第8—11页。

④ 王闿运：《（光绪）湘潭县志》第10卷《艺文》，清光绪十五年（1889）刻本，第38页。

⑤ 郭仁成：《周圣楷与〈楚宝〉》，《求索》1983年第6期，第173—175页；文鸣：《楚志全书〈楚宝〉及作者周圣楷》，《图书馆》2010年第5期，第141—143页；《（光绪）湖南通志》第166卷《人物七》，第3303页。

⑥ 马茂元：《代序》；孙良贵等：《凡例十则》；高翔：《廖大隐传》。俱见廖元度选编，湖北省社会科学院文学研究所校注《楚风补校注》，湖北人民出版社1998年版。

沙——南楚。”廖氏所征，不过“涉湘逾汉”。[①]他本人说：“拟征楚人之什，以补楚国之风。无如湖北湘南，江云渭树：窃意清新俊逸，宁无庚、鲍之章；老病端居，定有孟、杜之作。”[②] 整理者也说：“是编人以地著，言以韵比。除前编之外，人皆楚产。”[③] 而前编中俱为传说中人物，有神农氏、有熊氏、高阳氏、舜、禹等。是故四库全书馆臣以为此书“意主夸多，冗杂特甚，又疏于考证，舛漏尤多”，“盖州县志书，率多附会先贤，借为光耀”。[④]

廖元度作总集仍以全楚为范围，湖南并无专书。道光年间，邓显鹤的《沅湘耆旧集》被视为第一部以湖南省域为界的总集。作《湖南文征》的罗汝怀评价说：“昔君章从事于耒阳《湘中》作记，汝南求珍于明季《楚宝》成书，是皆欲补遗于采风，冀无忘于数典。而典午之作，则久佚不传；明季书经重雕，则广罗全楚。潇湘江汉异川通流，且所纪为人与事，不及著作。近新化邓氏刊行《沅湘耆旧集》，以补正廖氏《楚风补》、《楚诗纪》之阙失，足以芳风藻川。”[⑤] 在罗汝怀看来，明代以来的保存湖南文献的书，如《楚宝》、《楚风补》、《楚诗纪》等，内容包含全楚，搜罗过广。应有像晋代罗含《湘中记》那样，只以湖南一省为范围的总集。首先做成此事的是邓显鹤。

邓显鹤（1777—1851），字子立，号湘皋，晚号南村老人，湖南宝庆府新化县人。嘉庆九年（1804），邓显鹤中乡举，官宁乡县训导，晚年应聘主讲邵阳濂溪书院。除自作诗文外，他一生致力于对湖南地方文献的搜集整理。邓显鹤校勘并增辑周圣楷所作《楚宝》；搜集整理王夫之遗作，成《船山遗书》；编纂《资江耆旧集》及《沅湘耆旧集》；参与《武冈州志》、《宝庆府志》的修纂。梁启超称其为“湘学复兴之导师”。邓显鹤交游广泛，与唐仲冕、陶澍、贺长龄、贺熙龄、江忠源、曾国藩、左宗棠都有来往。邓氏去世后，曾国藩亲自为之撰墓表。[⑥]

嘉道时期，随着湖南省经济的发展，以及以陶澍为首的一批湖南经世派兴起，湖南省地位提高。陶澍等人自然也想扩大湖湘文化的影响。[⑦] 邓显鹤记述道：“忆三十年前与唐丈（按：即唐仲冕）同寓淮南，即举《湖南诗征》相勉。近文毅（按：即陶澍）总督两江，为余校刊《资江耆旧集》，甫竟而公卒。卒前半月，手书寄予，犹谆谆属以此事。”[⑧] 他又说：“湖以南水，《禹贡》言九江，《国策》言五渚，实则沅、湘、资、澧四水而已。而资水入湘，澧水入沅，湘长于东，沅雄于西，故举沅湘而湖以南水尽在是，即湖以南郡县尽在是。其曰《沅湘耆旧集》，即《湖南诗征》之变名也。”[⑨]

《沅湘耆旧集》刊刻于道光二十二年到二十三年（1842—1843），看上去是第一部以湖南省界为限的总集了。实际上，邓显鹤志不限于此，否则他就径称之为“湖南诗征”了。邓显鹤真

① 金蔚斋：《序》，《楚风补校注》，湖北人民出版社1998年版，第24页。
② 廖元度：《征诗小引》，《楚风补校注》，湖北人民出版社1998年版，第26页。
③ 孙良贵等：《凡例十则》，《楚风补校注》，湖北人民出版社1998年版，第17页。
④ 永瑢等：《四库全书总目》第194卷《总集类存目四》，中华书局1965年版，第1773页。
⑤ 罗汝怀：《湖南文征例言》，罗汝怀编纂：《湖南文征》（一），岳麓书社2008年版，第3页。
⑥ 关于邓显鹤的研究众多，此处不一一列举。其生平参见张青松《邓显鹤年谱》，硕士学位论文，南昌大学，1997年。
⑦ 相关研究见段超《陶澍与嘉道经世思想研究》，中国社会科学出版社2001年版，第七章。
⑧ 邓显鹤：《沅湘耆旧集叙》，邓显鹤编纂，欧阳楠点校：《沅湘耆旧集》（一），岳麓书社2007年版，第13页。
⑨ 同上书，第4页。

正要做的，是全楚诗征。道光九年（1829），邓显鹤校勘《楚宝》毕，序曰："楚志之最古者，《襄阳耆旧传》、《长沙先贤传》、《桂阳先贤画赞》及盛宏之《荆州记》、罗含《湘中记》、庾仲雍《湘州记》、卢藏《楚录》、路振《楚青》，今皆无存。近代言掌故者，以廖鸣吾《楚纪》、周伯孔《楚宝》并称，而《楚宝》为优。俱列入国朝《国库全书存目》。显鹤自授书以来，喜闻老先称说古今，巨人硕德，乡邦文献。念生长南服，欲搜讨楚故，无如此书。"① 可见，邓显鹤认为的"乡邦文献"是两湖文献，不限于湖南。邓显鹤在《沅湘耆旧集叙》中提到："论者谓有明一代之诗，以茶陵倡于前，以竟陵殿其后。吾楚诗人，至与国运盛衰相终始。"② 这里谈到茶陵诗派与竟陵诗派，茶陵地属湖南，竟陵地属湖北，邓显鹤均称为"吾楚"。

邓显鹤主要事功在编辑湖南文献。他称："显鹤尝不自揆，尝欲荟萃湖以南文献为一书。"③ 但是搜罗文献不易，只好先做一郡之志，于是"因就耳目所易及者，先为掇拾，名曰《邵州耆旧集》"。陶澍激励他说："《禹贡》九江，大者沅湘资澧四水而已。沅湘澧并艳天壤，资于湖，源远而流长且巨。顾僻在一隅，为冠盖所罕及，称者或少，余甚嗛焉。子资产也，盍广为《资江耆旧集》？凡滨吾资者，皆得备采择，不犹愈一郡之志乎？"于是邓显鹤"爰托始鄙郡及资流经受之地，以次搜辑"，终成《资江耆旧集》。④ 在此基础上，他"发愤推广，展转搜索，复成《沅湘耆旧集》"。⑤

邓显鹤为何要作《沅湘耆旧集》呢？其在《沅湘耆旧集叙》中说得非常明白。他说："今海内诗征之刻殆遍，吾楚《风》、《骚》旧乡，独阙焉未备。"楚诗一直没有编成的原因，主要因为湖南征诗困难。首先，湖以南诗家少被记载，作品也流传不广，多被湮没；其次，湖南家乏藏书，人鲜专业。而"全楚之大，非一道所能赅，自湖外诸郡，分隶湖南布政，其间巨儒硕彦，通人谊士，断璧零珪，湮没何限！文采不曜，幽光永沉，此亦阙于采录者之罪也"。邓显鹤虽然只整理了湖以南文献，但一直强调："楚诗向无总集，今所传廖氏《楚风补》《楚诗纪》、陶氏《诗的》二书，挂漏讹舛，不一而足。"⑥因此，他作《沅湘耆旧集》，是为作"楚诗征"做准备。当时湖广总督裕泰认为"是集为湖湘掌故，殆鬻熊以后不可少之书……若云借以张大国楚，犹非湘皋辑是书之意也"。⑦ 裕泰看到了湖湘文化与楚文化之异，但似乎并未很好地体会邓显鹤的心曲。

邓显鹤卒于咸丰元年（1851），正值太平天国刚刚兴起。与太平天国军对抗的过程中，湘军异军突起，湖南地位迅速提升，没有人再想去接续邓显鹤搜罗全楚文献的事业了，只认为邓显鹤为湖南总集编纂的开拓者。这一转变始于罗汝怀。罗汝怀（1804—1880），初名汝槐，字研生，晚号梅根居士，湘潭县人。少时就读于长沙城南书院，好音韵训诂之学。道光十七年（1837）拔贡。曾参与纂修《湖南通志》，编辑有《湖南褒忠录》、《湖南文征》，被人推许为继

① 邓显鹤：《校刊〈楚宝〉序》，周圣楷编纂，邓显鹤增辑：《楚宝》（一），岳麓书社2008年版，第7页。

② 邓显鹤：《沅湘耆旧集叙》，《沅湘耆旧集》（一），岳麓书社2007年版，第11页。

③ 同上书，第4页。

④ 邓显鹤：《资江耆旧集序例》，《资江耆旧集》（一），岳麓书社2007年版，第1页。

⑤ 邓显鹤：《沅湘耆旧集叙》，《沅湘耆旧集》（一），岳麓书社2007年版，第4页。

⑥ 同上书，第2—4、10页。

⑦ 裕泰：《沅湘耆旧集序》，《沅湘耆旧集》（一），岳麓书社2007年版，第1页。

邓显鹤之后对湖南文献的收集整理有重大贡献的人。《湖南文征》刊刻于清同治八至十年(1869—1871)。[①] 罗汝怀说："是篇之作，盖继邓氏之志。"[②] 时任湖广总督李瀚章作序："先是，道光中新化邓湘皋学博辑《沅湘耆旧集》，以存文献。……顾其书存诗而不及文，犹为得半之道，而湖以南作者林立，独未有专书……瀚章恭膺简命，巡抚是邦，时方设褒忠局，表章死事者，湘潭罗研生中翰，实综其事，又以暇辑《湖南文征》二百卷……得此与《沅湘》诗集并垂天壤间以无坠。"[③]前揭已说明，邓显鹤志在全楚，只是先作沅湘一带；至此，沅湘已囿于湖南一省。这里不免有"军兴，楚之南尤以忠义战绩名天下"的原因所在。

不少湖南人士为《沅湘耆旧集》作续。最早编纂续集的是邓显鹤本人，但未完即身故，稿本不知去向。之后续编者有郭嵩焘。他为编续集，还专设了"局"。不久郭嵩焘也去世了，周铣诒竭数年之力，方克峻完工。但此书亦未能刊行。后稿本流传到易培基处，约数十巨册。经漆永祥考证，认为此书稿本藏于美国芝加哥大学东亚图书馆。[④] 除此之外，吴德襄有道咸同光四朝诗钞十余册，亦名《沅湘耆旧集续编》，毁于民国六年（1917）七月长沙日报之火。刘腴深亦有续编稿本，因兵燹而散失。唯一留存下来的为民国年间张翰仪的《湘雅摭残》。张翰仪，字莼安，又字若荪，湖南醴陵人。民国时期曾任长沙、湘潭、衡阳等九县县长，福建省政府秘书长，也在军队中任过职。为南社湘集成员。《南社湘集》载有其诗十六首，文八篇。[⑤] 此书编著历程也颇为坎坷："得近百年耆旧闺秀方外遗诗达一千五百家，法湘皋先生编例，称为《沅湘耆旧集续编》，选抄成帙，存箧待梓。讵料戊寅（1938）秋九月，倭寇窥湘，长沙大火，庐舍丘墟，而余之此稿亦同付劫灰矣。……余慨坠绪之茫茫，抱孤怀之耿耿，仍拾余烬，易录是编。"张翰仪自称编辑此书的动力来自于湘军的影响。他说："余浪迹湖湘，浮沉宦海，退食之暇，坐拥遗编，默念吾湘自道咸以来，洪杨之役，曾左崛起，不独事功彪炳于史册，即论诗文，亦复旗帜各张，有问鼎中原之概。"[⑥] 可见湘军在"湘""楚"变动中影响之大。

以上讨论了四种湖南地方总集，分别为成书于康熙年间的《楚风补》，成书于道光年间的《沅湘耆旧集》，成书于同治年间的《湖南文征》和成书于民国年间的《湘雅摭残》。可以看出，湖南地方总集的编纂，在内容上由两湖逐渐缩减到湖南一省，在命名上也经历了"楚—沅湘—湖南—湘"的变化。

反映这种变化的不只是湖南总集。汉以后，记录湖南一地历史地理的著作，代不乏人。然而这些著作，多以楚为名，并不只记录湖南一地。比如晋代张方作《楚国先贤传》；宋代卢藏作《楚录》，路振作《楚青》；明陈士元作《楚故略》，何迁作《全楚志》，高世泰作《三楚文献录》，陶晋模作《楚书》，廖道南作《楚纪》，周圣楷作《楚宝》，等等。[⑦] 这些著作大多已

---

① 《湖南文征》（一），"前言"，岳麓书社 2008 年版，第 2 页。

② 罗汝怀：《湖南文征例言》，《湖南文征》（一），岳麓书社 2008 年版，第 3 页

③ 李瀚章：《湖南文征序》，《湖南文征》（一），岳麓书社 2008 年版，第 2—3 页。

④ 漆永祥：《〈沅湘耆旧集续编〉及其编纂者小考》，《文献》2007 年第 4 期，第 186—189 页。

⑤ 熊治祁：《前言》，载张翰仪编，曾卓、丁葆赤校点《湘雅摭残》，岳麓书社 2010 年版，第 5—7 页。

⑥ 张翰仪：《弁言》，《湘雅摭残》，岳麓书社 2010 年版，第 1 页。

⑦ 郭仁成：《周圣楷与〈楚宝〉》，《求索》1983 年第 6 期。

佚。[①] 清代也有类似的著作，并反映了分省的影响。比如《四库全书》中就有段汝霖所作《楚南苗志》；乾隆间湖南常宁诸生王万澍及其子王国牧仿朱熹《通鉴纲目》体例，将秦始皇二十六年至明洪武十四年（前221—1381）湖南地区的史事编成《湖南阳秋》；[②] 道光年间有彭开勋作《南楚诗纪》，周康立作《楚南史赘》等。值得注意的是，彭开勋虽"世为南楚人"，但"平居读史之暇，窃欲补志三楚疆域"，只是因为"家少藏书，骤难援権，未遑卒业"，只成《南楚诗纪》。[③] 这种情形，与邓显鹤作《沅湘耆旧集》何其相似，也可看出"楚"在咸丰之前文化影响力之大。之后楚逐渐为湘代替，比如记载1917—1918年湖南在皖系军阀张敬尧统治下各方面的情况的史书就定名为《湘灾纪略》。

从人们对湖南巡抚的称谓上，也可看出由楚及湘这一变化。清代嘉兴学者钱仪吉（1783—1850）收集家传、行状和墓志铭的资料，编纂碑传集。此书初稿成于道光六年（1826），之后不断增补修改，并重订体例。直至道光末年钱仪吉去世，仍未完全定稿。书稿征引560家作者之文，包含天命至嘉庆（间有卒于道光年间者）间2000余人的资料。光绪十九年（1893），经再次整理后刊刻。从中可以看出，当时湖南、湖北别称均为楚，或细分为楚南、楚北。乾隆间，卢焯短暂出任湖北巡抚，陈宏谋为其所作墓志铭中有："随实授湖北巡抚。……公抵湖北，修堤垸之要政，破私征之积弊，惜为时未久，至今楚人犹有余思焉"；[④] 吕星桓所作神道碑亦称："公丁卯抚楚。"[⑤] 吴士功做过湖北按察司使，在他的传中提到："（乾隆）甲戌，迁西安按察司使。丙子，移湖北。秦民愚，轻犯法；楚民黠，善舞法。"[⑥] 称"楚北"者有："（乾隆）三十二年，服除，补湖北按察使。时，缅甸用兵，公司驿务，无迟误，无扰累。楚北乱民聚众，公鞫之不少纵，然胁从者皆得免。"[⑦] 陆耀于乾隆间做湖南巡抚，张士元记载："钱树棠先生尝为余述陆公朗失之事云：公巡抚湖南，初至任所，盐商进白金三万两。问其故，商人曰：'此旧规也。先进此金，后当以时继进。'公不受，并绝其再进。商人曰：'大人不受，则此金无所归矣。'公命以其数平盐贾，贾为之低。前任抚楚者，虽称廉静，亦尝受之也。"[⑧] 康熙年间湖南巡抚赵申乔自述："奉命由浙移抚楚南。癸未夏，抵潭州。"[⑨] 这种情况不仅存在于碑传中，列传和笔记中也是如此。《清史列传》记陈宏谋："桂林陈宏谋抚楚，勒碑所居曰'经学之乡'，聘主岳麓书院，成就者四百余人"；[⑩] 嘉庆间礼亲王昭梿所作《啸亭杂录》："后屡迁至湖南巡抚。……抚楚时，见属吏有笃老亲犹来赴补，恻然悯之，奏官员凡亲年七十，虽有次丁，

① 关于这些著作的情况，参见邱亚《廖道南〈楚纪〉研究》，硕士学位论文，华中师范大学，2014年。

② 王万澍、王国牧撰，赖谋深校点：《湖南阳秋》，岳麓书社2012年版。

③ 彭开勋：《自序》，彭开勋撰，马美著校点：《南楚诗纪》，岳麓书社2011年版。

④ 陈宏谋：《湖北巡抚卢先生焯暨德配周夫人副室崔宜人合葬墓志铭》，钱仪吉纂：《碑传集》第71卷，中华书局1993年版，第2048页。

⑤ 吕星桓：《资政大夫湖北巡抚卢公神道碑》，《碑传集》第71卷，中华书局1993年版，第2051页。

⑥ 董邦达：《吴中丞士功传》，《碑传集》第71卷，中华书局1993年版，第2042页。

⑦ 阮元：《太傅体仁阁大学士大兴朱文正公珪神道碑》，《碑传集》第38卷，中华书局1993年版，第1077页。

⑧ 张士元：《书陆中丞遗事》，《碑传集》第73卷，中华书局1993年版，第2086页。

⑨ 赵申乔：《江西参议道胡先生在恪墓志铭》，《碑传集》第81卷，中华书局1993年版，第2306页。

⑩ 《清史列传》第68卷《王文清传》，中华书局1987年版，第5483—5484页。

俱许终养，一时中外人归养者千余人”。[①] 不能说完全没有“湘抚”的称呼，但极为罕见。太平天国运动后，“湘”出现频率大大提高。如同治间湖南巡抚王文韶奏事时称：“臣初次抚湘时，尚不至此”；[②] 其日记中也多用“湘”而少用楚。诚然，称湖南巡抚为“楚抚”的状况并没有马上消失，如康有为：“杨、刘为楚抚陈宝箴所荐，而陈宝箴曾荐我，杨漪川又曾保陈宝箴，上亦以为皆吾徒也，而用之”；“吾道有谭生，大地放光明。师师陈义宁，抚楚救黎烝。变法与民权，新政百务兴。湘楚多奇材，君实主其盟。大开南学会，千万萃才英”。[③]

甲午战争之前，湖南部分绅民在郭嵩焘等人的影响下，认同了部分洋务活动，仍以物质层面为主。就城市社会意识形态的总体而言，尚不能称得上开放。外界仍以湖南为“守旧”的代表。[④] 但从史实及相关数据来看，相对他省，湖南排外与守旧并非特别严重。罗志田认为，湘军兴起使得湖南成为全国关注之地，咸同后湘人的敢作敢为颇受世人瞩目，再加上梁启超等影响力大的人物的渲染，一些与湖南相关的迷思就此形成。19 世纪 90 年代，湖南经历了两代人之间的转换：咸同时代兴起的湘籍重要人物基本去世，仅剩的刘坤一对家乡认同感也较为淡薄。而湘军在甲午战争中的败绩，是又一个划时代影响，提示着与湘军相关之时代的终结。湖南士人在全国的整体地位和形象恐怕都大为下降，他们中一部分人的眼光也似乎出现内缩的倾向，其所注重者逐渐由全国而家乡。这样一种眼光的内倾，与因湘军之起而高涨的湖南绅权相结合，就给后来的湖南地方政治带来相当的影响。后湘军时代，湖南人士无论趋新与守旧，都倾向于“自立”。虽关怀全国，但受转变的区域文化影响，加强了对本省的注重。[⑤]

甲午战后，湖南汇集了一批开明趋新的官员，有巡抚陈宝箴、署理按察使黄遵宪、学政江标及徐仁铸等。陈宝箴等人利用这种民气，团结湖南士绅，以湖南为基础实行“地方自治”，推行维新。地方自治的理念，最早发端于陈宝箴；将其作为一种理论形式提出，成于黄遵宪。[⑥] 据陈三立《巡抚先府君行状》云：“府君故官湖南久，习知其利病，而功绩声闻昭赫耳目间，为士民所信爱，尤与其缙绅先生相慕向。平居尝语人曰：‘昔廉颇思用赵人，吾于湘人犹是也。’府君盖以国势不振极矣，非扫敝政，兴起人材，与天下更始，无以图存。阴念湖南据东南上游，号天下胜兵处，其士人率果敢负气可用，又土地奥衍，煤铁五金之产毕具，营一隅为天下倡，立富强根基，足备非常之变，亦使国家他日有所凭恃。”[⑦] 黄遵宪认为：“苟欲保民生，厚民气，非地方自治，则秦人视越人之肥瘠，漠不相关，民何由而强？……既而念警察一局，为万政万事根本。诚使官民合力，听民之筹费，许民之襄办，则地方自治之规模，隐寓于其

① 昭梿：《啸亭杂录》第 7 卷《徐中丞》，中华书局 1980 年版，第 192 页。

② 《清史列传》第 64 卷《王文韶传》，中华书局 1987 年版，第 5068 页。

③ 康有为：《康南海自编年谱》，中华书局 1992 年版，第 55、101 页。

④ 李玉：《湖南维新变法思潮新论》，《船山学刊》2000 年第 1 期，第 63—66 页。

⑤ 罗志田：《近代湖南区域文化与戊戌新旧之争》，《近代史研究》1998 年第 5 期，第 53—83 页。罗志田还有《思想观念与社会角色的错位：戊戌前后湖南新旧之争再思——侧重王先谦与叶德辉》（《历史研究》1998 年第 5 期，第 56—78 页）一文。此二文侧重打破认为湖南守旧的成见。

⑥ 郑海麟：《陈、黄之湖南新政试析》，《学术研究》1997 年第 9 期，第 78 页。

⑦ 陈三立：《皇授光禄大夫头品顶戴赏戴花翎原任兵部侍郎都察院右副都御史湖南巡抚先府君行状》，陈三立著，李开军校点：《散原精舍诗文集》（增订本），上海古籍出版社 2014 年版，第 851 页。

中，而民智从此而开，民权亦从此而申。”① 江标也说：“试士者，所以尽一省之士之所长而一一试之，非以一己一人之所长，而强一省之士尊而宗之也。”②

在湖南维新运动中，陈宝箴总理全局，领衔创办时务学堂、南学会等。黄遵宪主张将南学会办成具有议院性质的机构，督办由绅士出资、类似于警察局的保卫局，并开办以改造旧式官吏为目的的课吏馆。③ 江标改造旧书院，联合湖南地方乡绅实力派改南台书院为算学馆，将校经书院原课经、史、理、算、辞章、时务六门改为经学、史学、算学、掌故学、舆地、译学六门；注重管理全省学会，创办《湘学新报》，讲求实学。继任者徐仁铸仍继续推崇“实学为本”的新学风，撰写《輶轩今语》，颁发《湘士条诫》等。④ 湖南一地成为中国新政试验场，为天下所瞩目，形成省内外各界共同致力于湖南地方自治的合力。光绪帝大力支持湖南的改革，维新派也认为“我国此次改革，以湖南为先导”，“中国苟受分割，十八行省中可以为亡后之图者，莫如湖南、广东两省矣”，“湖南之士可用”。⑤

湘军情结与地方自治思潮自然地推进了“湘”代替“楚”。只有湘军才能使湖南与全国政局紧密联系。1903 年，杨度所作的几句诗最能体现当时湖南人的心态：“欧洲古国斯巴达，强者充兵弱者杀。雅典文柔不足称，希腊诸邦谁与敌？区区小国普鲁士，倏忽而成德意志。儿童女子尽知兵，一战巴黎遂称帝。内合诸省成联邦，外与群雄争领地。中国如今是希腊，湖南当作斯巴达。中国将为德意志，湖南当作普鲁士。”⑥ 既点出湖南要求身份独立，又表明湖南意图领袖群伦。

湖南维新期间最著名的两份省级报纸，无论是官办的《湘学报》，还是商办的《湘报》，均以“湘”题名。戊戌时期的地方自治实为湖南的地方自治运动的滥觞，之后延续约 30 年之久。1906 年，清政府宣布“预备立宪”，地方自治是其主要内容之一。1909 年 1 月 18 日，清政府颁布《城镇乡地方自治章程》和《城镇乡地方自治选举章程》，清末宪政运动的湖南省宪自治运动正式启动。1914 年袁世凯明令各省解散省议会以及各级地方自治会，标志着此阶段地方自治结束。民国中，以 1920 年推翻军阀张敬尧为契机，湖南开始省宪自治运动，达到地方自治的最高潮。省宪自治运动轰轰烈烈，长达六年。1926 年，唐生智废除省宪。之后，湖南再无自治运动。⑦ 与此相呼应，“省籍意识”在 19 世纪末 20 世纪初兴起，并在民国年间得到强化。经此一过程，“吾楚”已为“吾湘”。

光绪二十三年（1897），湖南学政江标在自己任期将满之际，将其在省内诸府和直隶州巡回主持岁考、科考的优秀试卷编选刊成《沅湘通艺录》。在“舆地”类题目中，首列“楚地今

---

① 北京图书馆善本组整理：《黄遵宪致梁启超书》第 33 段，《中国哲学》第 8 辑，生活·读书·新知三联书店 1982 年版，第 384 页。

② 江标：《叙》，江标编《沅湘通艺录》，岳麓书社 2011 年版，第 1 页。

③ 田伟：《黄遵宪与湖南维新运动》，硕士学位论文，中南大学，2010 年，第三章。

④ 贺娜：《论戊戌前后（1894—1899）湖南学政与学风之关系——以江标与徐仁铸为研究对象》，硕士学位论文，复旦大学，2008 年。

⑤ 梁启超：《戊戌政变记》，广西师范大学出版社 2010 年版，第 58、205 页。

⑥ 杨度：《湖南少年歌》，载刘晴波主编《杨度集》，湖南人民出版社 1986 年版，第 95 页。

⑦ 丁德昌：《民初湖南省宪自治研究》，博士学位论文，华东政法大学，2011 年；刘国习：《试论清末民初湖南的地方自治运动》，硕士学位论文，湖南师范大学，2003 年。

名考”一题。内中首选清泉左全孝一文。时人认为“楚地当以春秋时为主，战国时次之，秦汉之间又次之”。[①] 左文引顾栋高的判断为证，力主“春秋楚地不到湖南”。[②] 虽然没有更多说明，也隐隐可以听到“湘”向“楚”发起总决战的鼓声。

（责任编辑：周建刚）

① 曾朝佑：《楚地今名考》，《沅湘通艺录》第 5 卷《舆地》，岳麓书社 2011 年版，第 142 页。

② 左全孝：《楚地今名考》，《沅湘通艺录》第 5 卷《舆地》，岳麓书社 2011 年版，第 142 页。

蔡伦故里在桂阳

欧阳厚今*

摘　要： 蔡伦是我国东汉时期杰出的科学家，世界公认的造纸术的发明者。《后汉书·蔡伦传》记载："蔡伦字敬仲，桂阳人也。"然而，学术界对于蔡伦故里"桂阳"今指何处长期争论不休。从耒阳与桂阳的历史沿革来看，以及历史上山川河流地形的地貌考察，蔡伦故里应在今日的桂阳。

关键词： 蔡伦；故里；桂阳；耒阳

蔡伦（？—121）是我国东汉时期杰出的科学家，世界公认的造纸术的发明者。据《后汉书·蔡伦传》记载："蔡伦字敬仲，桂阳人也。"然而，学术界对于蔡伦故里"桂阳"今指何处长期争论不休，莫衷一是。有"郴县说"、"耒阳说"、"枣阳说"等。本文从历史地理学的角度，对蔡伦故里"桂阳"做一初步探讨，以期抛砖引玉，就教于方家。

一　历代杂史关于蔡伦故里的记述

蔡伦的故里在正史《后汉书》中没有详细的记载，但在众多的杂史书籍中，却记述有具体的地点，可待考证。

（一）《湘州记》等史籍的记载

最早记述蔡伦故居的要数晋人庾仲雍的《湘州记》。《湘州记》是我国古代较早的地记著作，南宋时亡佚。作者庾仲雍（290—370）熟悉江汉水道地理，当长期在湖北、湖南地区生活，《湘州记》（约340年成书）为殷芸《小说》、郦道元《水经注》多所引用。唐章怀太子李贤注《后汉书·蔡伦传》，引"《湘州记》曰'耒阳县北有汉黄门蔡伦宅，宅西有一石臼，云

* 欧阳厚今，原中共湖南省桂阳县委宣传部副部长，桂阳历史文化研究中心研究员。

是伦舂纸臼也’”[①]。此后，东晋哲学家、桂阳郡耒阳人罗含（317—402）所撰《湘中记》也有同样的记载。郦道元（469—527）《水经注》（约525年成书）卷三十九《耒水》云：耒阳“县有溪水……西北迳蔡洲，洲西即蔡伦故宅，旁有蔡子池”[②]。南北朝盛弘之的《荆州记》载有“枣（耒）阳县百步许有蔡伦宅……其旁有池，名蔡子池”；唐朝李吉甫《元和郡县图志》记载：“耒阳县……汉属桂阳郡……后汉蔡伦即此县人，有宅基在县西一里。”南宋王象之《舆地纪胜》云：“蔡伦宅在耒西南一里。后汉小黄门蔡伦，桂阳人也。今有蔡子池，又有鱼池，并捣网为纸，石臼存焉。”[③]

以上杂史的记述，尽管历史年代不同，所描述的地理方位、里程也不完全一致，但都指向一个共同点：东汉耒阳县城郊外某处有蔡伦故宅。

（二）桂阳地方文献的有关记述

今桂阳县的前身是桂阳州、桂阳监、桂阳郡。据记载，自汉代以来，桂阳杂史古籍繁多，有吴左中郎张胜撰《桂阳先贤画赞》、晋长沙相加中散大夫罗含撰《湘中山水记》、南宋周端朝《桂阳志》、郑绅《桂阳图志》，等等，可惜早已亡佚，无从考证蔡伦的相关史料。现存的康熙《桂阳州志》载：“蔡泉，州治西南蔡伦造纸处，故名，有石盆刻蔡伦置，可验。”清同治《桂阳直隶州志》：“蔡伦石盆刻字。不知时代，在州城西南蔡伦井，文曰‘蔡伦置’”[④]；“州诸祀又有蔡侯祠，城南史家山奎星楼嘉庆中建，下因为祠，祀汉蔡伦”；[⑤]“蔡敬仲造纸，兴自洛阳。然《湘中记》已言蔡子池在耒水上。今州南门有蔡伦井，传云伦故居也。其井深不可测，下有隧道，石甃曲折，旁多刻识。顷遣井工转斛涸泉，将拓其字，工人数十丈，言石砌可穷，而泉源难竭。从上开通，碍于民居，竟不果入。造纸不必曲池，此恐是蔡侯旧冢。后汉黄门势显力富，和熹垂帘，政在帷闼，疑敬仲生时造此幽圹，及后饮药，未必还葬，后人相传，但云蔡伦井耳”[⑥]。

清乾隆三十四年（1769），桂阳州蔡姓族人续修《蔡氏宗谱》，引康熙八年（1669）旧谱序云：“余始祖大汉受封龙亭侯讳伦，字敬仲，住桂阳城南。厥后子孙分散各省，支分派别，难以枚举。其住城者，祗守蔡伦井上一带铺基旧址纸槽而已。”至今，《蔡氏宗谱》及蔡伦井尚存，表明蔡伦故里是在桂阳城南。

以上史料的记载，蔡伦故宅一说在耒阳县北，一说在桂阳城南，二者相互矛盾，似乎难以统一。要化解这一矛盾，关键在于现在的我们如何看待蔡伦所处的那个年代，理顺耒阳与桂阳的关系，澄清东汉耒阳所处地理区域，蔡伦故里在桂阳的答案便会从史海中浮出水面。

---

① 范晔：《后汉书》，中华书局1965年版，第2513页。

② 郦道元：《水经注》，时代文艺出版社2001年版，第293页。

③ 转引自许焕杰主编《纸祖千秋》，岳麓书社2005年版。

④ 王闿运：《桂阳直隶州志》，香港天马出版有限公司2004年版，第414页。

⑤ 同上书，第158页。

⑥ 同上书，第436—437页。

二　耒阳与桂阳在历史上的关系及变迁

蔡伦是东汉桂阳人，蔡伦故里应在东汉桂阳郡境内。诚然，汉代及至魏晋南北朝（220—588），桂阳郡辖县内都有耒阳县名列其中。而桂阳县之名也自西汉起便在桂阳郡属下。依照《湘州记》蔡伦故宅在“耒阳县北”的记载，东汉直至魏晋桂阳县（今连州）内蔡伦故里的存在可以排除。那么，东汉耒阳县的地理区域是在哪里？与桂阳郡又是怎样的关系？

（一）耒阳县的政区沿革变迁

据史料记载，公元前221年，秦在五岭一带置耒、郴、九疑三县及临武邑、鄙邑（今永兴），隶长沙郡。郴县、耒阳、九疑三县及二邑是桂阳郡的前身。两汉时期的耒阳县，是五岭之北、湘江中上游以南一个辖境广阔的大县。它与郴县并列，行政区域范围极广。《汉书·地理志》载：“郴，耒山、耒水所出，西至湘南入（湖）［湘］。……南平、耒阳，舂山、舂水所出，北至酃入湖，过郡二，行七百八十里，莽曰南平亭。”[①]这就表明耒阳的地理区域是以耒水为界，紧邻郴县（耒山耒水所出）、覆盖舂陵水流域。耒阳西接南平（今蓝山），东靠郴县，南接临武，北至酃地（今衡阳，含今耒阳），这一区域一直延续到东汉末。

三国期间，刘备取长沙、桂阳等四郡后，东汉建安二十年（215），孙权索还桂阳郡属吴国，耒阳县自然也在其中。吴太平二年（257），孙亮“以长沙东部为湘东郡”[②]，将舂水下游（今桂阳境内欧阳海灌区大坝以下）北部流域，析耒阳县境舂陵水以西之地置新平、新宁两县（今常宁），又析耒水以西、舂陵水以东之地置梨阳县（今耒阳地），属湘东郡。自此，耒阳地域划分为四县政区，舂陵水中上游原耒阳县地域（今桂阳）仍属桂阳郡，与阳安县接壤；舂陵水下游所划出新设置的新平、新宁、梨阳三县属湘东郡。东汉耒阳与今耒阳分属两个不同郡属行政区域由此始。后来桂阳郡演变为郴州，湘东郡演变为衡州（见图1）。

西晋太康年间（280—289），由三国耒阳析出的梨阳县改名利阳县。《晋书·地理志》记载：“湘东郡（吴置，故属长沙，统县七）……酃、茶陵、临烝、利阳、阴山、新平、新宁”，利阳、新平、新宁均列入湘东郡属，而“桂阳郡（汉置，统县六）：郴、耒阳、便、临武、晋宁、南平”。耒阳隶属桂阳郡未变。由此可见，三国吴耒阳一析四县的行政区划在晋代承袭下来，《湘州记》、《湘中记》所述蔡伦故里在“耒阳县北”的这个耒阳指的是桂阳郡的耒阳。所谓“县北”是县治即县城之北，而不是县域北部。从“吴置湘东郡”至两晋时间并不长，庾仲雍、罗含对耒阳、利阳、新平、新宁等县的郡属关系应该非常清楚，他们的记述是准确的。东汉及晋时期的耒阳与今耒阳是不同年代、不同区域的两个概念。东汉耒阳的地域包含了利阳、新宁、新平，晋代的耒阳已经与利阳、新宁等分郡属而立，《晋书·地理志》明确区分了这一点。

---

① 班固：《汉书》，岳麓书社1991年版，第714—715页。

② 陈寿：《三国志》，岳麓书社1990年版，第913页。

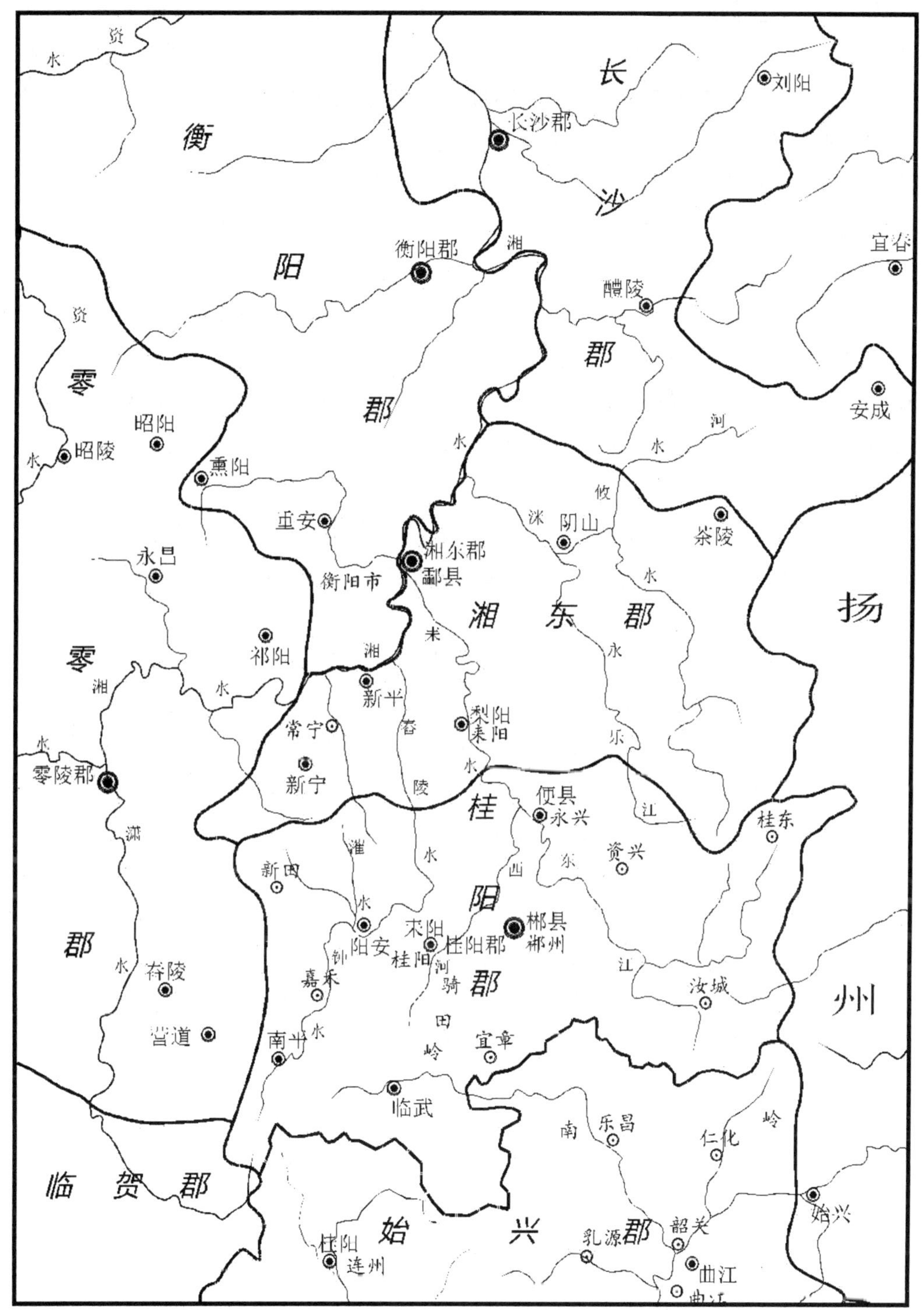

图1　三国吴晋南朝桂阳郡、湘东郡政区示意图

资料来源：据《中国历史地图集》改绘。

南北朝时期耒阳县仍隶属于桂阳郡不变。《宋书·州郡志》载："桂阳太守，领县六：郴县、耒阳、南平、临武、汝城、晋宁。"[①]《南齐书·地理志》载："桂阳郡：郴、临武、南平、耒阳、晋宁、汝城。"[②]。自三国吴以后，桂阳郡辖境较东汉大为缩小，但处于春陵水上游的耒阳在相当长的时间内还是紧紧地与桂阳联系在一起。

此后，隋文帝开皇九年（589），利阳县更名洡阴县，属衡山郡。《隋书·地理志》载："衡山，旧置湘东郡，平陈，置衡州……洡阴，旧曰耒阳，平陈，改名焉。"[③] 到了唐代，据《旧唐书·地理志》载："衡州中……耒阳：汉县，属桂阳郡，隋改洡阴，武德四年（621），复为耒阳。"《旧唐书》虽然对"耒阳"的陈述省略了"梨阳"由耒阳析出属湘东郡，后改利阳县而至隋改洡阴县的沿革过程，但在"衡阳"的条目下有："吴末分长沙东界郡立湘东郡……宋、齐、梁不改，隋置湘东郡为衡州。"在与梨阳兄弟般从耒阳同时析出的"常宁县"条目下记述为："常宁，吴分耒阳立新宁县，属湘东郡。"[④]可见，在三国期耒阳一析为四县不虚。

由此可知，今耒阳是唐武德四年（621）才获得"耒阳"这个名称的。唐代至今的耒阳，其地理区域在东汉只是耒阳的一部分。与蔡伦所处的东汉桂阳郡管辖下的耒阳不可同日而语、同名而论。

近代耒阳的志书也援引自秦汉以来历代有关耒阳以及梨阳、利阳、洡阴的历史沿革记载，其中提到"耒阳故城，在今县东北四十五里"，"梁元帝时（552—555）迁县治于鹜山口，一作鳌山口，今大陂市"，隋代，"洡阴县治仍在鹜山口"，"唐武德四年（621）复名耒阳县，治所迁回汉晋故地，即今耒阳城，始筑土城"。显然，耒阳县治无论是在"今县东北四十五里"，还是"鹜山口，今大陂市"，抑或是"汉晋故地"，均与《湘中记》的"耒阳县北有蔡伦宅"不符。蔡伦宅不可能随耒阳县治的迁移而搬迁。这多处的"耒阳县治"，恰好说明了今耒阳是经历了由梨阳到利阳，再由洡阴复名耒阳的沿革变迁。

如上所述，三国吴至隋唐后由梨阳—利阳—洡阴演变而来的今耒阳地域，已经排除了东汉存在蔡伦故宅的可能性。蔡伦辞世于公元121年，而至唐武德四年，即公元621年，历史已整整过去了500年。500多年间，蔡伦及其家人绝不可能到大陂市或鳌山口等地的利阳、洡阴县治建住宅。那么，东汉及晋、隋时期耒阳县治又在哪里？

（二）东汉耒阳县治的地理位置与桂阳的关联

从以上对耒阳沿革的考释，可知耒阳是一个具有动态性的地名。据已有学者的研究，早在战国时期，耒阳就已经是楚国苍梧郡的一个县。[⑤]耒阳的得名，除了《水经注》说"因水以制名"外，笔者以为，还应与古代农具"耒耜"最先发明使用的人物和地域联系起来解读。

① 沈约：《宋书》，中华书局1972年版，第1130页。
② 萧子显：《南齐书》，中华书局1972年版，第287页。
③ 魏征等：《隋书》，中华书局1973年版，第896页。
④ 刘昫等：《旧唐书》，中华书局1975年版。
⑤ 周宏伟：《湖南政区沿革》，湖南师范大学出版社2009年版，第36页。

《易·系辞下》耒耜“神农氏作，斫木为耜，揉木为耒。耒耨之利，以教天下”。《管子》曰：“（神农）作树五谷于淇田之阳”，“帝之匠赤利氏作耒耜于郴之耒山”[①]。《太平御览·帝舜有虞氏》：“尸子曰：舜兼爱百姓，务利天下。其（淇）田厉山也。荷彼耒耜，耕彼田亩”，舜帝“南巡狩，崩于苍梧之野，葬于江南九疑”。从“淇田”、“苍梧”、“九疑”等地名来看，我们似乎可以感觉到耒耜的发明地是处在五岭山脉骑田、都庞二岭之间的一个地方。这里是湘江流域上游，林木茂盛，拥有露天开采的坑冶矿场（耒头金谓之耜），有制作耒耜田器的条件，开垦农田，栽种水稻，杵臼舂谷。《汉书·地理志》于是说：“郴，耒山耒水所出；南平、耒阳，舂山舂水所出。”由此可知，据有南岭北麓、湘水上游的耒阳，因神农作耒、舜帝荷耜于此而得名。因此，我们不能套用唐代衡山郡耒阳县治来推断楚秦苍梧郡、汉桂阳郡耒阳县的辖域。对于汉代耒阳县治的落实以及与桂阳的关联，笔者以为需要注意三个方面。

其一，秦代的耒阳县治可能设在骑田岭北的大溱山即今桂阳宝山下。

公元前221年，秦始皇统一天下，立郡县，在南方先是沿袭楚国置耒、郴二县，后又新置九疑（汉改南平）。秦始皇三十三年（前214），为了进军岭南，一支由所谓的逃亡者（逋亡）、下等人（赘婿）和商人（贾）组成的军队被派驻南方，史称五十万军戍五岭。作为南进的军需基地，处在骑田、舂陵河谷的耒阳首当其冲。今桂阳城西宝山石林出土有战国时期的青铜兵器，符合秦始皇当时对岭南地区用兵的记载。骑田岭在秦时称阳山，桂阳宝山古称溱山。溱山所处位置，东距郴县治70里，耒水源流与舂水中段分别从南北山脚流过，二者之间相距30多里。而耒水源头又南接临武界武溪水支流，绕过骑田岭即是秦南海都尉任嚣所筑的阳山关一带。溱水在《汉书·地理志》中称作秦水，因秦收南海始通此道，是以溱山又称秦山。宝山是桂阳有史以来露天开采的矿冶场所，是我国南方最早铸造钱币、农具和兵器的地方。因此，作为南进的需要，秦代把耒阳县治设置于此，地势形便，是最佳选择。

其二，西汉末王莽改制把耒阳县治与桂阳郡治结合在一地。

汉承秦制，郡下辖县，桂阳一名始见于《汉书·地理志》：“桂阳郡，高帝置，属荆州。莽曰南平。……有金官，县十一。”汉初，桂阳郡治于郴县，缘于“项羽所立义帝都此”。但与郴县在楚秦就已并列存在的耒阳，不会因郡治于郴的关系而省入郴县。相反，在桂阳郡欲置未置还是作“南边郡”时，刘邦就已遣陆贾出使南越，立赵佗为南越王，剖符通使，和辑百越，在与长沙国接境的县，设置通越关市铁器，“予蛮夷外越金铁田器”。这处“关市”，即《读史方舆纪要》所谓“湖屯市”，地处古耒阳即今桂阳城郊。可见，耒阳的军事和经济战略地位并不逊于郴县。正因为如此，西汉末王莽篡政，于公元9年至23年，将桂阳郡改作南平郡，耒阳县降为南平亭，郴县改宣风，郡县合一同处南平亭即耒阳。这在当时，正是出于王莽复古改制的“五均六筦”的政策的需要，便于对开采金银铜及采捕龟贝的工商业者实行管控，实行制盐、冶铁、酿酒、铸钱的官府垄断经营。所以说，王莽时期桂阳郡治于耒阳即今桂阳毋庸置疑。

其三，从东汉郡守对辖县的治理可见桂阳郡治于耒阳即今桂阳。

东汉初，郡县复治旧名，郡治仍置于耒阳。《水经注》“耒水”说，“耒阳旧县也，王莽更

① 王闿运：《桂阳直隶州志》，香港天马出版有限公司2004年版，第343页。

名南平亭。东傍耒水，水东肥南，有郡故城”。《旧唐书·地理志》载：“郴，汉县，属桂阳郡，汉郡理所也。后汉，郡理耒阳。”宋、齐封子弟为桂阳王，皆治于此。这就是说，西汉桂阳郡治是在郴县，但是东汉桂阳郡治是置于耒阳。从东汉桂阳郡守对辖县的管理中，可以看出东汉桂阳郡治于耒阳是不争的史实。

《后汉书·循吏篇》首篇记载的是：“卫飒，字子产。……王莽时，仕郡历州宰。建武二年(26)，辟大司徒邓禹府。……政有名迹，迁桂阳太守。郡与交州接境……含洭、浈阳、曲江三县，越之故地，武帝平之，内属桂阳。民居深山……飒乃凿山通道五百余里……流民稍还，渐成聚邑。……又耒阳县（山）［出］铁石，佗郡民庶常依因聚会，私为冶铸，遂招来亡命，多致奸盗。飒乃上起铁官，罢斥私铸，岁所增入五百余万。飒理恤民事，居官如家。……二十五年（49），征还。光武欲以为少府，会飒被疾，不能拜起，敕以桂阳太守归家。居二岁，乃收印绶。”[①]从上引文可知，卫飒东汉初期即上任桂阳郡守，任期长达十数年，郡内清理，教育、交通面貌大变。文中称卫飒“理恤民事，居官如家”，尤其在治理耒山的采矿冶铸问题上，可以说明桂阳郡府设于耒阳。和帝期间升任大傅的邓彪，曾“五迁桂阳太守。永平十七年（74），征入为太仆”[②]，这与蔡伦“以永平末始给事宫掖”年份相契合。依此可以推想，邓彪在桂阳郡守任上，因郡治于耒阳并直接管理桂阳“铁官”，才有较长时间发现、培养并举荐家居“耒阳县北”的蔡伦进京为官。

此外，东汉和帝期间桂阳郡守许荆在事 12 年，尝行春耒阳、“桂阳人为立庙树碑”[③]，故吏耒阳蔡己明从郡守周憬泷滩治水[④]等事例，均可分析得到东汉桂阳郡治与耒阳县治的关联。东汉末期刘备部下赵云“从平江南，以为偏将军，领桂阳太守，代赵范”[⑤]，因此，今桂阳城西宝山留下了八角井、赵侯祠等遗迹，还有传闻诸葛亮督三郡至桂阳停留的侯憩山即《水经注》所谓“耒阳县有溪水东出侯计山”的诸葛庵。可以说，自东汉初至汉末，桂阳郡治始终处于耒阳即今桂阳。顺便提到，有关赵云和诸葛亮在桂阳的传闻和遗迹，在郴县历来无所见闻。由此可知，汉代桂阳郡治郴县（今郴州市城区）是片面的。

令人费解的是，当代学术界置三国吴耒阳县境一析为四，梨阳（利阳）、新宁、新平三县隶属湘东郡，耒阳本身仍属桂阳郡这一史实于不顾，硬要以“郡治郴”地而否定耒阳县治在桂阳境内的存在，视今耒阳地为汉代耒阳固有的县治所在地。从当今《简明中国历史地图集》[⑥]可以看出，两汉时期桂阳郡的位置处在湘水以南、耒水上游（舂水未标注），耒阳县治于其中自不必说，其地位不可能因“郡治郴县”而消失。三国和东晋十六国时期，《图集》桂阳郡位置未变，但增加了湘东郡，处耒水下游，湘江流域，据桂阳郡之北。依沿革所示，此时，梨阳（利阳）、新宁都属湘东郡，耒阳仍隶属桂阳郡。照理说，即使桂阳“郡治郴县”，但耒阳县治总得还有一块地盘在桂阳郡内。否则，隶属关系便不存在了。耒阳县治绝不可能跑到北面的湘

① 范晔：《后汉书》，岳麓书社 1994 年版，第 1061 页。

② 同上书，第 634 页。

③ 同上书，第 1063 页。

④ 王闿运：《桂阳直隶州志》，香港天马出版有限公司 2004 年版，第 412 页。

⑤ 陈寿：《三国志》，岳麓书社 1990 年版，第 757 页。

⑥ 谭其骧主编：《简明中国历史地图集》，中国地图出版社 1991 年版。

东郡，再由湘东郡划出一块地，与利阳、新宁共处。显然，这不符合历史沿革逻辑。既违背了《汉书·地理志》宗义，也否定了东汉桂阳郡治于耒阳（今桂阳）的史实。这只能说是学者们对历史地理学在这个问题上的误读和对东汉耒阳县治区位的误判，有待于进一步深入研究。

不管怎么说，东汉桂阳郡与耒阳县治在历史地理上同处一地的事实不容抹杀。耒阳政区地理不能被“郡治郴县地”所掩盖。

（三）耒阳与桂阳行政区划名称的置换

“后汉郡理耒阳”，是沿袭南平郡、南平亭所致。南平与耒阳在地缘政治上有许多共同点，更重要的是耒阳有丰富、易开采的矿藏资源，经济建设的需要决定了桂阳郡治在耒阳，而耒阳铁官机构的演变，又影响了后来耒阳与桂阳行政区划名称的置换。

古耒阳与郴县毗邻，山水相依。汉初桂阳郡设“金官”。史料虽没有明确金官设置在郡治所（郴县）抑或别的地方，但可以肯定是在有坑冶矿山的附近。早在汉初湘南南岭地区设置桂阳郡时，南越王赵佗“发兵攻长沙边，败数县焉”，其冲突的原因是“高后听谗臣……隔绝器物”，“毋予外粤金铁田器”。[①]可见，骑田岭北麓耒阳这个地方，自古就是铁质农具等物资生产、贸易的场所。《后汉书·郡国志》称：“耒阳有铁。”汉武帝时期，“天下盐、铁作官府，除故盐、铁家富者为吏”[②]。至东汉，耒阳增设铁官。《后汉书·卫飒传》：“又耒阳县（山）［出］铁石，佗郡民庶常依因聚会，私为冶铸……飒乃上起铁官，罢斥私铸，岁所增入五百余万。”唐章怀太子李贤在注引这段话时指出：“《续汉志》耒阳县有铁官也。”[③]所谓“金官”、“铁官”，意指官府办事机构和地方。历史上，这是一种特设的机构，没有行政职能。后来，“官”逐步被“监”所替代。魏晋南北朝失考，隋代，“诸冶亦置三等监。各有丞员”[④]。可知，桂阳“金官”、“铁官”已改称“桂阳监”。至唐贞元二十年（804），“置桂阳监于平阳，掌二十八铜坑以铸钱”，正是出于这种情况。自五代始，监演变为在坑冶、铸钱、牧马、产盐等地区置地方行政区划，具有了行政职能。为此，桂阳在唐末宋初皆为监，领南平（蓝山）、平阳。南宋升为军。

由此，可以得出这样的结论，东汉的耒阳县治所必定是在“耒阳县（山）［出］铁石”的山脚下，耒阳县山即是“耒山”。符合这一地理地貌的，从古至今，只有今桂阳城西南的宝山（秦为大溱山，后又称大凑山）。机构名称和地名可以易动，但地域不能搬动。从“桂阳郡金官”到“耒阳县铁官”再到“桂阳监”，是一脉相承的。世传蔡伦出身铁匠世家，目前虽无明确的史料证据，但是，蔡伦“后加位尚方令。永元九年（97），监作秘剑及诸器械，莫不精工坚密，为后世法”。这与蔡伦受其家学渊源的影响，擅长冶炼铸造不无关系。蔡伦的户籍关系是由郡属铁官机构管理。这也正是蔡伦住宅虽然处在“耒阳县（城）北”，但他的籍贯不算是耒阳人，而是“桂阳人也”即桂阳郡人的原因。

---

① 班固：《汉书》，岳麓书社 1991 年版，第 675 页。

② 同上书，第 325 页。

③ 范晔：《后汉书》，中华书局 1965 年版，第 2459 页。

④ 魏征等：《隋书》，中华书局 1973 年版，第 784 页。

（四）耒阳地名在桂阳的失落

根据历史沿革可以看出，自秦汉至魏晋南北朝，所谓的耒阳县，其地理区位和行政区划，实际上是今桂阳区域。隋唐以后，地名耒阳才由隶属桂阳郡游移湘东郡、衡州乃至衡阳至今。按理，桂阳的建置沿革应该从秦汉的耒阳算起。这样，《湘州记》等史料记载“耒阳县北有蔡伦故宅”则顺理成章，与“蔡伦桂阳人”并不矛盾。然而，据唐代《元和郡县图志》提出“耒阳县，本秦县，因耒水在县东为名，汉属桂阳郡”，又“平阳县，本汉郴县地，东晋陶侃于今理南置平阳县，属平阳郡”之后，继而《旧唐书》载“平阳，晋分郴置平阳郡及县，陈废，后萧铣复为郴置”。于是，当今历史学者的著述和地方史志均以此说为据，以平阳郡代替桂阳郡，把平阳县当作今桂阳县建置之始，主观上排斥东汉耒阳县治于今桂阳地之外，乃至耒阳政区沿革自东晋后便在桂阳失落，造成了耒阳、平阳、桂阳三者地域确认千百年的错乱。

（五）关于“陶侃析郴西地置平阳郡”的问题

如前所考，《晋书·地理志》中有湘东郡统县利阳、新宁和桂阳郡统县郴、耒阳等县的记载，却没有陶侃析郴西地置平阳郡、平阳县的只言片语，而晋代的平阳郡是在“司州。案《禹贡》豫州之地”，有“平阳郡（故属河东），魏分立，统县十二……平阳（旧尧都，侯国）”的记载。根据《晋书·陶侃传》所述，陶侃有17个儿子，多半封官晋爵，称霸一方。其中，陶旗“历位散骑常侍、郴县开国伯”。后子孙嗣位，直至“宋受禅，国除”[①]。这个“国”就是历史上所谓的“桂阳国”。自晋武帝始，实行郡国制，建五等国土，“郴、耒阳皆为国相治”。延续到南朝刘宋期间，郴县为伯相，耒阳为子相。由此可知，陶侃安插其儿孙占据郴县、耒阳这是历史事实。但正史并没有“陶侃析郴西地置平阳郡”一说。因此，所谓“平阳郡”在桂阳的历史沿革中不能成立。

据当代学者有关研究成果[②]，东晋在今桂阳县一带曾置平阳县。但东晋时期的政区存在实置州郡县和侨置州郡县之别。所谓侨置，系政府为安顿北方南逃流民在新迁地仍沿用迁出地郡、县名称。侨置郡、县没有实土，往往迁徙不定，省置无常。流民“朝为零（陵郡）、桂（阳郡）之士，夕为庐（陵郡）、九（真郡）之民，去来纷扰，无暂无息”[③]。其时，湖南境内侨置郡仅有南义阳1郡。东晋义熙十四年（418），湖南地区设有实土郡11个，湘东、衡阳等10郡皆属荆州，独桂阳郡改属江州，领郴、耒阳、临武、南平、阳山、平阳、汝城、晋宁8县，其中汝城、平阳为新置，位于湘江支流的耒水和资水（应为钟水）上游。研究者认为，平阳，位于当今桂阳、嘉禾一带。这符合《元和郡县图志》“平阳县，上，东至州九十九里，东晋陶侃于今理南置……至陈俱废。隋末萧铣分置，武德因而不改，七年省，八年复置”的说法。但这也说明东晋的平阳县并非其时的桂阳郡耒阳县地。因为平阳距“理南”九十九里，只有位于西南一带才是“东至州九十九里”，这正是今桂阳的飞仙、嘉禾的石桥圩一带。

---

① 房玄龄等：《晋书》，岳麓书社1997年版，第1173页。

② 周宏伟：《湖南政区沿革》，湖南师范大学出版社2009年版，第81页。

③ 沈约：《宋书》，中华书局1972年版。

到宋武帝时，仍然依晋制，《宋书·州郡志》载："桂阳太守，领县六：郴县，伯相；耒阳，子相；南平令（汉旧县），临武令（汉旧县）；汝城令（江左立）；晋宁令。"《南齐书》的记载辖县六也没变，但至齐高帝时，桂阳郡辖属少了晋宁县，原因是建元二年（480）"省晋宁入郴"。由此可知，从晋至宋、齐、梁、陈，正史均无"郴西地"平阳郡、平阳县的记载，而耒阳在《宋书》、《南齐书》地记中均与郴县齐名归属在桂阳郡。可见，《元和郡县图志》和《旧唐书》所谓的"陶侃析郴西地置平阳郡及平阳县"不足为据，更不能以平阳当作桂阳政区建置沿革之始，而取消耒阳县治于桂阳的存在。

耒阳县这个称谓脱离桂阳而归属衡阳，是在梁武帝以后。梁武帝天监六年（507），分湘州、广州置衡州，桂阳郡属衡州，割耒阳度属湘东郡。到了隋代，据《隋书·地理志》载："桂阳郡，平陈，置郴州，统县三。郴，旧置桂阳郡，平陈，郡废，大业初复置。有万岁山，有溱水；临武，有华阴山；卢阳，陈置卢阳郡（汝城），平陈，郡废，有渌水。"不仅耒阳在桂阳郡下无名，甚至连南平也被省入郴县。隋代，耒阳、耒山、耒水等名号都不见于史册，至此，古耒阳即今桂阳地确实成了"郴西地"。隋大业十三年（617），后梁宗室萧铣于巴陵重建梁国称王，以郴州复称桂阳郡，"萧氏分郴西置平阳（今桂阳州城之始），分郴南置义章"①，这样，秦汉魏晋的耒阳县治古城逐渐倾圮颓废，只留下后世称为上耒（方音上擂、上雷）、下耒一带地名村落，取而代之的是在其北面，桂阳郡平阳县城崛地而起。四年后，衡山郡的耒阴重又改名耒阳挂牌至今，从此耒阳之名在桂阳地面销声匿迹。

三　《水经注》疏解耒水与耒阳的正误辨析

古今地志文献皆认为，耒阳是以耒水而得名，此说的依据可能率先出自我国著名的地记典籍《水经注》。应该说，《水经注》关于耒水与耒阳的注解，有其正确的史料价值，但也不乏缺陷和错误。一方面，它对古耒阳以及蔡伦故宅的记述具有相当难得的历史真实性；另一方面，对耒水的出处却存在严重的历史片面性及由此产生的方向性误导，造成了学术界以唐代之后的耒阳为秦汉耒阳千百年的错乱，致使蔡伦故宅的真实所在地变得扑朔迷离，引发争议。为此不能不略作辨析，以还历史本来面目。

（一）《水经注》对古今耒水源流出处的扭曲和误解

一是《水经注》对耒水源流区位的认知时空概念模糊。现代著名历史学家顾颉刚先生曾评价《水经注》："这一地理巨著，可谓中国历史地理学的不可少的著作。从此书之中，可以画出许多地理图来。郦道元由于是北朝北魏人，没有到过南方，所以，对北方的历史地理很有贡献，而若干有关我国南方的地理资料，就有些不太准确。"② 说郦《注》对耒水概念模糊，正是缺乏实地考察所致。《水经注·湘水》先就已经提到"《十三志》曰：日华水出桂阳郴县日

① 王闿运：《桂阳直隶州志》，香港天马出版有限公司2004年版，第10页。

② 何启君：《中国史学入门——顾颉刚讲史录》，中国青年出版社1983年版，第22—23页。

华山，西至湘南县入湘。《地理志》曰：郴县有耒水，出耒山西，至湘南西入湘”[①]。按理，在这里《注》应该有所疏解，但除引用几句原话，什么都没有说明。而在《水经注·耒水》时，却主观论断“耒水发源出汝城县东乌龙白骑山”，撇开《水经》“耒水出桂阳郴县南山”的定义，前后记述说法不一，把郴县“耒山”、“南山”与汝城县“乌龙白骑山”混为一谈。可见《水经注》对耒水的出处在概念上的模糊。诸多学者研究认为，《汉书·地理志》是我国沿革地理研究方面开创性的著作，《水经》是新莽、东汉人起草专门记载我国江河水道的古书。《水经》与《汉书》的编撰可以说是同一时代。汝城县是东晋穆帝升平二年（358）才由秦汉郴县东部析置。《水经注》把前代记载的耒水出郴县“耒山”、“南山”篡改成“汝城县东乌龙白骑山”，脱离原著的本意而说耒水源流，这是《水经注》置换概念给后世带来对耒水和耒阳认知失误的根源。

需要指出的是，在《水经注》成书的年代（约525）说耒水出汝城县并没错。依照当今《湖南省地势图》[②] 所示，耒水是湘江的一大支流，而耒水的上游又分两条支流，一是东江，一是西河。东江处郴县（今郴州苏仙区）东部，源出桂东县北境万洋山，流经汝城、资兴等县，于永兴（古便县）湘阴渡与西河合流，汇入耒水。东江流经汝城段古称渌水，这在《注》中和《隋书·地理志》的“卢阳（汝城），陈置卢阳郡，平陈，郡废，有渌水”可以认证。问题是郦《注》的“耒水出汝城县东”之后的“耒水无出南山理也”，全然否定《汉书·地理志》和《水经》意向，背离了西河不仅是耒水，而且是《水经》本意耒水源头的客观现实。事实上，西河源出郴县（今郴州北湖区）与桂阳、临武交界的骑田岭北麓。骑田岭属五岭之一，秦名阳山，汉晋以来又有上岭山、黄岑山、黄箱山、桂阳岭等名，最高峰1510米，是“湘江支流耒水和北江西源武水分水岭”[③]。《太平寰宇记》称：“黄岑山，一名黄箱山，其东为仰天湖，其北郴江之水出焉，其同出者为桂水，为寒溪水。史载高祖置桂阳郡于上岭山。”[④] 应该说，西河又称桂水，与《地理志》和《水经》最先提出的“耒水”是同一条河流。其称谓可上溯楚秦时期。有学者研究指出，秦军发兵五十万分五路以平南越，其中沿楚国旧径开辟“新道”，于郴县栖风渡起，沿西水河谷开凿骑田岭峤道，经临武越岭南，走的就是西水河道。《水经注》所谓“耒水出汝城县东乌龙白骑山”，否定耒水无出“南山”即骑田岭，显然是割裂历史、混淆概念。

二是耒水得名的原始含义缺失无存。《水经注》称“耒阳旧县也，盖因水以制名”，又说“耒水出汝城县东乌龙白骑山”，那么，耒阳以及耒水得名的原始含义何以体现？众所周知，先秦以降，“山南为阳，水北为阳”[⑤]是一个地方命名的一条基本原则。因此，作为地名的耒阳，其得名肯定是与“耒山”或“耒水”之类的地名联系起来的。而“耒山”、“耒水”的得名，无疑与古代农具耒耜的发明、制作的产地相关。清末民初湖南学者王万澍的《衡湘稽古录》考

① 郦道元：《水经注》，时代文艺出版社2001年版，第287页。

② 湖南测绘科技研究所编制：《湖南省地势图》，1980年。

③ 《辞海》（缩印本），上海辞书出版社1999年版，第1381页

④ 乐史：《太平寰宇记》，嘉庆八年（1803）红杏山房刻本。

⑤ 《春秋谷梁传·僖公二十八年》。

证“神农作耒耜于郴”，即炎帝神农在郴县骑田岭山脉地带发明了人类最早的农耕工具耒、耜。[①]《后汉书·卫飒传》明确记载：“又耒阳县（山）［出］铁石，佗郡民庶常依因聚会，私为冶铸。”由此可知，出铁石的“耒阳县（山）”即为耒山。据考，自秦汉以来，我国华南地区唯一设“金官”，可供露天开采金属矿石的地方是今桂阳县城西北面的宝山。宝山的南面山脚正是今耒水支流西河由西南折向东北流过的地段。据笔者实地勘察，西水流经桂阳东南河段，上起新寨（古称湖屯市），下至官溪、火田等地，两岸十数平方公里山地遍布古代矿冶遗址。不可计数的遗址每处大都在上万平方米以上，有的达数万平方米，矿渣堆积层厚度浅则二三米，深则二三十米不等。这些遗址历史断代不详，但完全可以认证古代“耒阳县（山）［出］铁石，佗郡（南越国）民庶常依因聚会，私为冶铸”田器、耒耜于此。更值得一提的是，火田村南面一块山地称作蔡氏岭，又叫蔡王岭，传说是蔡伦家族经营冶铸的遗址。如此年代久远，大规模的古代冶炼遗址，在湘南乃至华南地区绝无仅有。古代西水河畔的冶炼铸造规模，极有可能就是耒水得名的由来。由此可知，《水经注》“耒水出汝城县”之说，只能是牵强附会罢了。遗憾的是，西河这片能够说明制造古代农具耒耜产地的矿冶遗址，既不见于史料记载，也被历史学者、考古学家们所忽略，无人问津，默默无闻。顺便提出，古代耒水源流经今桂阳城南段称作官溪水，亦称湖屯水或胡腾水，因东汉尚书桂阳人胡腾而得名。清《桂阳直隶州志》载：湖屯水始著于顾祖禹《读史方舆纪要》，盖采自明代州志也。水经湖屯市。今新寨有胡腾坊，则“湖屯”以声近改字，当作“胡腾水”。清末学者王闿运在考察耒水后分析耒阳、耒水的得名时指出：“耒阳汉城，或谓在今治东四十五里，余寻耒水北流，本亡阴阳，唯今治（桂阳州城）上下波流稍东，治居西北，是以耒阳名。移东西五十里，乃水阴矣。汉置县时则宜名之，不宜千余年后，至于隋代，始改洣阴也。”[②]“湖屯水入耒（水）在汉便县少北，行二百二十里，《水经注》耒水受川，未及兹水，盖图经不审耳。”[③]（见图2）

三是《水经注·耒水》行文错乱，脱漏贻误。参见《水经》原文“耒水出桂阳郴县南山”，紧接的应该是“又北过其县之西”。这个“其县”当指“桂阳郴县”。而《注》在上下连贯句间疏解为“耒水出汝城县东。……县在郡东三百余里，山又在县东，耒水无出南山理也”之后，接着就是“县有渌水，出县东侠公山”，这“有渌水”的县，显然指的是汝城。把“渌水”、“县东侠公山”放在“其（郴）县之西”疏解，可见是移花接木、行文错乱，置换了《水经》耒水源流方位。而接下来《注》称“耒水又西，黄水注之，水出县西黄岑山，山则骑田之峤，五岭之第二岭也”。这里面“县西黄岑山”的“县”，所指为郴县西。这样，《注》的下文实际上都是对郴县西河水系的描述，包括黄水、大溪、北水、桂水、千秋水、万岁山，等等，这才是《水经》原意上的耒水。众所周知，骑田岭位于郴县（今郴州）西南，郦《注》明确汝城县在郡（桂阳）东300余里，与骑田山脉搭不上界。但由于行文的错乱，抑或后世流传版本的脱漏疏忽，造成了西河水系本为耒水源流地位的丧失，使今天的历史地理研究者不辨“县东”、“县西”诸说正误，结果令今通行的《中国历史地图集》对秦汉的耒水主流西河无任

① 喻广德、张式成：《群星璀璨》，花城出版社2007年版，第1页。
② 王闿运：《桂阳直隶州志》，香港天马出版有限公司2004年版，第15页。
③ 同上书，第374页。

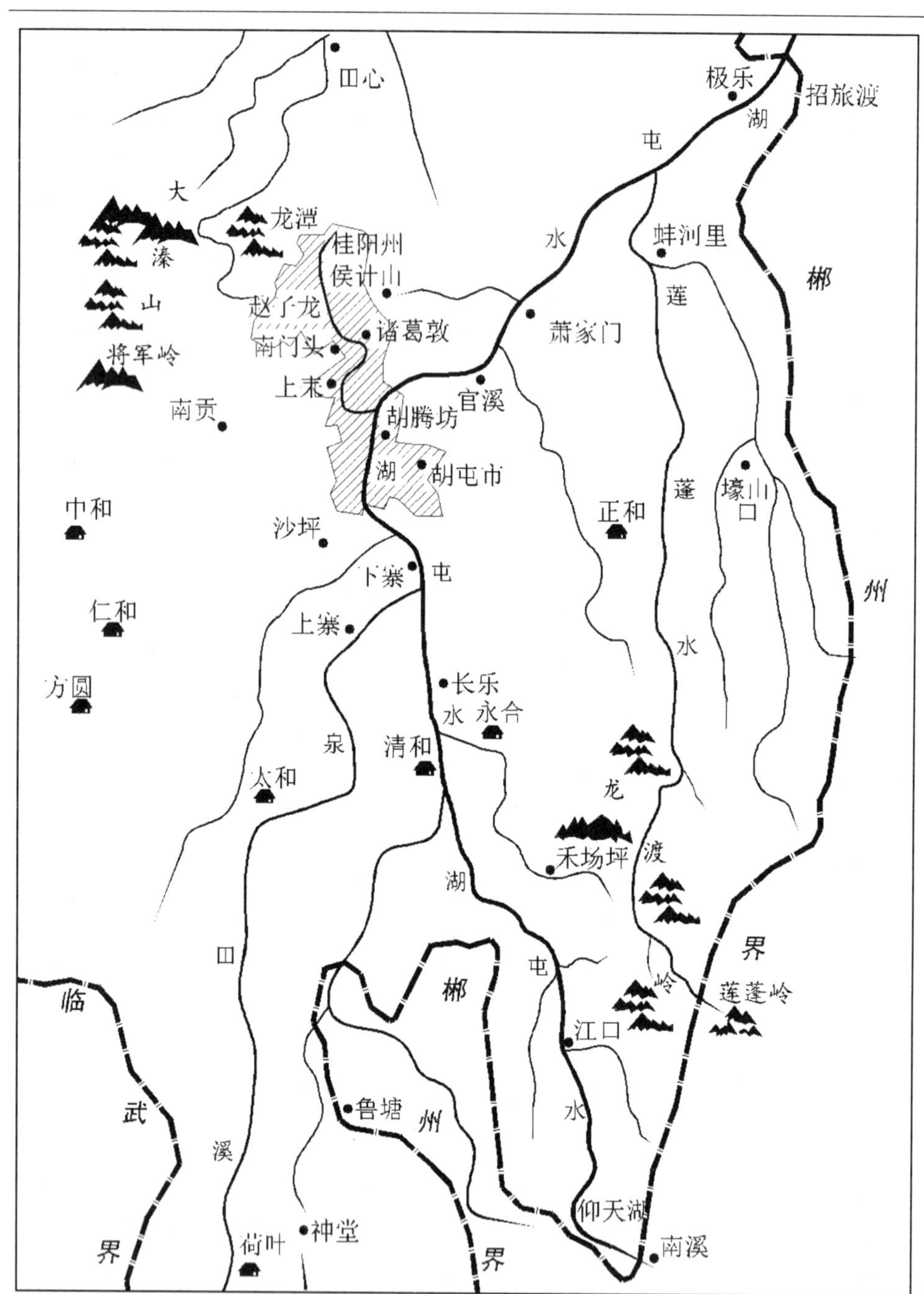

图 2　清代桂阳州治地形示意图

资料来源：据清同治《桂阳直隶州志城乡图》改绘。

何标识，不具备原始含义的“耒水出汝城县”却成了不变的教条，把隋唐以后至今的涞阴、耒阳县治标注在古今历史地图上，以致东汉桂阳郡耒阳县治的区位被抹杀、取代，从而加剧了探讨蔡伦故宅的混乱。

（二）《水经注》关于“耒阳”的疏解是蔡伦故里在桂阳的真实写照

由于郦道元没有到过南方，导致了对耒水上游的东江和西河疏解错误。然而，他的《水经注》却大量采用的是《湘州记》、《湘中记》和《荆州记》等素材，因此，对“耒阳县北有蔡伦故宅”的记述却是真实而具体。请看《水经注》关于耒阳的描述：

> 耒阳旧县也，盖因水以制名，王莽更名南平亭。东傍耒水，水东肥南，有郡故城。县有溪水，东出侯计山，其水清澈，冬温夏冷。西流，谓之肥川。川之北有卢塘，塘池八顷，其深不测。有大鱼常至，五月辄一奋跃，水涌数丈，波襄四陆，细鱼奔迸，随水登岸，不可胜计。又云，大鱼将欲鼓作，诸鱼皆浮聚。水侧注西北，径蔡洲。洲西，即蔡伦故宅，傍有蔡子池。伦，汉黄门，顺帝之世，捣故鱼网为纸，用代简素，自其始也。[①]

这段文字并不长，但却指明了古耒阳县城的地形地貌和风光特色。尤其是几处关键字眼的描述，既为蔡伦故宅保留着最古老的记忆，也为古耒阳即今桂阳提供了强有力的证据。可惜的是，千百年来，这几处关键的记述被大家所忽略。

其一，“县有溪水”。这是交代耒阳县城所处地理环境独具特色最关键的一笔，也是区分判断汉晋以前与隋唐以后两个耒阳县治“有蔡伦故宅”孰是孰非的标准。依郦《水经注》所述，耒阳县城既是在耒水岸边，同时还有一条溪水流贯而过，汇入耒水。溪水的特别之处是“冬温夏冷”，说明这是地下泉水汇聚而成。可以说，这条溪流的存在与否，是验证耒阳古城、寻访蔡伦故宅最根本的自然客观要求。而具备这个条件的，在湘南所有的县城中，只有今桂阳县城可以提供答案。

其二，“东出侯计山”。这句话主要是点明溪水的流向。耒阳县城在溪水流径的西南肥川，侯计山在东北，所以溪水由东向西。所谓侯计山，即今桂阳城南塔岭。清同治《桂阳直隶州志》载：“何丙甲《桂阳郡治辩》云：治南小山，旧名侯憩山，盖《水经注》之‘侯计山’。古老相传，诸葛武侯督粮至此。”[②]《州志·祠祀》：州诸祀又有“蔡侯祠”、“诸葛庵”，“庵在南城外小阜上，俗称侯憩山，相传蜀汉取郡时，武侯观兵憩此，因立庵祀之”[③]。侯计山是古耒阳县城与历史著名人物挂上钩的地貌标志，这在桂阳并非虚构。

其三，“川之北有卢塘”。进一步点明溪水的出处。卢塘，后人又谓之龙潭，“塘池八顷”方音转化为今“八字塘”，处在县北，这是溪流的源头。卢塘是由地层深处无数个泉眼冒出来的地下水积聚而成，一年四季，日夜喷涌不绝，潭水不仅深而且广，令人神奇莫测。王闿运在《桂阳直隶州志·水道志》注解“湖屯水”时说，“州旧以五日（端午）竞渡，泛舟城北龙潭，出于湖屯”，足见古代溪水流量之大。这也许是《太平寰宇记》所谓“寒溪水”。

当然，随着历史的变迁，《水经注》中所谓蔡洲早已不存在了。公元617年，萧铣置平阳

① 郦道元：《水经注》，时代文艺出版社2001年版，第294页。
② 王闿运：《桂阳直隶州志》，香港天马出版有限公司2004年版，第376页。
③ 同上书，第158页。

县后，便沿着这条溪流在蔡洲上新筑了平阳城，后来又成了桂阳监城、桂阳州城。只留下蔡子坪、蔡伦井等遗址，其方位也就由“耒阳县北”变成了“桂阳城南”，与溪水下游的上耒、下耒遥相守望。毋庸讳言，如今，在桂阳，蔡伦故宅、蔡侯祠、诸葛庵等历史陈迹已经遭毁，而耒阳尚拥有元代兴建的蔡侯祠，还有由郭沫若先生题写的蔡伦之墓，这些人造的遗迹被想当然认为是今耒阳市便是蔡伦故里最有力的证据。然而，可以说，如同《水经注》所记述的这条溪水，以及侯计山、卢塘等客观自然面貌，在今耒阳城区并不存在。历史建筑可以由人仿造，但山川水流不可人为模仿建造，《水经注》疏解耒阳的历史价值就在于此。这是今桂阳是东汉耒阳的真实写照。

四　结语

《水经注》关于耒水源流的注解，导致了千百年来人们对耒阳区位的错误理解，引起了对蔡伦故里的争议。郦道元《水经注》之错，错就错在不细研史文，没有详细实地查勘地理位置。时至今日，众多研究蔡伦的专家、学者仍然如此。这是不科学的，难免进入蔡伦故里争论和考证的误区。无论从耒阳与桂阳历史沿革这个纵向的坐标来看，还是从历史地理学以山川河流地形地貌考察这个基点出发，蔡伦故里在桂阳。

（责任编辑：张利文）

近 130 年来大陆地区左宗棠研究回眸

杨锡贵*

摘　要：大陆地区近 130 年来的左宗棠纪述、评价与研究，经历了晚清、民国与中华人民共和国三个时期，出现了清朝廷持续 7 年之久的宣传褒奖、学术界 20 世纪 30—40 年代的侧重“边功”研究和改革开放以来的全面研究三个热潮，发表和出版了约 821 篇论文、53 部著作，经历“全面肯定—基本否定—基本肯定—基本否定—重新评价和基本肯定”的曲折变化之后，达成了左宗棠是一位杰出的爱国主义者的共识。

关键词：大陆；左宗棠研究；综述

光绪十一年七月二十七日（1885 年 9 月 5 日），左宗棠在福州皇华馆行营因病去世。在他去世后的将近 130 年中，持有不同立场和观点的各阶级各阶层人士均有对于左宗棠的纪述、评价与研究。就学术界的物化成果来看，据不完全统计，共发表研究左宗棠的论文 821 篇，编撰出版专著、文集、资料集共 53 部；从历程来看，经历了一个曲折变化而又逐步发展的过程，大体可分为晚清、民国与中华人民共和国三个时期。

一　晚清时期关于左宗棠的纪述和评价

晚清时期（1885—1911）纪述和评价左宗棠的，主要有清朝官方、文人学者、维新志士和反清革命党人。

（一）清官方对左宗棠的颂扬与评价

官方对左宗棠的颂扬与评价，时间长达七年之久，遍及左宗棠生前任职与主要活动的各个省区，是纪述、评价与研究左宗棠的第一个热潮。主要有四种方式：一是追赠、赐恤、予谥。

* 杨锡贵，长沙市开福区教育局教育科研培训中心中学高级教师，湖南省政协特聘文史研究员。

左宗棠被清朝廷追赠为太子太傅，照大学士例赐恤，予谥文襄。二是文字的颂扬，包括上谕、御赐祭文、御制碑文、督抚大臣所上奏折、编撰左宗棠传等。朝廷在左宗棠去世后的八月十九日（9月27日），发出了对左宗棠进行评价的上谕。颁发的御赐祭文先后有三道，御制碑文一篇。1885—1892年，左宗棠生前任职与主要活动省区的督抚大臣胪陈左宗棠功绩的奏折，共有七件。清国史馆编撰了《国史本传·左宗棠传》，这是第一篇记载左宗棠一生“政绩事实”的传记。三是光绪帝亲政的那一年，即光绪十三年（1887），派遣专臣致祭，并宣读《谕赐祭文》。四是建立纪念性建筑。从光绪十一年（1885）七月左宗棠逝世到光绪十八年（1892），福州、杭州、南京、南昌、兰州、长沙、衢州、婺源、哈密、湘阴等省、府、县城都先后建立了左宗棠专祠，并入祀京师昭忠祠、贤良祠。饰终之典可谓备极哀荣。

官方的纪述与评价，就朝廷方面来看，无论是上谕、御赐祭文、御制碑文都不长，虽简要但予以高度评价。上谕主要概括了左宗棠一生在咸丰、同治、光绪三朝的经历与事功，高度评价了左宗棠对清朝的贡献。御赐祭文、御制碑文则进一步予左宗棠以极高的评价：“东平浙水，南靖闽都，西极昆仑，北清畿甸”，其“功罄竹以难书”，“生为社稷之臣，没壮山河之色”，“伟烈长垂青史”，“为一代之伟人”①。这些评价主要侧重于左宗棠在军事上的功劳和战绩，其他方面甚少涉及。

而地方督抚的奏折，则对左宗棠在各有关省区的主要活动，有比较清晰的纪述，串联起来，可勾画出左宗棠一生踪迹的轮廓，对左宗棠均做出了很高的评价。出奏者既为左宗棠生前活动的知情者和当事人，而所述各事各情，具有较高的可信度。同时，所述大多“为人所不尽知者”，且“尚未形诸奏牍”，堪称较为少见的资料。

（二）晚清文人学者对左宗棠的纪述与评价

左宗棠在世时，涉及纪述他的书有两部。一是《平浙纪略》，由左宗棠的老部下杨昌濬组织，陈绹业、陈钟英编撰，纪述了左宗棠同治元年（1862）入浙至五年（1866）入闽粤平定太平军余部的过程，除三省战事的记载外，还叙述了左宗棠在浙江进行的战后重建、恢复民生的活动，颂扬了左宗棠在浙江的政绩军功。二是《湘军志》，湖南学者王闿运撰，其中即对左宗棠在太平天国战争期间的活动有所记载，不乏对左宗棠战绩的颂扬。

左宗棠去世以后，有关其生平纪述和宣扬、评价其功业的文字不断出现。一是左氏后人汇编的《左文襄公荣哀录》，收有祭文、挽诗、挽联等，撰写者是左宗棠生前的同僚、部属、亲友，他们从私谊的角度表述了各自的哀挽悼念之情，并从不同角度追怀了左宗棠为清王朝创建的丰功伟绩，虽不免溢美夸饰之处，但保留下很多有价值的史料。二是清光绪后期，文人学者编撰的书籍中直接纪述左宗棠军事政治活动的主要有易孔昭等撰《平定关陇纪略》、杨敏秀撰《平回志》、曾毓瑜撰《征西纪略》、魏光焘撰《戡定新疆记》等，比较系统地记述了左宗棠担任陕甘总督时，平定捻军和陕甘回民军以及率师出关收复新疆的史事。此外，《湘军记》（王定安著）、《左文襄公年谱》（罗正钧编撰）和《左文襄公宗棠别传》（朱孔彰撰）等，较多地记

① 左宗棠：《左文襄公荣哀录》，《左宗棠全集》附册，岳麓书社1996年版，第704—705页。

述和评价了左宗棠军事政治活动，其中《左文襄公年谱》是晚清时期关于左宗棠历史最为重要的纪述，是我们今天研究左宗棠不可或缺的重要史料。

以上晚清文人学者的纪述、评价，与官方一样，均对左宗棠一生予以高度肯定，且有所拓展，并涉及了更多的细节。

（三）维新志士的叙述与评价

其基本立场仍然是维护清王朝的国家政权，尚没有完全脱离“忠君爱国”的轨道，因而对左宗棠依然持完全肯定态度。

谭嗣同对于左宗棠兴办洋务的见识和作为，给予了较高的评价。他说：“左文襄晚达，故沈观最久。其请造轮船之疏曰：‘彼既巧，我不能安于拙；彼既有，我不能傲以无。’所至辄兴创机器，信知所先务矣。”① 唐才常十分赞许左宗棠的政治品格和精神风貌，他曾在写给父亲的信中说：“刘、王二帅，暮气已乘，恐亦不能如前日左、彭二公之直烛巨奸，不顾身家，绝无附会。”②

（四）辛亥党人对于左宗棠的纪述与评价

出于反清排满的政治需要，总的来说是从根本上予以否定。

陈天华说“盖曾、左所杀者同胞，而我所排者外族耳”③；杨毓麟认为左宗棠与曾国藩等“忝窃节钺，算入满汉名臣，功绩传之混账糊涂簿籍中，实湖南之大不幸也”④；邹容认为左宗棠等“忍心害理，屠戮同胞，为满人忠顺之奴隶”⑤；章太炎说“近代左宗棠的为人，保护满奴，残杀同类，原是不足道的”⑥。同盟会机关报《民报》的临时增刊《天讨》，曾以《过去汉奸之变相》为题，刊载一幅曾、李、左的漫画，三人皆人面兽身，其中左宗棠为狗身。

这些言论明显地掺杂了民族偏见和大汉族主义的糟粕，自然不可取。当然，也有一些人对左宗棠等人的智略才识表示欣赏。

（五）晚清时期左宗棠的纪述与评价小结

清朝官方、晚清文人学者和维新人士都对左宗棠进行了高度的评价和颂扬，而反清革命党人则是全面批判和否定的立场，都不是严格意义上的研究。但史料保存之功不可没，为后来的科学研究打下了基础，成为左宗棠研究的源头。

值得一提的是，清王朝行将灭亡的1910年5月，《地学杂志》第1卷第5期发表了《福州船政局考》一文，肯定了左宗棠创建福州船政局的历史贡献，并指出沈葆桢在接手船政局后所起的重要作用，“文襄善创，文肃善成，论者交美矣”。此文可以说是左宗棠逝世后的第一篇研

---

① 《谭嗣同全集》，中华书局1981年版，第228页。

② 《唐才常集》，中华书局1982年版，第221页。

③ 《陈天华集》，岳麓书社1982年版，第13页。

④ 《杨毓麟集》，岳麓书社2001年版，第36—37页。

⑤ 邹容：《革命军》，载《辛亥革命前十年间时论选集》第1卷，生活·读书·新知三联书店1960年版。

⑥ 章太炎：《章太炎政论选集》上册，中华书局1977年版，第270页。

究左宗棠事迹的文章。

二　民国时期的左宗棠纪述、研究与评价

民国时期对左宗棠的纪述、研究与评价可分为两个阶段，即民国初期和20世纪30—40年代。

（一）民国初期关于左宗棠的纪述与评价

民国时期的前20年，由于政局动荡不安，左宗棠研究仍然处于停滞不前状态，以致有学者认为“左宗棠被冷落了整整20年”①。这一时期，除出现了少数几篇左宗棠传记和偶尔一些议论之外，还没有关于左宗棠研究的论文和专著问世。

《清丞相左宗棠列传》（左钦敏撰）是这一时期出现的第一篇左宗棠传记，该传的主要特点是只叙述左宗棠一生的志行风范，如识人用人、智略雄才、洋务思想、操守行谊等。作者在文末写道：“综古今论之，邓、马、李、郭中兴帝室，无此战绩；卫、霍、韩、范功高边塞，无此雄威。班定远生入玉门，尚须陈乞；岳忠武痛饮黄龙，徒成虚名。勋名之盛，秦汉以后，谁与比伦?”② 可见对左宗棠评价之高。

《清史稿·左宗棠传》（列传第199卷），是为左宗棠传记中比较重要的一篇。该传较为系统地记述了左宗棠一生的历史，又抓住其政治、军事生涯中的大事，即同治年间镇压太平天国、捻军和陕甘回民起义，光绪年间收复新疆、参加中法战争展开叙述，而且论、叙结合，语言简要，颇为得体，有较高的史料价值。

这两篇传记，其基本格调依然属于对传主左宗棠生平的记述和对传主事功的颂扬，同样也谈不上是真正的科学研究，但毕竟反映了民国初期文人学者对于历史人物左宗棠的观点和态度。

（二）20世纪30—40年代左宗棠研究的开展与热潮

20世纪30—40年代，因日寇入侵，山河破碎，民族危机空前严重，日本帝国主义与中华民族的矛盾成为中国社会的最主要矛盾。人们对晚清时期的左宗棠给予了很大的关注，特别是对其抗击外来侵略的事迹展开了较为广泛的研究，形成了左宗棠研究的热潮。

据不完全统计，1932—1949年近20年中，共出版专著7部（含外国学者所著的2部）、发表论文59篇（包括单篇的左宗棠传记和少数杂文小品）。此外，还有不少有关中国近代史的专著和论文，也不同程度地叙述了左宗棠生平并做出评价。

1. 全面肯定左宗棠的论文、专著和一些涉及左宗棠研究篇章的著作

这一时期左宗棠研究论文所涉及的内容，首先集中在左宗棠收复新疆问题上，并及经营西

① 刘泱泱：《左宗棠全集》，岳麓书社2011年版，“前言”第3页。

② 左钦敏：《清丞相左宗棠列传》，转引自《左宗棠全集》附册，岳麓书社1996年版，第664页。

北、建设西北的内容，计有25篇。1932年1月，姚欣安发表《清末新疆政策底史的发展》一文，是这一时期的第一篇左宗棠研究论文。1935年，汪铎、方骥曾分别发表《左文襄之边功及急救新疆之管见》、《左文襄治理新疆政策之研究》。其次，左宗棠创办福州船政局等洋务活动的事迹亦为研究者所注意，曾发表了王信忠《福州船厂之沿革》、际唐《马尾船政厂述要》等五篇文章，从建设东南海防与国家近代化的角度展开研究，亦颇有深意。最后，关于左宗棠与曾国藩、彭玉麟、胡林翼、胡光墉等人的关系，左宗棠举借外债，以及左宗棠的廉洁勤政等方面，也都有专文论及。

20世纪30年代末开始有了左宗棠研究专著的出现，并持续到40年代末期，左宗棠研究走向深入。陈其田著《左宗棠——中国现代造船厂和毛纺厂的开拓者》（1938年北平英文版），主要论述左宗棠的洋务活动。戴慕贞著《左宗棠评传》（重庆文化服务社1943年版）。秦翰才著《左文襄公在西北》（商务印书馆1945年版），对左宗棠镇压陕甘回民起义和收复新疆做了系统的叙述。卢凤阁著《左文襄公征西史略》（陆军大学1946年印行）是关于左宗棠在西北事功的记述，着重于军事战略战术方面的研究。张振佩著《左宗棠》（中华书局1948年版）。这五种专著，虽然都是从某一个方面进行的研究，但都各有特色，也达到了相当的水平。其中秦翰才《左文襄公在西北》一书，是此阶段影响较大的一部。

涉及左宗棠研究篇章的著作，主要有三类：一是从政治、军事方面记述和评价左宗棠的著作。朱德裳撰于1923—1935年的《续湘军志》，实际上是专为记述左宗棠统率湘军镇压陕甘回民起义和收复新疆的史事，均作肯定之辞，评价甚高。蔡冠洛著《清代七百名人传·左宗棠传》，根据清朝的官方史料展开叙述，间或使用左宗棠本人奏折的内容，仅作客观叙述，没有作者自己的议论与评说。傅家圭著有《湖南先贤事略·左文襄宗棠事略》。二是从思想文化的视角对左宗棠进行观察的著作。钱基博著《近百年湖南学风》，其第四篇即《胡林翼、曾国藩、左宗棠》，将胡、曾、左三人的思想文化作为一个体系展开研究，并做了比较。李肖聃著《湘学略》，其第十五篇《曾左学略》首先叙述两者学行，认为左宗棠早年即“欲以义理为本，发为事功”，其文多“宋学家言”，其所以能成就大业，“皆由大儒之学超于俗士，故能原本理，发为事业”，这是“无知之夫”、“循谨之人”所无法理解的；“曾、左二公为湖南近古人豪”①。三是研究新疆问题专著，如曾问吾《中国经营西域史》、李寰《新疆研究》，都有专门章节论及左宗棠收复新疆的事迹。

2. 对左宗棠进行全面批判否定的著作和代表者

范文澜在1947年出版的《中国近代史》上册中，对左宗棠镇压太平天国与陕甘回民起义的战争，以及左宗棠兴办洋务，都做了批判性的叙述；在左宗棠收复新疆问题上，则只是予以客观的叙述，不作任何肯定性评价，叙述阿古柏时使用了“侵入”一词，以示褒贬。② 胡绳于1947年发表《专制与卖国》一文，1948年在香港出版《帝国主义与中国政治》一书，主要从强调帝国主义与封建主义相互勾结以压迫中国人民的角度出发，对左宗棠做出了批判性的叙

① 《李肖聃集》，岳麓书社2008年版，第66—76页。

② 范文澜：《中国近代史》上册，冀中新华书店1947年版，第193—194页。

述，对出兵新疆问题也从根本上予以否定。

由上可知，范、胡两人与同时期不少学者的观点是相对立的，认为左宗棠是清朝封建统治集团和地主阶级的代表人物，并尖锐地批判左宗棠镇压太平天国农民起义，极大地影响了后来大陆史学界对左宗棠的研究和评价。相对而言，范文澜比胡绳显得稍为审慎。

（三）对民国时期左宗棠研究的小结

民国初期，左宗棠研究开始起步，并于20世纪30年代开始形成一个左宗棠研究的热潮。知识界对左宗棠的评价大多与晚清时期官方的纪述和评价基本相似，对左宗棠是全面肯定的；尤其突出强调左宗棠反抗侵略、建设国防的“边功”，以激发人们的抗日爱国热情；少数论著又间或包含“反共”的借古讽今、含沙射影之辞。而范文澜、胡绳在运用阶级和阶级斗争学说进行分析时，提出了不同的看法，进行了批判性的全面否定的叙述。

三　新中国成立以来的左宗棠研究与评价

自20世纪50年代以来的60多年，我国内地学术界共发表论文754篇，出版专著39部、论文集3部、资料集1部。新中国成立以来的左宗棠研究，可分为三个阶段。

（一）从20世纪50年代初到“文革”时期的左宗棠研究

这一时期的左宗棠研究基本上处于冷清状态，未出版专著，仅发表论文9篇。

1. 20世纪50年代的左宗棠研究

在那场对阿古柏政权的短暂讨论中，学术界对左宗棠收复新疆问题的认识仍有分歧。胡绳在其《帝国主义与中国政治》修订本中，删去了原有肯定阿古柏政权的一段论述，但仍然认为左宗棠远征新疆“镇压了该地回族和其他各族人民的起义”。范文澜在其《中国近代史》上册修订本中，认为左宗棠出兵新疆，“在击败阿古柏这一点上，阻遏了英国及其附庸土耳其的侵略野心，挽救了祖国的一部分疆土和一部分人民，这个功绩是不可抹杀的”①。中国社会科学院近代史研究所于1961年出版的《帝国主义侵华史》第1卷，对于左宗棠收复新疆的事迹，予以正面叙述和肯定。

关于左宗棠的洋务活动，牟安世在《洋务运动》一书中认为左宗棠是军阀，“在洋务派官僚中，是比较更为亲德的”，他与李鸿章一样，“在创办这些工业的时候，原是为了发展本集团淮军或湘军的势力”②。李守武等《洋务运动在兰州——兰州机器织呢厂历史调查报告》和慕容藩《“工业救国”论的破产——福州船政局的故事》两文，对左宗棠的洋务活动也做了否定性的叙述。

对左宗棠的总体评价，范文澜仍然认为“左宗棠是极端反动的屠夫”，“他出兵新疆，虎狼

① 范文澜：《中国近代史》上册，人民出版社1955年版，第224页。

② 牟安世：《洋务运动》，上海人民出版社1956年版，第72—104页。

般杀害南北疆人民，同在关内一样，对人民犯了极大的罪行”。1957年，崔继恩在《史学月刊》第7期上发表了《左宗棠述评》，这是新中国成立以后第一篇综合论述左宗棠一生历史的论文，所持观点与范著大体一致。《帝国主义侵华史》第1卷认为左宗棠是“军阀”、“法国代理人”，指斥他“与外国势力勾结”，“热心地替法国侵略者辩护”①。

在这一时期，史学界由于受“左”的思想影响，将阶级斗争的理论和观点绝对化、简单化；同时，又因为将学术问题与政治问题等同对待，在当时国际关系的制约下，有意回避中俄、中苏关系史上的一些问题，对左宗棠基本予以否定。研究的侧重点主要是左宗棠收复新疆和左宗棠的洋务活动。

2.“文革”时期的左宗棠研究

“文革”期间的左宗棠研究，由于“左”的思潮泛滥成灾，形而上学和历史虚无主义盛行，对在“横扫”之列的左宗棠，研究者不敢问津，造成左宗棠研究的十年空白。

（二）改革开放以来至20纪末的左宗棠研究热潮

1. 左宗棠研究热潮形成原因和过程

“文革”结束以后，随着实事求是精神的恢复与发扬，史学界也解放思想、正本清源、拨乱反正，左宗棠研究随之焕发出勃勃生机，枝繁叶茂，并形成一个前所未有的热潮。

1978年12月19日，兰州大学历史系教授杜经国在《光明日报》发表《试论左宗棠的爱国主义思想》一文，首先打破沉寂，使左宗棠研究重新引起史学界的注意。至1981年，又先后有24人发表有关左宗棠研究的论文共25篇。这一批论文，主要集中于左宗棠收复新疆和洋务活动的论述。

不少的中国近代史专著也开始改变全面否定左宗棠的观点，对左宗棠收复新疆做出了肯定性的评价。胡绳在《从鸦片战争到五四运动》一书中认为，左宗棠在新疆进行的战争，“消灭了反动的阿古柏政权，打乱了英国、俄国侵略中国的西北地区并在这个地区分割中国的领土的阴谋”；而对于左宗棠与李鸿章之间的海防与塞防之争，作者认为，“从本质上看，他们之间在新疆问题上的分歧，是要不要捍卫领土完整的问题，是在帝国主义面前采取什么态度的问题。左宗棠在这个问题上的言行是符合中华民族的长远利益的爱国主义的表现”。②

此后，学术界的思想解放不断深入，左宗棠研究也不断地向纵深发展。1982年初，王震《学习历史，发挥爱国主义精神》的讲话在《红旗》杂志上发表后，进一步将左宗棠的研究推向了前所未有的高潮，直到20世纪末期。

2. 左宗棠研究热潮的主要表现

一是研究队伍迅速扩大。据统计，自1982年初至20世纪末，参与左宗棠研究的达247人（包括以笔名发表论文的学者），其中既有众多著名的近代史专家，也有大批初出茅庐的青年学子，左宗棠的后裔也积极参加了研究。

---

① 丁名楠等：《帝国主义侵华史》第1卷，人民出版社1961年版，第204页。

② 胡绳：《从鸦片战争到五四运动》，人民出版社1981年版，第387—389页。

二是产生了丰硕的成果。各类报刊共发表论文385篇，出版专著15部、论文集3部、资料集1部。这些研究，其广度和深度有所拓展。

从出版的15部专著来看，其中9部为全面评述左宗棠生平事业，其文字少则几万字，多则40余万字，征引资料较为丰富，叙事较为全面；6部属于专题性的，即分别对左宗棠收复新疆及左宗棠早、中年的经历进行专门论述，较为系统。

从所发表的论文来看，左宗棠收复新疆和洋务活动的历史，仍然是研究者热烈讨论的课题，但研究却日益深入和细致。对于左宗棠的早年经历，左宗棠镇压太平天国、捻军和西北回民起义，左宗棠与中法战争，左宗棠的师友朋僚关系，以及左宗棠的思想包括政治思想、经济思想、军事思想、民族思想等各个方面，都有论文进行阐述，在不少问题上有了突破。

三是笔谈左宗棠活动的开展和两次全国性学术讨论会的举办。湖南师范学院学报编辑部以该学报为园地，举办笔谈左宗棠活动，从1983年第2期开始至1985年底结束，先后有39位学者参加讨论，发表论文46篇，对左宗棠历史的各个方面进行了较为深入和广泛的研究，后结集出版了《笔谈左宗棠》论文集。1984年和1985年，分别由江苏省史学界、湖南省史学界发起，先后在苏州、长沙召开了全国规模的左宗棠研究学术讨论会，进一步推动了左宗棠研究的深入和发展。这两次学术讨论会的成功举办，标志着左宗棠研究达到了高潮。

通过这一系列的研究，左宗棠一生的经历已经清晰地展现出来，其作为爱国者的形象愈来愈为人们所接受，一些传统的偏见如说左宗棠是“军阀”、“汉奸”、“亲法派”等开始得到纠正。

3. 争鸣的气氛较为浓厚是此时期左宗棠研究热潮的重要特征

1982年以来十几年的左宗棠研究，学术民主气氛浓厚，许多问题都能展开充分的交流和讨论。

如关于左宗棠的总评价，不少人热烈赞誉左宗棠为爱国者，甚至称其为“杰出的爱国者”或“民族英雄”；有些人则认为“不宜将左宗棠评价太高”，主张在“爱国者”之前冠以“地主阶级”的定语，甚或认为只能说其有“爱国的行为”，而不宜“笼笼统统地给以同样尺寸的爱国主义的桂冠”。与此相联系，关于左宗棠的爱国思想，有些人予以高度的赞扬；有些人则强调左宗棠的爱国主义不过是剥削阶级的爱国主义，其出发点“不能不受其阶级利益的制约”，他的“卫国思想是消极的，完全为自己打算”，他收复新疆，“在爱国思想后面还隐藏有追求富贵利禄的动机”。关于“海防”与“塞防”之争，有些人认为实质上是爱国与卖国的斗争；有的人则认为“左宗棠的一切活动和海防塞防之争，是不能不反映他的集团利益及湘淮二系之间的矛盾的”。

在这一自由争鸣、热烈讨论的气氛中，许多过去似乎已成定论、研究者不敢涉足的问题，也同样讨论开来。关于左宗棠镇压回民起义的问题，“一方面，左宗棠进兵陕甘，指挥清军屠杀回民，必须给予严厉谴责”；但另一方面，“由于陕甘回军反清斗争性质发生变化，特别是在英俄侵略者窥视我国西北、阿古柏伪政权窃据天山南北的情况下”，左宗棠出兵“平定陕甘回军割据集团”，打通了进军新疆的通道，“在某种程度上有利于巩固国家统一、抗击外来侵略”。对左宗棠与曾国藩两者的看法，许多人认为左宗棠是一位爱国者，而曾国藩则是“卖国贼”；

但有人认为两人“虽然在某些方面有不同之处，但其思想的主流却是相似的”，“但这并不需要、也不能说明曾国藩应该作为其对立面来加以否定。对左宗棠、曾国藩进行比较研究，不应该从主观好恶出发，而应该实事求是”①。关于左宗棠长期以来被称为“复杂而又有争议”这一点，有人指出：“原因是多方面而且复杂的，并不是左宗棠本人很复杂。”②

当然，上述这一些观点还可以展开进一步的讨论，这对于活跃学术气氛，进一步拓宽视野，深化左宗棠研究，或许能产生一些新的启示。

（三）进入 21 世纪的左宗棠研究

进入 21 世纪以后，随着新版《左宗棠全集》的出版，大批新的左宗棠史料的披露，左宗棠研究趋热的势头仍在继续。据不完全统计，2001—2011 年先后出版专著 18 部，发表论文 275 篇，左宗棠研究仍在继续不断地深入和发展。

就专著而言，其研究更为详细、更具深度。进入 21 世纪出版的 18 部左宗棠专著中，学术专著 6 部，通俗传记 6 部，文学传记 3 部，译著 1 部，其他 2 部。其中，沈传经、刘泱泱合著的《左宗棠传论》一书，长达 40 余万字，是迄今为止从历史与理论相结合的高度，关于左宗棠的撰述最为详尽的著作；通俗传记则从不同的角度与视野，对左宗棠研究和宣传起到了一定的作用；文学传记以文学的笔触、纪实的手法，真实而生动地记述了左宗棠的一生，热情地赞颂了左宗棠的爱国主义精神。

就论文而言，研究的范围又有了延伸。大量论文结合党中央开发中西部，特别是开发西部的精神，对左宗棠经营开发西北的历史经验进行总结，做出了有益的探讨。

从研究的内容来看，有了以前未曾涉及或涉及较少的内容。如关于左宗棠思想，出现了有关左宗棠的外交思想、人才思想、家庭教育思想等方面的论文；关于左宗棠的师友关系，论及了他与骆秉章、肃顺、刘锦棠、郭嵩焘等的关系；有的论文，则论述了左宗棠的诗词、联语和书法。

通过这一时期的研究，左宗棠的历史更为清晰地得到展示，对于左宗棠的评价，在总的方面也逐渐地趋向一致，左宗棠已经作为一位杰出的爱国主义者，载入了史册。

四　近 130 年来左宗棠研究总结

百余年来的左宗棠研究经历了三个时期，即晚清、民国和新中国成立以来；形成了三次热潮，即左宗棠去世后清朝廷持续的长达七年之久的宣传褒奖热潮、20 世纪 30—40 年代侧重“边功”的研究热潮和改革开放以来的全面研究热潮。对左宗棠总的评价与看法，经历了“全面肯定—基本否定—基本肯定—基本否定—重新评价和基本肯定”的曲折发展过程后，左宗棠是一位杰出的爱国主义者已成共识。

① 王继平：《左宗棠与曾国藩之比较》，《求索》1986 年第 2 期。

② 左焕奎：《左宗棠传略》，华中师范大学出版社 1993 年版，第 185 页。

生前叱咤风云的左宗棠在死后评价的起落曲折，无不映射着时代跳动的脉搏。作为晚清重臣，左宗棠去世后受到清官方、文人学者和维新志士的高度评价与颂扬，而反清革命党人则采取全面批判与否定的立场。民国时期，尤其是当日寇入侵而深陷民族危机之时，以敢于抵抗外来侵略著称的左宗棠成了知识界热捧的对象。新中国成立后的一段时间，尤其是在阶级斗争理论等极左意识充斥的年代，给左宗棠加上了“大汉奸”、“极端反动的屠夫”、外国“代理人”等罪状而全盘否定；改革开放以来，随着正本清源、拨乱反正的进行，左宗棠得到了重新评价与基本肯定，研究的广度和深度不断拓展。

学术由竞争而进，真理因辩论而明。只有进行正常的学术争鸣，方能得出比较符合实际的认识。它业已被过去对左宗棠的纪述、研究和评价所证明，左宗棠研究中尚待澄清的问题以及历史上其他需要进一步认识的问题仍然需要争鸣。

（责任编辑：张利文）

【近代湖湘人物】

试论近代湖南外交人物的国际意识

方　慧*

摘　要：在中外关系急剧变化的晚清时代，以天下为己任的湖南人活跃于外交领域，开始了中国走向世界的艰辛尝试。他们关注国际形势、尊重国际礼仪、学习国际新知、重视国际贸易，形成了一定的国际意识。探究近代湖南外交人物的国际意识，对于我们今天融入国际社会，扩大与世界的交往，确立自身国际地位，有着重要的现实指导和借鉴意义。

关键词：湖南；外交人物；国际意识

近代以来，中外关系急剧变化。受经世之风熏陶的湖南人以天下为己任，不仅在政治、军事领域建立了“举世无出其右”的功业，而且在外交领域也是筚路蓝缕，大放光彩。面对“数千年未有之大变局”，魏源、曾国藩、左宗棠、郭嵩焘、曾纪泽、刘坤一、王之春等人，关注国际形势、尊重国际礼仪、学习国际新知、重视国际贸易，形成了一定的国际意识，深刻影响了晚清中国与世界的交往。探究近代湖南外交人物的国际意识，对于我们今天融入国际社会，扩大与世界的交往，确立自身国际地位，有着重要的现实指导和借鉴意义。

一

国际意识也称为世界意识、全球意识，是相对民族意识而言的，指的是国民对国际事务的认识和了解。“国际意识可以看作是一个国家的公民或者社会团体在看待国家间关系的发展及整个国际形势发展状况时所表现出来的敏锐度、关注度及其了解的深度等。”①

如果从更为广义的角度来看，国际意识不仅仅作为旁观者的“冷眼向洋看世界”，同时还

---

* 方慧，湖南师范大学历史文化学院讲师。

① 王帆：《中国人的国际意识与国家形象塑造》，《湖北日报》2007年8月29日第9版。

包含着对本国和外部世界关系的分析。国际意识意味着一种关注国际形势的责任意识，一种尊重其他国家的平等意识，一种看到自身差距进而向先进者学习的学习意识，一种以遵守国际规则为前提维护自身权利的法治意识，一种谋求本国发展的竞争意识，等等。① 在科技革命日新月异、世界经济迅猛发展、各国紧密联系的今天，任何国家都不可能孤立发展下去。面对全球化带来的机遇和挑战，增强国际意识、融入国际社会无疑是大势所趋。这正如习近平主席所言："当今世界是一个开放的世界，当代中国的发展同世界的发展紧密地联系在一起。无论是处理国内改革发展稳定的问题，还是处理对外开放中的问题，我们都应该放眼世界，具有宽阔的眼光。只有既从现实又从历史两个方面更好地了解外部世界，才能把我们的各项工作包括对外工作做得更好。"②

二

近代湖南人文荟萃，就外交领域的人才而言，大体可分为三类：第一类是职业外交官，如郭嵩焘（湖南湘阴人，1818—1891）、曾纪泽（湖南湘乡人，1839—1890）、王之春（湖南衡南人，1842—1906）；第二类是参与外交活动的地方官，如曾国藩（湖南湘乡人，1811—1872）、左宗棠（湖南湘阴人，1812—1885）、刘坤一（湖南新宁人，1830—1902）等；第三类是外交理论家，如魏源（湖南隆回人，1794—1857）等。③ 他们的国际意识主要体现在以下几个方面。

（一）关注国际形势，正视中外关系的责任意识

以第一次鸦片战争为肇始，中国进入了近代化的历史进程。湖南外交人物的国际意识，首先表现在对鸦片战争及战后国际形势的关注。

在《夷艘寇海记》一书中，魏源较为完整地记录了鸦片战争的始末。他指出，战争的爆发"不由缴烟，而由于闭市"。④ 对于发动战争的英国，魏源认为它"急急于寻新地"，威胁了整个世界，与俄、法、美等均有矛盾，如"康熙三十年（1691）间，英吉利曾由地中海攻俄罗斯，败绩遁归，自后不相往来"⑤。亲历了鸦片战争的郭嵩焘，深切感受到了中外格局的大变化，他说："西洋之入中国，诚为天地一大变。"⑥ 中国处于"十洲天外一帆驰"、"万国梯航成创局"⑦ 的新形势，同时还指出当今英、法、美是西方"三大国"，对于西班牙、德国、俄罗斯等国也按名登记，予以重视。⑧

对于"居庙堂之高"的曾国藩和"处江湖之远"的左宗棠来说，鸦片战争同样震惊了他

① 苏晓龙：《当代中国国际意识的变迁与国家认同的重构》，博士学位论文，山东大学，2009 年，第 39 页。

② 习近平：《在中共中央党校 2011 年秋季学期开学典礼上的讲话》，http：//www. gov. cn，2011 年 9 月 1 日 23 时 55 分。

③ 李育民主编：《湖南近现代外交人物传略》，湖南人民出版社 2012 年版，前言第 1—2 页。

④ 《魏源全集》第 3 册，岳麓书社 2004 年版，第 601 页。

⑤ 《魏源全集》第 4 册，岳麓书社 2004 年版，第 25 页。

⑥ 《郭嵩焘诗文集》，岳麓书社 1984 年版，第 225 页。

⑦ 同上书，第 693 页。

⑧ 《郭嵩焘日记》（一），湖南人民出版社 1981 年版，第 120 页。

们，由此开始了对中外形势的密切关注。1840 年，曾国藩写道："逆夷在江苏滋扰，于六月十一日攻陷镇江，有大船数十只在大江游弋。江宁、扬州二府颇可危虑。"[①] 在曾国藩看来，"天道五十年一变，国之运数从之"[②]。左宗棠也多次提及鸦片战争，他说："军兴以来，大小十数战，彼族尚知出奇制胜，多方误我；而我师不能致寇，每为寇所致。"对战后局势，左宗棠甚为担忧，指出"和戎自昔非长算，为尔豺狼不可训"[③]。

曾纪泽、刘坤一、王之春所处的 19 世纪中后期，正值国门渐开、社会变化最为剧烈的时期，他们对中外形势的变化也体会得更为深刻。曾纪泽认为，当今中国是"泰西之轮辑旁午于中华"[④]，"西洋大小各邦，越海道洋数万里以与中华上国相通，使臣来往于京城，商舶循环于海上，实为数千年未有之奇局也"[⑤]。刘坤一指出："方今之势，非日日练兵，人人讲武，不足以转弱为强。"[⑥] 王之春在《防海纪略》中指出，鸦片战争后中国应"购洋炮洋艘，练水炮火攻之用"，将"西洋之长技尽成中国之长技"[⑦]。同时，在《椒生随笔》中他指出，中国不是世界的中心，"泰西人分为四土"，"中华仅得亚细亚四分之一耳"[⑧]，否定了传统中国的"天下观"。

面对外患入侵的新形势，魏源从学习的角度呼吁来看待中外关系。他提出了"师夷长技以制夷"的思想，主张"悉夷"、"师夷"，"欲制夷患，必筹夷情"[⑨]。郭嵩焘也力倡正视中外关系，"体察天下大势，与西方交涉已成终古不易之局"[⑩]。曾纪泽也认为，中国要走向富强，必须拒绝闭关而要放眼世界，"盖天运使然，中国不能闭门而不纳，束手而不问，亦已明矣"[⑪]，中国应利用"五千年来未有之创局"的机会，对西方"食饮衣饰之异，政事言语、文学风俗之不同"[⑫] 等进行认真考察。

（二）冲破夷夏观念，尊重国际礼仪的平等意识

晚清中国，夷夏观念制约了人们对世界的客观认识，影响了中外关系的发展。湖南外交人物率先从传统观念的束缚中挣脱出来，指出西方国家与中国传统意义的"夷狄"截然不同，主张尊重西方礼仪文化，为构建新的中外关系做出了积极贡献。

魏源认为，"蛮狄羌夷之名，专指残虐性情之民，未知王化者言之……远客之中，有明礼行义，上通天象，下察地理，旁彻物情，贯串古今者，是瀛寰之奇士，域外之良友，尚可称之

① 《曾国藩家书》（家书一），岳麓书社 1994 年版，第 27 页。
② 《曾国藩全集》（诗文），岳麓书社 1995 年版，第 141 页。
③ 《左宗棠全集》第 10 册，岳麓书社 1996 年版，第 15—16 页。
④ 《曾纪泽遗集》，岳麓书社 1983 年版，第 135 页。
⑤ 同上书，第 51 页。
⑥ 《中国近代史资料丛书·刘坤一遗集》第 5 册，中华书局 1959 年版，第 2133 页。
⑦ 芍唐居士撰：《防海纪略》，上海书店 1987 年版，第 134—135 页。
⑧ 王之春：《椒生随笔》，岳麓书社 1983 年版，第 114 页。
⑨ 《魏源全集》第 4 册，岳麓书社 2004 年版，第 37 页。
⑩ 郭嵩焘：《使西纪程》，辽宁人民出版社 1994 年版，第 146 页。
⑪ 《曾纪泽日记》，岳麓书社 1998 年版，第 798 页。
⑫ 《曾纪泽遗集》，岳麓书社 1983 年版，第 135 页。

曰夷狄乎？圣人以天下为一家，四海皆兄弟，故怀柔远人，宾礼外国，是王者之大度”[①]。郭嵩焘不仅看到了西方国家与落后蛮夷不同，还进一步指出他们的先进性，指出：“西洋立国二千年，政教修明，具有本末，与辽金崛起一时，倏盛倏衰，情形绝异。”[②] 郭嵩焘主张要平等看待洋人，认为“洋人之与吾民，亦类也”、“夷狄人民，与吾民同也”[③]。

曾纪泽认为西方国家与传统意义上的夷狄不可混为一谈，他说：“彼诸邦者，咸自命为礼仪教化之国。平心而论，亦诚与岛夷社番、苗猺獠课，情势判然，又安可因其礼仪教化之不同，而遽援尊周攘夷之陈言以鄙之耶？”[④] 对于那些空谈阔论的士大夫，曾纪泽十分反感，“学者于口耳之所未经，遂概然操泛泛悠悠无实际之庄论以搪塞之，不亦拘泥乎？”认为其言论“其弊不独无益，实足贻误事机”[⑤]。曾国藩也反对空谈，“好言理者，持攘夷之正论，蓄雪耻之忠谋，又多未能审量彼己，统筹全局”，“弋一己之虚名，而使国家受无穷之实累”[⑥]。郭嵩焘也常常感叹：“京师士大夫不考古，不知今，徒以议论相持，贻误国家而不惜，盖非无见也。”[⑦]

认识到西方国家与中国传统外交对象夷狄不同后，湖南外交人物以宽容、平等、开放的心态来对待新的中外关系。这种尊重、平等意识，突出表现在对国际外交礼仪的态度上。

首先，湖南外交人物主张调整中国传统“请觐”制度。清朝统治者一向以天朝上国自居，三跪九叩的“请觐”礼仪让外国公使难以接受，他们认为此礼“大失（本国）政府之尊严，己身之体面”。到同治年间，礼仪之争成为制约中外关系发展的瓶颈。对这一问题，左宗棠从西方国家不是中国属国的角度出发，建议尊重他国礼仪。他说：“自古帝王不能胥外国而臣之，于是有均敌之国，即许其均敌矣，自不必以中国礼法苛之，强其从我。泰西各国与中国远隔重洋，本非属国”，“今既不能阻其入觐，而必令其使臣行跪拜礼，使臣未必遵依。既能如来谕酌中定制，亦似于义无取。……似不妨允其所请”[⑧]。曾国藩也认为，“外交之道要善于变通，欲制洋人，不宜在关税多寡、礼节之恭倨上着眼”[⑨]，主张清廷的关注点应从礼仪之虚转向国计民生之实。

其次，湖南外交人物主张遵守西方礼仪文化。走出国门后，以郭嵩焘、曾纪泽为代表的湖南外交人物还努力学习西方礼仪。作为中国首位驻外使节，郭嵩焘以得体从容的三鞠躬方式觐见英国女王，展示了中国外交家的风采。他还仿效西方礼仪，邀请各国使节和英国贵族来参加“茶会”，得到国际盛赞。当时的《泰晤士报》曾写道：“此为天朝使者初次在欧洲举行盛会……郭公使与夫人依欧俗于客堂延见来宾。”[⑩] 曾纪泽也非常重视他国礼仪文化，常利用圣

① 魏源：《海国图志 》，岳麓书社 1998 年版，第 1889 页。
② 《郭嵩焘日记》（三），湖南人民出版社 1981 年版，第 696 页。
③ 《郭嵩焘诗文集》，岳麓书社 1984 年版，第 206 页。
④ 《曾纪泽遗集》，岳麓书社 1983 年版，第 194 页。
⑤ 同上书，第 171 页。
⑥ 《四国档》（英国档下），“中央”研究院近代史研究所 1966 年版，第 855 页。
⑦ 《郭嵩焘日记》（一），湖南人民出版社 1981 年版，第 403 页。
⑧ 《筹办夷务始末》（同治朝），第 51 卷，中华书局 1979 年版，第 19—21 页。
⑨ 《曾国藩全集》（日记），岳麓书社 1994 年版，第 7331 页。
⑩ 郭廷以：《郭嵩焘先生年谱》上册，台北“中央”研究院近代史所 1971 年版，第 764 页。

诞、元旦等西方传统节日参加宴会、舞会等，加强与英法政要的交流。

（三）学习国际新知，融入国际社会的学习意识

为了更好地解决中外冲突，维护国家主权，湖南外交人物注重外语、国际法等新知识、新事物的学习，为中国融入国际社会做出了积极努力。

在处理外交事务的过程中，湖南外交人物看到了通晓外国语言文字的重要性。左宗棠认为："能通中西语言文字，则能兼收中西之长，旁推交通，自成日新盛业；其有取于语言文字者，为其明制造之理与数，虽不能亲手制器，尚可授师匠令其制造也。"① 曾国藩、刘坤一也重视语言人才培养，办学堂、译西书、雇洋人，还极力推进中国的留学生教育，曾国藩选拔"聪颖子弟，赴泰西各国书院及军政、船政等院分门学习，优给资斧"②，刘坤一也建议"各省分遣学生出洋游学"，并"奖励游学"③。

郭嵩焘在出使前就意识到，造成中外隔阂的重要原因，是语言不通。他说："今英夷鹗张于南，俄夷桀骜于北，中国情形虚实，皆所周知，无所顾忌。而通市二百年，交兵议款又二十年，始终无一人通知夷情，熟悉语言文字者。"④ 为此，他力倡建立同文馆，"京师之创制同文馆，既发端于先生，其推及上海、广州，先生容亦有力焉"⑤。出使之后，他深感语言不通之苦楚，"徒苦不能通知西洋语言文字"⑥，"是以出充西洋公使，以通语言文字为第一要义"⑦。对于日本人精通英语，郭嵩焘十分羡慕："凡日本二十余人，皆通英国语言，中国不如远矣。"⑧ 他鼓励如夫人梁氏学习英语，参加各国公使夫人的聚会，举办"茶会"等，增进中西方间的交流。

在语言学习上，曾纪泽身体力行且成绩斐然。在1870年写给父亲曾国藩的书信中，他指出，中国亟须"忠孝气节之士，而复能留意于外国语言文字风土人情"的人才，立志"将来欲拼弃一二年功夫，专学西语西文"。在曾纪泽看来，学好语言益处颇多，"学之既成，取其不传之秘书，而悉译其精华，察其各国之强弱情伪而离言之，此于词章经济似皆有益也"⑨。为了学好英语，曾纪泽十分刻苦，如光绪四年（1878）元旦，他在日记中写道："是日舆中看英文耶稣书甚久。"初三日，"饭后，翻阅英国大字典"。元月初十四日："批所记英语数则。"二月初十四日："看西洋新闻报。"⑩ 在曾纪泽看来，学习语言贵在坚持，"考究各国语言文字，诚亦吾儒之所宜从事，不得以其异而诿之，不得以其难而畏之"⑪。正是由于有这样的毅力和恒心，

---

① 《左文襄公全集》（书牍），台北文海出版社1974年版，第54页。
② 《曾国藩全集》（奏稿十二），岳麓书社1994年版，第7134页。
③ 朱有瓛：《中国近代学制史料》第1辑下册，华东师范大学出版社1983年版，第983页。
④ 《四国档》（英国档下），"中央"研究院近代史研究所1966年版，第855页。
⑤ 郭廷以：《郭嵩焘先生年谱》上册，台北"中央"研究院近代史所1971年版，第212页。
⑥ 郭嵩焘：《伦敦与巴黎日记》，钟叔河主编《走向世界丛书》，岳麓书社1984年版，第676页。
⑦ 同上书，第868页。
⑧ 同上书，第166页。
⑨ 吴相湘：《湘乡曾氏文献》（十），台湾学生书局1965年版，第6020页。
⑩ 《曾纪泽遗集》，岳麓书社1983年版，第171页。
⑪ 钟叔河：《从东方到西方》，上海人民出版社1989年版，第236页。

曾纪泽出使前对于英文已经达到了“能通识”的较高水平。[①] 出使之后，曾纪泽几乎每日清晨都“诵英文”，并指导亲人学习英语，“夜饭后，教内人、仲妹英语良久”[②]。在认识到法语在国际公文中的重要性后，他常常“登楼久坐，练所抄法语”[③]。这为他了解国际社会，完成使者职责，无疑助力良多。

除了语言学习之外，湘籍外交人物还非常重视国际法知识的学习。郭嵩焘出使英国前，曾经两次拜访国际法专家丁韪良，虚心向他请教。在使节任上，他更是求知若渴。如1878年，正在巴黎政治学院求学的马建忠向他介绍学校的教学内容，郭嵩焘兴趣盎然，详细抄录了该学堂的大纲和国际法相关知识。又如1877年，当他得知有本名为《条约汇纂》的书时，深感此书为“通商口岸必不可少之书”，立刻派人寻找购买。曾纪泽也认为国际法非常重要，“西洋各国以公法相维制，保全小国附庸，俾皆有自立之权，此息兵安民最善之法”[④]。通过学习，郭嵩焘、曾纪泽具备了较高的素养，他们积极参加万国公会、养生会等国际组织，并以出色的表现当选为万国公会的副会长。

（四）重视工商业的发展，参与国际贸易的竞争意识

近代中国积贫积弱，在中外交往过程中屡受挫折。湘籍外交人物敏锐地捕捉到了世界经济发展的基本脉络，初步意识到工商业对于国家的重要性，开始从“抑商”观念中走出来，探究国家富强之道，期待最终能“制夷”。

魏源较早看到社会经济已处于“蜗庐外漏兼中蠹”的衰败情况，反思了传统“重农抑商”思想，提出了“缓本急标”的想法，即置发展工商业于农业之前，他说：“语金生粟死之讯，重本抑末之大谊，则食先于货；语今日缓本急标之法，则货又先于食。”[⑤] 为了能与“贪恋中国市埠之利”[⑥] 的西方国家展开竞争，尽快学成他们的“长技”，魏源提出了“以货易货”的交易方式，“以货易船、易火器，准以船械、火药抵茶叶、湖丝之税，而不旋踵间，西洋之长技，尽成中国之长技”。[⑦]

曾国藩也关注到了工商业的重要性，最早提出“商战”一词。在1862年给毛鸿宾的信中，他提出：“自古圣王以礼让为国，法制宽简，用能息兵安民。至秦用商鞅以‘耕战’二字为国，法令如毛，国祚不永。今之西洋，以‘商战’二字为国，法令更密如牛马，断无能久之理。”[⑧] 指出了西方国家工商立国的基本情况。在曾国藩看来，西方国家“多如牛毛”的法律，是“各国通商条约”以及“起货、落货、验货、剥货、舱单、税单、红单、保单之类”的具体操作程

① 《曾纪泽日记》，岳麓书社1998年版，第775页。
② 曾纪泽：《出使英法俄国日记》，钟叔河主编《走向世界丛书》，岳麓书社1985年版，第207页。
③ 同上书，第146页。
④ 《曾纪泽日记》，岳麓书社1998年版，第890页。
⑤ 《魏源集》，中华书局1976年版，第471页。
⑥ 魏源：《海国图志》，岳麓书社1998年版，第29页。
⑦ 《魏源集》，中华书局1976年版，第186页。
⑧ 《曾国藩全集》（书信四），岳麓书社1994年版，第2521页。

序等[①]，他建议中国认真学习并制定出稳定的法令来保证中外商贸关系。刘坤一也认识到商业贸易已成为时代的主流，指出："中外通好通商将与天地相始终，即有圣神文武之主起而内修外攘，亦不能闭关绝市，使欧洲各国之人俯首贴耳以去。"[②]

对于出身于商贾家庭的郭嵩焘而言，一直看重商人的作用。他认为："用才各有所宜，利者儒生所耻言；而汉武用孔仅、桑弘羊皆贾人，斯为英雄之大略。"[③] 出使英法后，郭嵩焘看到"西洋以行商为制国之本，其经理商政，整齐严肃，条理秩然"[④] 等现象。他感叹日本在学习西方时，特别注重"使商情与其国家息息相通，居民上下，同心以求利益，此中国所不及也"[⑤]。为了改变中国现状，他力倡"广贸易以收利权"[⑥]。出使返湘后，郭嵩焘执着呼吁"开放口岸，广通商务为兴湘第一义"[⑦]。为了能更好地与洋人竞争，郭嵩焘提出重视商民作用，"使商民皆得置造火轮船以分洋人之利，能与洋人分利，即能与争胜无疑矣"[⑧]。曾纪泽也认为在西人"越数万里重洋往来贸易"的国际大环境下，中国应改变"不愿至外朝"贸易的观念，努力发展对外贸易。[⑨] 他指出："通商之损益不可逆睹，或开办乃见端倪，或久办乃分利弊，或两有所益，或偏有所损，或两有所损。"为了改变中西通商中"吾华之金钱日流于外洋，有出而无入"的局面，他极力呼吁商民"博心一志，自讲商务，上下同心，与洋人争利"[⑩]。

三

马克思指出："英国的大炮破坏了中国皇帝的威权，迫使天朝帝国和地上的世界接触。"[⑪] 在中国与世界的最初接触过程中，近代湖南外交人物以其绝无仅有的人生际遇，参与了中国开眼看世界、学习世界、走向世界的这一过程。深受湖湘文化经世致用思想熏陶的他们，能从客观形势出发，正视中外关系，尊重西方礼仪，努力学习国际新知，探究御敌富强之道，影响了中外关系的发展，发挥了启迪民智的作用，具有一定的历史意义。

（一）开启了学习西方的风气

从魏源"师夷长技以制夷"思想的提出，到曾国藩、左宗棠躬身力行主持洋务运动，湖南外交人物在理论上、实践上均开启了向西方学习的风气。他们呼吁"善师四夷者，能制四夷；

---

① 《曾国藩全集》（书信四），岳麓书社 1994 年版，第 2520 页。
② 《中国近代史资料丛书 · 刘坤一遗集》第 5 册，中华书局 1959 年版，第 6216 页。
③ 郭嵩焘：《养知书屋文集》，载沈云龙主编《近代中国史料丛刊》第 16 辑，台北文海出版社影印，第 482 页。
④ 《郭嵩焘日记》（三），湖南人民出版社 1981 年版，第 120 页。
⑤ 郭嵩焘：《伦敦与巴黎日记》，钟叔河主编《走向世界丛书》，岳麓书社 1984 年版，第 364 页。
⑥ 《郭嵩焘日记》（三），湖南人民出版社 1981 年版，第 868 页。
⑦ 郭廷以：《郭嵩焘先生年谱》上册，台北"中央"研究院近代史所 1971 年版，第 969 页。
⑧ 《郭嵩焘日记》（二），湖南人民出版社 1981 年版，第 608—609 页。
⑨ 吴相湘：《湘乡曾氏文献》（十），台湾学生书局 1965 年版，第 5582 页。
⑩ 《中法越南交涉档》（一），台北精华印书馆 1962 年版，第 384 页。
⑪ 《马克思恩格斯选集》第 1 卷，人民出版社 1995 年版，第 692 页。

不善师外夷者，外夷制之"①，他们强调"能知洋情，而后知控御之法；不知洋情，所向皆荆棘也"②，这些铮铮语句已表明，湖南外交人物以先知先觉者的姿态，开始将中国的命运与世界联系起来，"开了晚清中国先进分子了解和学习西方的先声"③。

（二）丰富了爱国主义的内涵

中国进入近代，饱受西方列强坚船利炮的欺辱和不平等条约的束缚，仇外、主战、不遵守条约成为爱国最醒目的标签。近代湖南外交人物的爱国主义，随着他们国际意识的丰富而不断发展。与传统爱国主义相比，近代湖南外交人物的爱国意识更趋于理性。在弱国的客观现实面前，湖南外交人物一方面折冲樽俎，据理力争，努力维护国家权益；另一方面注重利用国际法来捍卫既有权益，运用条约等相关章程来限制列强新的渔猎行为，呼吁力保和局来谋求国家富强，反对仅凭义勇之气而陷国家于窘境。这种审时度势来制定中国对外决策的态度，是难能可贵的。

（三）塑造了近代中国人的早期国际形象

湖南外交人物在中国走向国际社会的过程中，注重语言文字，尊重他国礼仪，遵守国际法则，积极参与国际组织，赢得了国际社会的认可，展示了近代中国外交家的风采，较好地维护了国家形象。郭嵩焘在出使英国期间，不仅严格要求自己，还制定了"五戒"来规范下属行为，"一戒吸食鸦片，二戒嫖，三戒赌，四戒外出游荡，五戒口角喧嚷"，竭力维护国家形象。曾纪泽在伊犁谈判中，折冲樽俎，有胆有识，为中国争得了一分自信，俄国外交家格尔斯感叹："办外国事件四十二年，所见人才甚多，今与贵爵共事，始知中国非无人才。"④ 梁启超也称赞曾纪泽在国家舞台上"身临危难，无一失体"⑤。

"敢为人先"、"心忧天下"的湖南外交人物，在面对新的国际形势时，果敢地开眼看世界，走向世界，形成了近代中国早期的国际意识。虽然他们的国际意识由于时代的局限性，还略显零碎，未成体系，但在当时"虚骄"之气仍盛的晚清社会，是难能可贵的。在经济全球化的今天，研究和探讨他们的国际意识，对培养当下大学生的国际意识、扩大中国对外交往、促进国际理解与融合，无疑具有启迪和借鉴意义。

（责任编辑：周建刚）

---

① 《魏源全集》第4册，岳麓书社2004年版，第32页。

② 《郭嵩焘奏稿》，岳麓书社1983年版，第359页。

③ 郑大华：《晚清思想史》，湖南师范大学出版社2005年版，第44页。

④ 《金轺筹笔》，《小方壶斋舆地丛钞》（四），杭州古籍书店1981年版，第393页。

⑤ 张品兴主编：《梁启超全集》，北京出版社1999年版，第139页。

覃振的革命事迹与活动评述

张江洪*

摘　要：覃振是20世纪初众多湖湘革命志士的杰出代表，他早年与黄兴、宋教仁等人并肩战斗，进行反清救国斗争，虽九死而不悔，后又追随孙中山为推翻封建帝制，推进资产阶级民主主义革命，进行了不屈不挠的抗争。特别是在二次革命失败至孙中山逝世前的一段时间内（1914—1924），一部分才华出众的革命精英或为反动派杀害，或相继早逝，湖南的革命运动几乎陷入无人领导的窘境，覃振临危受命，已然成为湖南革命运动的主要领导者。

关键词：覃振；辛亥革命；湖湘文化

覃振（1885—1947），字理鸣，原名覃道让，湖南桃源人。早年就读于日本东京弘文学院、早稻田大学，曾任中国同盟会总部评议员、武昌首义湘桂联军督战官、大元帅府参议、湖南检阅使，后长期担任国民政府立法院副院长、代理院长、司法院副院长、国府委员等职。他对实现第一次国共合作，以及联共抗日等都做出过积极贡献。

一　生于忧患，与湖湘志士奋起反清救国

覃振是辛亥革命先驱、国民党元老，也是共产党人的朋友。1885年3月出生，时值中法战争，外患频仍，举国骚然。覃振自幼受其父亲的影响，十四五岁时已博览群书，还接触了中国留学生发行的反满刊物。他目睹时局的艰难、清政府的腐败，很早就萌发了反清革命思想。

1899年，覃振进入漳江书院读书，与宋教仁、胡瑛结为同窗好友，是年重阳节，他们三人相约来到常德河洑山，由武陵山会党领袖杨吉陔、陈犹龙主盟，加入了会党组织“富有山堂”，这为他们后来联络会党、秘密活动于长江上游一带打下了基础。三人还“歃血为盟，结拜兄弟”，人称“桃源三杰”，相约以天下为己任，共同致力于反清斗争。

---

* 张江洪，湖南省社会科学院历史所副研究员。

1903年，覃振由漳江书院转入常德的西路公立师范学堂。10月，官方就朗江书院设立小学及图书馆一事，举行开办仪式。众多的官员绅士一齐聚集在常德西路师范学堂，各个学校参加的学生共达1000余人。某官绅致辞鼓吹所谓“忠君”谬论。覃振按捺不住内心的愤懑，冲上讲台，严厉驳斥官绅的忠君爱国之说，慷慨激昂大谈救国必须革命，公开宣称要“反帝、反清”，听者无不为之动容，众官绅大惊失色，下令要当场逮捕他。幸亏常德知府兼湘西学务总办朱其懿同情他，仅以开除学籍从宽处理。覃振被逐出学校，仍不甘心，愤然用白话文写下《死里求生》一文，高谈反清革命，并由同学分头抄写，贴遍常德市大街小巷。这篇惊世骇俗的文章在常德市引起轩然大波。当局下令通缉覃振。在亲朋好友的资助下，覃振化名郭歉之，乔装打扮，于1903年底从上海东渡日本，进入东京弘文学院读书。

弘文学院设于日本高等师范学校内，名义上为高等师范校长嘉纳治五郎所办，实际上为外务省所主持，专收中国学生。弘文学院的学生课余时间多是研究革命方略。在此期间，覃振与同乡的宋教仁先生交往甚密，两人志同道合，相交莫逆。他们经常邀约同乡诸人，纵情议论时政，密谋反清革命。1904年4月，他经宋教仁介绍参加以黄兴为会长的反清革命组织——华兴会，并组织会员进行秘密的军事训练，为归国领导武装起义做准备。是年11月，应先期回国的宋教仁函约，覃振打算回国参加由黄兴发起领导的长沙起义。刚至上海，不料事情泄露，官方追捕甚急，黄兴、宋教仁、刘揆一、陈天华等分别逃散，覃振也只好第二次逃往日本。

1905年，孙中山到达日本，与黄兴会面，决定将兴中会、华兴会等组织联合起来，成立“中国同盟会”。覃振以华兴会骨干身份参与同盟会的革命活动，成为同盟会的发起人之一。根据同盟会的安排，覃振与刘道一、蔡绍南等回湖南“运动新湘军，重振会党”，积极为同盟会成立后的第一次大规模的武装起义——萍浏醴起义做准备。覃振与刘道一、蔡绍南为了避免官府的注意，经常改换装束，戴斗笠，穿草鞋，青衣短裤，顶着风雨夜行，与会党秘密联络，共同商讨反清大计。6月，起义时机业已成熟，覃振与刘道一、蔡绍南便约集38人在长沙水陆洲附近的一只船上举行秘密会议。根据黄兴的指示，确立了萍浏醴起义的策略方针和具体步骤，会上进行具体分工，覃振与蒋翊武、成邦杰等人负责运动新军，准备等到新军运动成熟，于旧历年底清吏封印时举事。《革命人物志》载：“克强先生谋在浏、醴、萍发难，先生奉命回乡协助，预为策动。抵长沙后，一面联络新军与各校学生，一面尽力宣传，曾化妆在市上贩卖《民报》。”① 然而，水陆洲会议之后，清政府获悉了风声，加紧了戒备，覃振几次险遭不测，幸亏事先得到警界同志的密报才幸免于难。不得已覃振再次东渡日本。覃振第三次逃往日本，进入早稻田大学，就读法律系。

覃振在早稻田大学两年半法律专业的学习，使他广泛接触了西方一些民主自由的政治理念，为他日后从政，奠定了坚实的基础。这期间覃振先后与黄兴、孙中山成为关系密切的革命同志，并被推选为同盟会评议员。覃振同时也是共进会的发起人之一。1908年，共进会认为革命高潮即将到来，决定派遣骨干回国，运动新军、会党，策划起义。覃振与共进会主要领导人焦达峰等陆续回国。覃振潜回上海，准备联合各省党人在长江中、下游同时并举。不料清吏事先

① 《覃振传》，载杜元载主编《革命人物志》第9集，中国国民党中央委员会党史委员会编辑发行，第277页。

获悉其谋划，当他抵达长沙连升客栈时，不幸被捕。在清吏的严刑逼供面前，覃振面不改色，拒不屈服。他滔滔抗辩，义正词严，巧妙地与敌人做斗争。清吏无计可施，对他多次搜查，也没有找到可资佐证的谋叛材料，最后只得判以终身监禁，关押在长沙监狱。覃振长女覃钰对此事记述甚详：

> 一九〇八年，先父潜回上海，拟联合党人于长江中下游举事。清吏早悉其谋，缇骑密布，当他于午夜到达长沙时，即在连升客栈被捕。臬司鞫讯时，诸刑罗列，逼供同党，以期一网打尽。先父滔滔抗辩，泰然自若，亦不下跪。学务处提调张鹤龄同情先父，力为斡旋，结果判为监禁终身，系长沙狱。先父在狱中，除吟咏自遣外，辙以革命大义向同监犯人宣传，受其感化者甚多。①

覃振时刻不忘革命大义，他在监狱里所表现的乐观与坚强使清吏恼羞成怒，他们把他押解到桃源县狱，严加看守。覃振系狱家园，壮志未酬，常常吟咏自遣，他曾赋七律一首：

> 十五离家仗剑游，雄心辜负少年头。
> 误来古洞避秦劫，忍向新亭泣楚囚。
> 壮志未酬海国梦，伤时感旧故园秋。
> 渔樵莫话当年事，山自青青水自流。②

身陷囹圄的覃振，不免有些伤感。但他并没有消沉。刘复基、蒋翊武及常德的学生经常来探视他，使他对外面的革命活动了如指掌，常常帮助出点子、想办法、提建议。螳臂毕竟挡不住历史的车轮。辛亥革命爆发后，长沙光复，覃振始得以自由。

二　追随孙中山，捍卫民主共和

1911 年 10 月 10 日武昌起义，各省纷纷响应，覃振随即被释放，毅然随援军开赴武汉，任湘桂联军督战官。覃振达到武汉后，武汉战事正紧，黎元洪任命他为军政府秘书长。12 月，黎元洪任命覃振为特派代表到南京，参与协商成立南京临时政府事宜。1912 年 1 月 1 日孙中山到达南京，就任临时大总统，在中国延续了 2000 多年的封建专制制度宣告结束。

1 月 28 日，临时参议院成立，覃振被选为参议院议员。1912 年 3 月，南北议和事成，袁世凯就任第二届临时政府总统，覃振为了捍卫辛亥革命成果，不顾一切反对袁世凯篡权。他是黎元洪副总统的代表，他未经黎本人同意，竟以黎副总统代表的身份，向上海《申报》发表电文，揭露袁世凯的阴谋，电文如下：

① 覃钰：《忆先君覃振》，载《湖南文史资料选辑》第 15 辑，湖南人民出版社 1982 年版，第 175 页。

② 同上书，第 176 页。

各报馆鉴，组织内阁一节，唐总理久不来宁，袁公所提出内阁概属亡清旧吏，无一纯粹新人物，差强人意。此间军政学商各界咸怀不平，暗潮汹涌，寻见南北混合之统一政府势将破裂，不可收拾。贵报主持舆论最有价值，务希望鼎力维持，大张公道，使袁公幡然醒悟，以融合南北感情，为今日救急之要义，万不可徇私行诈，功亏一篑，致五大民族之大共和国陷于分裂之惨境，不胜祈盼，黎副总统代表覃振叩。①

其时，南京临时政府也以袁世凯的提名与原定十名阁员不合，要求另行协议。迫于压力，袁世凯对阁员做了调整，任命双方都能接受的唐绍仪为总理，同盟会会员王庞惠、蔡元培、宋教仁、陈其美则分任司法、教育、农林、工商总长。

由于覃振贸然以黎元洪代表的名义致电各报馆反袁，产生了轰动的社会效应，使袁世凯处在被动的舆论旋涡中，不久，覃振的代表资格被撤销。

1912 年，覃振任中华民国临时参议院议员，曾配合宋教仁为改组国民党做了许多工作，在议会中，覃振常常发表即席演说，针锋相对地揭露袁世凯阴谋。《革命人物志》称："袁多方笼络，屹不为动，宋渔父先生之改组同盟会为国民党，得先生之协赞独多。正式国会成立，当选为众议院议员，在议会中详论兴革，甚著声誉，对袁政府之措施如大借款案等，抨击尤力。"②

1913 年 3 月 20 日，宋教仁在上海沪宁火车站被袁世凯的亲信刺杀身亡，至此，袁世凯窃取辛亥革命果实的真实目的暴露无遗。以孙中山为代表的国民党人主张起兵讨袁，覃振极力赞成。1913 年 6 月，孙中山发动二次革命；8 月，二次革命失败，覃振第四次逃往日本。

在袁世凯建立独裁统治，国民党遭受沉重打击的危难时刻，孙中山决定重振革命力量，改造国民党，建立中华革命党。覃振率先加入了中华革命党并按手印宣誓，效忠孙中山，并被孙中山任命为中华革命党湖南支部长。袁世凯为了破坏、分化中华革命党，一方面不断派遣特务潜往日本，暗杀革命党人；另一方面则利用金钱收买变节革命党人。1915 年，袁世凯派同盟会的叛徒蒋士立携带巨款前往东京，在驻日公使陆宗舆的支持下，大肆进行收买活动。其时，革命党人内部出现叛徒，党内成员人人自危，气氛异常紧张。就在这危急关头，覃振奉孙中山之命，在湖南会馆秘密召开同乡会，决定暗杀蒋士立，以除害群之马。覃振的学生吴先梅自告奋勇，慨然担此重任。他只身闯入蒋寓所行刺，连射三枪，蒋虽未被击中要害，但伤势严重，再也不敢公开活动了。

事发后，日本政府出动大批警察，大肆搜捕革命党人，陆宗舆奉袁世凯之命，侦骑四出。覃振因涉嫌，被日警视厅逮捕下狱。虽经百般威逼侮辱，终因得不到口供而获释。

1915 年，覃振被孙中山任命为特派总司令回到上海，主持湖南党务军事，与前湖南民政长龙璋等人密谋铲除袁世凯委派的湖南将军汤芗铭。廖湘芸称："反袁驱汤时期，奉中华国民党湘支部长覃振之命，回湘与李裳、杨王鹏等一起从事秘密活动。"③ 湖南中华革命党人与汤芗铭反复较量，经过艰苦卓绝的流血斗争，终于赢得了湖南的独立。然而独立后的湖南并未按照革

① 上海《申报》1912 年 3 月 17 日。

② 《覃振传》，载杜元载主编《革命人物志》第 9 集，中国国民党中央委员会党史委员会编辑发行，第 278 页。

③ 萧石朋：《廖湘芸烟溪起事事略》，载《湖南文史资料选辑》第 8 辑，湖南人民出版社 1982 年版，第 131 页。

命党人的预定目标发展，背信弃义的汤芗铭拒绝事前商定的革命党人担任湖南北伐军总司令及民政长的职位，擅自委任官吏，滥发纸币，造成金融混乱，乘机扰乱时局。

覃振对湖南局势的发展深感担忧，于 1916 年 6 月 9 日在《民意报》发表谈话《覃振之湖南独立谭》，他义正词严地警告汤芗铭说：“然不可不敬告都督，都督须知国人此次义举，不尚独立之形式，而尚独立之精神，不在讨一袁氏，凡与袁氏相类似者，亦在国人共讨之列。”① 而后又动之以情，晓之以理，劝其北伐讨袁：“修师整旅，克日命湖湘健儿提刀北上，一洗四百兆人首都之秽迹，而后公之丰功伟绩，可以勒之金石，垂于无穷矣。”②

然而冥顽不化的湘督汤芗铭不但不听从劝告，反而为虎作伥，作恶多端，大肆屠杀革命党人。此时，程潜已采取行动，公布“护国军湖南总司令程潜布告汤芗铭罪状”，并率领护国军进逼长沙，汤芗铭慌忙率领所部模范团试图阻止程军。早已知悉汤芗铭动向的覃振，速派廖湘芸、杨王鹏等返湘起事。廖湘芸率多人，各怀炸弹，在一天傍晚猛攻督署，炸死守兵数十人，终因众寡悬殊而失败，死难者 20 余人。杨王鹏被俘，竟遭剖腹挖心而死。覃振闻知，悲愤不已，立即和龙璋由上海赶赴武汉，继续派同志到湖南，密谋举事，并打算亲自指挥，经同志多方劝阻才作罢。《革命人物志》称：“是役先生领导革命之功，不可没者。”③

袁世凯死后，黎元洪继位，覃振为国会议员。为集结湘省及各县、市中华革命党员，他在长沙创立了“正谊社”，并设分支部于各重要县、市，用以团结同志，推进党务。1917 年 6 月，张勋复辟，解散国会。覃振作为革命党人在湖南的主要领导人，在湖南组织了反复辟的活动。其时，湘省军民力举北伐，覃振创办《明耻日刊》，取明耻教战之意，极力宣传革命党人的观点，鼓吹出师北伐。

1917 年 9 月，孙中山委任覃振为大元帅府参议，参加护法战争，同时委派他为湖南民军检阅使，继续负责部署湖南军事。同时任命林祖涵（林伯渠）为劳军使，与覃振同行。检阅使，只是一个虚衔，既没有可以调动军队的权力，也没有管辖地方的权力。但覃振到湖南后，积极配合孙中山的部署，采取果断行动稳定局势。这一时期，覃振奔波于湖南、上海之间，完全按孙中山意图行事，深得孙中山倚重，如 1918 年 3、4 月间，孙中山为稳定湘西军阀田应诏、周则范，使之倾向广州政府，曾多次打电报给身处湘西护法的覃振，其中一则电报称：“常德探送覃理鸣先生鉴：乾密。瀛田、正已两议员请任命吴景鸿为湘西各军联络使，兄及田议员助之，并发给债券若干，筹款接济各军，使倾向军府，李茂吾兄亦赞同此意，是否可行？盼速以尊意见告。文。冬。”④ 可见，孙中山对覃振十分倚重。

1921 年，孙中山任非常大总统，覃振任总统府参议兼法制委员，这是覃振首次在政府担任司法方面的职务。

---

① 《覃振之湖南独立谭》，《民意报》1961 年 6 月 9 日。

② 同上。

③ 《覃振传》，载杜元载主编《革命人物志》第 9 集，中国国民党中央委员会党史委员会编辑发行，第 279 页。

④ 《孙中山全集》第 4 卷，中华书局 1985 年版，第 370 页。

三　拥护第一次国共合作，协助发展和整顿党务

孙中山在第二次护法运动失败后，深感依靠军阀武力进行革命，难以成功。开始考虑与共产党合作。1922 年，孙中山在上海召开会议，着手“改进党务”，改组国民党。这一时期，覃振积极协助孙中山改进党务工作，是《中国国民党改进案》起草委员会委员之一。1923 年初，覃振频繁出席上海中国国民党中央干部会议，参与国民党中央决策工作，不久，受国民党中央委派，回湖南重新建立和发展国民党湖南支部。这期间，覃振得到共产党的大力支持。毛泽东曾给中共湘区委员会书记李维汉写信，介绍覃振回湘，请给予帮助。李维汉后来回忆说：“1924 年，决定在湖南恢复国民党省党部。覃振从广东到湖南，拿了毛泽东同志亲笔写的介绍信给我，我和何叔衡、夏曦两同志商量后，帮助覃振设立国民党筹备处。”① 覃振还委派夏曦、刘少奇分别在学界、工商界进行工作。“至于湖南党务，覃以学界及工界为著手对象，并经与林祖涵、包慧僧、彭素民商，委派刘少奇为国民党湖南工界筹备主任，夏曦为湖南学界本部主任。”② 至国民党一大召开前，在长沙加入国民党的共产党员、共青团员已有夏明翰、李六如、罗学瓒、夏曦等 18 人。

1924 年 1 月 20 日，孙中山在广州召开国民党第一次代表大会，会上，覃振等 24 人当选为中央执行委员，毛泽东等 17 人当选为候补中央执行委员。国民党第一次代表大会结束后，覃振宴请湘籍委员，毛泽东应邀赴宴。

在第一次国共合作期间，覃振、毛泽东同住在上海环龙路国民党办事处工作，彼此交往频繁。据与覃振交情颇深的国民党人胡耐安回忆：“期间，覃、毛之间，既有同志的关系，复有同乡的情谊；过往酬酢，亦人情之常。同时，毛与湘籍人士往还，大率由于覃氏居间作介。”③ 覃振长女覃钰在《我们的父亲》一文中也回忆说，第一次国共合作时，父亲被选为中央执委、代理中央宣传部部长，毛泽东被选为中央候补执委，两人交情很好。

四　结语

覃振是 20 世纪初众多湖湘革命志士的杰出代表，受开风气之先的湖湘文化的熏陶，自小便具有强烈的爱国情怀和鲜明的反抗精神，他与黄兴、宋教仁等不断尝试反清救国斗争，虽九死而不悔，后又追随孙中山为推翻封建帝制、推进资产阶级民主主义革命，进行了不屈不挠的抗争。湖南师范大学教授、辛亥革命史研究专家饶怀民在《覃振传论》一文中说，湖南是辛亥革命时期领袖人物荟萃之区，但二次革命失败后，一部分才华出众的革命精英或为反对派杀害，或相继早逝，湖南的革命运动几乎陷入无人领导的窘境。覃振临危受命，从二次革命失败到孙中山逝世前的一段时期内（1914—1925），业已成为湖南革命运动的主要领导者。

（责任编辑：周建刚）

① 邱文楚：《身在海外，心向祖国——覃振夫人全汝真女士访问、接触纪实》，《新观察》1981 年第 24 期，第 35 页。
② 吴相湘：《西山会议健将覃振》，载《民国百人传》第 2 册，传记文学出版社 1982 年版，第 166 页。
③ 胡耐安：《欢乐岁月覃理鸣》，《传记文学》第 40 卷第 4 期，第 48—49 页。

孔昭绶生平考

陈名扬*

摘　要：孔昭绶是我国近代著名教育家，对其生平和思想的研究是考察近代中国历史变迁和知识分子命运的重要组成部分。孔昭绶不仅是一位优秀的教育家，还是一名诗人、新闻家和政治家。他两度担任湖南第一师范校长，提倡学生自治，编练学生军、童子军，促进了毛泽东、蔡和森、任弼时等领袖人物的成长；他是南社社员，和傅熊湘、郑泽、刘谦等为挚友，其诗豪放宏达、古朴雄浑；他是《长沙日报》的社论主笔，持论切中时弊，在湖南“反袁”运动中充当舆论先锋；他是湖南省议会副议长，有“议会圣人”之称，在派系林立的湖南政界艰难维持议会，不料无故被殴，愤而辞职；既而离湘，主持“湘民移垦西北合作社”，提倡国民开荒西北；他还创办并主编有西北研究核心刊物《西北汇刊》，研究西北颇有成著；他主办冯玉祥发起的西北“辅治宣讲研究所”，与冯来往甚密；他在人生的最后三年，奔波于河南、河北、山东、北京，最后在南京国民政府考试院考试制度史编纂的任上溘然病逝。本文通过考证孔昭绶的生平，尝试着展现他波澜厚实却被埋没的一生。

关键词：《长沙日报》；南社；湖南第一师范；湖南省教育会；湖南省议会

孔昭绶先生（1876—1929）是我国近代著名教育家，他的名字随着红色青春偶像剧《恰同学少年》的热映，广为人知。该电视剧讲述了以青年毛泽东为核心的一代进步学生在湖南第一师范求学的励志故事，也展现了以孔昭绶、杨昌济等为代表的民国教师们的进步教育理念和赤诚救国情怀。在剧中孔昭绶关心学生生活，开展校园民主自治运动，实行军国民教育，编练学生志愿军，并凭借一场在“五七”国耻纪念日的震撼讲演成为众多爱国学子的精神偶像。孔昭绶不仅是培养了推动中国和世界历史发展的政治领袖们的一代名校校长，他还是湖湘文化和中国近代历史所孕育的代表人物。他的生平和思想和近代中国的命运紧紧结合在一起，考证其生平、研究其思想对我们考察认知近代中国历史变迁和知识分子命运具有重要意义。

---

* 陈名扬，宁波大学人文与传媒学院硕士研究生。

一　1890—1910：孔昭绶早年读书生涯

据《浏阳孔氏生庚本》与《浏阳孔氏族谱》载，孔子七十一世孙孔昭绶清光绪二年丙子（1876）九月初八寅时出生于浏阳东乡达浒。父孔广猷[①]。孔在家乡平易近人，人称“四先生”[②]。1890 年，孔 14 岁，外出就学。1892 年，孔昭绶“十六游庠”[③]。1897 年，王先谦和湖南巡抚陈宝箴创办长沙时务学堂，浏阳谭嗣同任教，孔昭绶思想受到冲击。1898 年，22 岁的孔昭绶于徐学院考取第一等。[④] 后“补廪科举停，未食廪膳”[⑤]。之后十年，孔在家乡以教书授课为业。

科举制虽在 1905 年正式废除，但在清亡之前，科考功名仍有分量。湖南巡抚岑春蓂于 1907 年筹备湖南优级师范学堂，1908 年 8 月始招生。优级师范分设本科（实质为专修科，分为理化、博物、数学、史地四个选科）和预科，预科招收的是由各县学官保送的品学兼优的廪增附生。1908 年孔昭绶以科考秀才被保入湖南优级师范，读史地预科。1909 年冬孔昭绶从优师预科毕业，升入历史地理选科。[⑥] 1910 年冬，孔昭绶毕业。虽然科举制已废除，但清政府依然对学生进行科名奖励。“高等小学毕业生奖给秀才，中学毕业奖给贡生（拔贡、优贡、岁贡），高等学堂毕业生奖给举人，大学毕业生奖给进士；经过朝考，钦点翰林。优级师范与高等学堂平列，毕业生奖给举人，尽满义务教育四年，可分任官职。”[⑦] 于是就有了《孔氏族谱》上记载的 1911 年春，孔昭绶“照钦章奏奖举人”。又据《孔竞存事略》载，孔昭绶入学湖南优级师范后，“其时适先总理组织同盟会，先生集同志多人加入，为湖南革命干部，自后凡七八年间，悉致力于此”。由此可知，孔昭绶于 1908—1911 年加入了中国同盟会。

二　1911—1913：主笔《长沙日报》，长教湖南一师

《长沙日报》前身为清朝官报，辛亥革命后由同盟会员接收改组。文斐（牧希）任社长，傅熊湘（君剑）任总编辑，孔昭绶和黄钧、刘谦、龚芥弥、马惕冰、谭艺甫等任编辑。此报言

① 孔昭绶南社友人长沙郑泽（叔容）著有《孔公兆崙墓表》，“孔公兆崙”即孔昭绶父孔广猷。文载于柳亚子编《南社丛刻》第 8 集（1914 年 5 月底），江苏广陵古籍刻印社 1996 年影印版，第 1325—1326 页。

② 据孔昭绶曾侄孙孔建国述，孔昭绶的大哥和二哥均做生意，人称“大老板”、“二老板”。孔家唯老三孔昭缙和老四孔昭绶为秀才，且与乡邻友善，人称“三先生”、“四先生”。

③ 《孔竞存事略》言孔昭绶“幼聪慧，读书二三遍，即能成诵。年十四，就外传，学益力，业益精。十六游庠”。长沙市新闻记者联合会编：《长沙市新闻记者联合会年刊》（第一第二两册合订本），1933 年版，“传记”第 15 页。

④ 孔昭绶科考史实见《浏阳孔氏生庚本》。

⑤ 杨敬偲整理：《孔昭绶先生传略》，载浏阳市政协文史委员会编《浏阳文史》第 11 辑，1992 年，第 117 页。

⑥ 同上。

⑦ 以上关于湖南优级师范史实均采自屈子健《湖南优级师范概述》，载湖南省政协文史委员会编《湖南文史资料选辑》第 20 辑，湖南人民出版社 1986 年版，第 58—65 页。

论激切，为同盟会在湖南的主要言论机关。[①] 1912年11月11日，黄兴曾为《长沙日报》题字“振聋发聩”[②]。1912年孔昭绶在湖南的活动主要是办《长沙日报》。1912年9月25日（时中秋节），陈去病（佩忍）、傅熊湘（钝根）在长沙烈士祠发起南社临时雅集，共19位南社社友出席，孔昭绶在列，并发言。[③] 后孔昭绶于1915年从日本发出的《与南社诸子书》中提到：“曩巢南陈子，莅止湘南。提倡宗风，大集骚雅。一见如故，遂联社谱。”[④] 由此可知，孔昭绶于1912年长沙雅集不久后加入了南社。

1913年4月，孔昭绶由湖南都督谭延闿任命为湖南第一师范校长。湖南一师于1910年在长沙饥民暴动中被不法分子焚毁，新舍1912年夏方落成。孔昭绶担任校长后积极规划学校发展蓝图，延聘不满北洋军阀统治而富有正义感的教职员，如杨昌济、徐特立、方维夏、王季范、王昌麟等。完善校园基础设施，制定学校章程，倡导学生自动与自治，创设“技能会”[⑤]、附属小学等。他坚持“有治人然后有治法，然无治法未必有治人”的观点，为第一师范的发展做出了极重要的贡献。[⑥] 孔昭绶挚友郑泽在《赠攘夷》诗序中言：“海邦交通，学说繁作，证古儒流，殊途同归。此湘绮老人所谓学无中外也。然握鲰下士，味厥真理，蹈袭糠秕，遗祸道德，凌夷至今，后进益嚣。吾友攘夷，学淹中西，身律德义，则今而古者属。长教城南师范，己达达人。”城南师范即湖南第一师范。郑泽有诗云“惟兹君子儒，夙志振颓流。驱车出南郭，师资于以求。风浴朱张渡，遗意极冥搜。归来聊咏歌，怡然散新愁”，此谓孔昭绶之于湖南一师建设贡献极大也。[⑦]

孔昭绶在《宝庆萧君杰墓志铭》中言“湘省至有小日本之称，盖中国克一新，其学术莫先于湘省”，并直抒“非兴学不足以救中国也”。先生不仅重视文教，同时也注重“乐教”。他后来回忆道：“中华民国之二年，余长省第一师范学校。校生数百人，多好学深思，卓然有以自异之士，既一见而相得欢甚。凡校之始业，及他庆祝日，辄进数百学生，于一庭而训之。训之始末，必宣之以琴，而侣和之以歌。雍雍乎有三代上，乐校弦歌之遗风焉。”孔昭绶欲借“乐教”达到扩广学生胸襟、增强学生意志的目的。[⑧]

孔昭绶此时在湖南教育界已颇负名气，并大力提倡“军国民教育”。1913年5月中旬，长

---

① 李抱一：《长沙报纸史略》，载庄建平主编《近代史资料文库》第9卷，上海书店2009年版，第247—248页。又见张平子《从清末到北伐军入湘前的湖南报界》，载湖南省政协文史委员会编《湖南文史资料选辑》第1集第2辑，湖南人民出版社1961年版，第69—70页。

② 1912年11月12日《长沙日报》，载湖南省社会科学院编《黄兴集》，中华书局2011年版，第298页。

③ 转引自金建陵、张末梅《南社社员孔昭绶与青年毛泽东的成长》，《湖南第一师范学报》2006年第6卷第1期。其史实援引自1912年10月10日《太平洋报》中《南社长沙雅集纪事》一文。又见俞前《巢南浩歌》上册《陈去病诗传》（上海文艺出版社2011年版，第157页），其中配有南社长沙临时雅集留影，相中有16人，孔昭绶位列其中。

④ 柳亚子主编：《南社丛刻》第15集（1915年），江苏广陵古籍刻印社1996年影印版，第3419—3420页。据金建陵和张末梅根据孔昭绶入南社书号“334”推断，孔昭绶正式入社时间在1912年10月24日至11月24日之间，与本文观点一致。

⑤ “技能会”1914年改名为“自进会”，1915年最终定名为学友会，其宗旨为“砥砺道德，研究教育，增进学识，养成职业，锻炼身体，联络感情”。中共中央文献研究室编：《毛泽东年谱（1893—1949）》上卷，人民出版社1993年版，第21页。

⑥ 《湖南第一师范校史》编写组编：《湖南第一师范校史1903—1949》，上海教育出版社1983年版，第71—72页。

⑦ 郑泽《赠攘夷》见柳亚子编《南社丛刻》第10集（1914年7月底），江苏广陵古籍刻印社1996年影印版，第1900—1901页。

⑧ 见《宝庆萧君杰墓志铭》，载柳亚子编《南社丛刻》第15集（1916年1月），江苏广陵古籍刻印社1996年影印版，第3415—3418页。

郡中学举行了第一届学校运动会，也是湖南中学界第一次校办运动会。长郡中学请各界知名人士及各校校长参加开幕式，时为湖南第一师范校长的孔昭绶受邀任总裁判。孔昭绶在运动会闭幕式致辞，高呼推行军国民教育。他指出“一校有一校之精神，一国有一国之精神。中国数千年来之文弱，不亟提倡铁血主义、尚武精神，决不能雄视世界”，同时认为学界担负移风易俗的重任，“民国同胞四万万，苟人人有尚武精神，何难披靡一世?”孔昭绶强调瑞士为小国却能存于世界，德国陆军能冠绝世界，在于“其学校特征，即着重军国主义”。他赞扬湘中各校对军国民主义教育的大力推行，更希望军国民主义教育进一步发展，将中国建设成一个“青年中国”[①]。

同期，孔昭绶仍兼任《长沙日报》编辑。据李抱一载：“元、二年，各报都注意于政论，各省专任论者三四人，日刊社论二三篇。如《长沙日报》之孔攘夷、黄栩园。”[②] 1913年宋案发生后，孔昭绶有“讨袁檄文”，长数千言，同学争相抄录传阅，影响颇大。[③]《孔竞存事略》言：“先生为人敢言而自信力强，博览群书，文词丰赡，而不屑诡随世俗。鼎革后，主办《长沙日报》，持论切中时弊，湘政改革多所资焉。宋案发生，持论尤激昂，著论数袁世凯二十四大罪，北洋军阀恨之刺骨。尝著‘攘夷’一篇，对于帝国主义之侵略吾国与夫军阀之祸国殃民，掊击不遗余力。”[④]

1913年7月汤芗铭击败李烈钧后兵指湖南，9月汤至岳州，威逼湖南都督谭延闿取消湖南独立。湖南一师1913年招考第六、第七班新生之时，孔昭绶以“湖南取消独立感言”为国文试题，借以激发学生反袁心理，进行革命教育。[⑤] 10月24日袁世凯正式任命汤芗铭为湖南都督兼民政长，北洋政府控制湖南。汤芗铭督湘后大肆捕杀革命党人，仅长沙一地先后无辜被戮者竟近两万，人恶之曰“汤屠夫”。湖南政界、学界发生巨大震荡，“士有习为谀词以弋取荣利者矣”[⑥]，不少人投向袁世凯政府。孔昭绶既为南社社员，又为国民党党员[⑦]，虽以湖南一师校长身份隐蔽一时，却终被人告发，政府“阴詷先生，欲得而甘心”。1913年12月底，汤氏派兵至

① 见《长郡中学运动会纪盛》，《湖南教育杂志》1913年5月21日第9期“纪录”，转述于冯象钦、刘欣森总编，周秋光、莫志斌卷主编《湖南教育史1840—1949》第2卷，岳麓书社2002年版，第311—312页。

② 李抱一：《长沙报纸史略》，见庄建平主编《近代史资料文库》第9卷，上海书店出版社2009年版，第258页。

③ 杨敬偲整理：《孔昭绶先生传略》，载浏阳市政协文史委员会编《浏阳文史》第11辑，1992年，第117页。该史实转引自长沙《大公报》1920年6月19日。

④ 长沙市新闻记者联合会编：《长沙市新闻记者联合会年刊》（第一第二两册合订本），1933年，“传记”第15—17页。关于此篇文章，据《孔昭绶先生传略》介绍，其题为《湖南国民党讨袁世凯檄》，孔昭绶署名“攘夷”。杨敬偲记录此文写于1916年，现据《孔竞存事略》更误。孔昭绶历数了袁世凯二十四大罪恶：首纵兵变、购凶暗杀、借债亡国、摧残法权、毁弃约法、推翻总统、断送土地、破坏道德、横征暴敛、矫诬民意、穷奢极欲等。

⑤ 杨敬偲整理：《孔昭绶先生传略》，载浏阳市政协文史委员会编《浏阳文史》第11辑，1992年，第117页。该史实转引自长沙《大公报》1920年6月19日。

⑥ 见醴陵刘谦（约真）《郑叔容传》，载南社湘集编《南社湘集》第5期（文录），（长沙）南社湘集1935年版，第119—120页。

⑦ 1912年8月同盟会改组为国民党，1912年9月下旬国民党湖南支部成立，孔昭绶从同盟会会员转为国民党党员。

一师搜捕孔昭绶。[①]“先生知事发，即变傭保服，杂校役中工作。校役咸为先生危，先生神色自若，但戒校内镇静而已。日晡，探捕遍索不获，乃懊丧去，先生则又杂学生中出，竟得脱险。”[②] 之后，孔昭绶被迫离湘并东渡日本。

三　1914—1915：孔昭绶留学日本东京法政大学考

孔昭绶1914年东渡日本始留学。《留学教育——中国留学教育史科（第1—5册）》下编“留日毕业生”“民国三、四年度留日毕业学生”中有“孔昭绶（湖南）”的名字，他所毕业的院校专业为法政大学大学部法律科。[③] 孔昭绶同乡湖南王昌麟，其先于日本大学专门部政治科毕业，再从法政大学大学部法律科与孔昭绶同届毕业，也明证了孔昭绶于1915年毕业。至于《孔竞存事略》中所言，孔昭绶脱险后“赴日本入宏文学院”，此为误。东京宏文学院早在1909年7月因中国留学生退潮就关闭了。又根据1918年孔昭绶主编的《湖南省立第一师范学校志》载，孔昭绶确为日本东京法政大学毕业。[④]

孔昭绶留日期间与南社诸友往来颇多。同留东京的南社社友醴陵文灰（幻灵）有《攘夷汝沧过访喜作》一诗，其中言：“僻居东海意憔然，旧雨偏逢鲁仲连。话到暴秦称帝事，箧中剑气欲腾天。”[⑤] 革命同人对袁世凯窃国一事同仇敌忾，溢于言表。1914年12月31日（农历十一月十五），孔昭绶与文灰等同人相聚于东京，一同庆祝“除夕”[⑥]。孔昭绶此日创作了成名之作《客倭除夕感怀》，他在诗中发出吁告：“何时梦也狮王醒，怒向群雄吼一声！”为神州祖国之前途深深忧虑。文灰在《次韵和孔君攘夷除夕四章之二》中言“道穷世乱同浮海，千古多情是孔先”[⑦]，谓孔昭绶爱国之情深。孔昭绶在日留学期间创作的诗歌还有《樱花竹枝词四绝》、《留别旅日诸君绝句》、《东游仙诗留别邦人诸友》等，均刊于柳亚子主编的《南社丛刻》之中。

---

① “上月二十四号上午九时，湘都督府派检查长姜君随带卫兵率同调查员十余人，并会同警察至南门外第一师范学校。派兵看住前后门户，严禁出入，随即将全校搜查有无危险物件，搜查一点余钟。搜出学生唐吉武箧内藏有工党党证一份并柬谱一份，内有‘丹心水缔，铁血难消’八字，又学生杨开业箧内有废弹四颗，俱生锈不适用者，他无所有。及出门时，检察长将学生唐吉武、杨开业、熊绪善交该校管理员。石管询以熊绪善之证据，则秘不以告。据该校志报告，则遍查名册并无熊绪善其人云。探闻此事发生因有人报告都督，谓第一师范学校校长孔昭绶昨日自汉上归，带有危险物多件，藏在校内楼梯下秘密房内，希图不轨云云，都督派人搜查。据该校人云，孔校长前因返乡来省向教育司辞职，教育司尚未允许云。”《湘省搜查师范学校之大骚扰》，《申报》1914年1月1日。

② 长沙市新闻记者联合会编：《长沙市新闻记者联合会年刊》（第一第二两册合订本），1933年，“传记”第15—17页。又据《孔昭绶先生传略》转1920年6月19日长沙《大公报》言，孔昭绶先是化装成油印工人避开检查，黄昏时又化装成挑水工人得离险境。搜捕之时，一军官到理化仪器室检查，有同学贝昌坚将一瓶镪水倾注其背上。

③ （台湾）刘真主编：《留学教育——中国留学教育史科（第1—5册）》，台北“国立”编译馆1980年版，第1340页。

④ 孔昭绶主编：《湖南省立第一师范学校志》，1918年内部版。现存两本，分藏于湖南第一师范学院档案馆和湖南第一师范学院文物管理处。该书第101页《本校现任职员表一》载有“校长孔昭绶，湖南高等师范毕业，日本法政大学法学士，历任各中学师范教员，并前本校校长”。

⑤ 柳亚子主编：《南社丛刻》第14集（1915年5月），江苏广陵古籍刻印社1996年影印版，第3096页。

⑥ 据笔者考，孔昭绶与文灰等南社同人均将此年12月31日视为除夕。文灰在《次韵和孔君攘夷除夕四章之二》中自注有“是日为旧历十一月十五，除夕赏月又为今古添韵”，而1914年12月31日正是甲寅年十一月十五。之所以将公历年末视为农历除夕和革命党人反旧俗主张有关。正如孔昭绶在《客倭除夕感怀》中言“黄土汉家存旧腊，白门倭俗又新年”，明治天皇历法改革之后的日本将公历的12月31日作为除夕，而中国仍循旧俗，革命党人常自嘲我国之落伍由此可窥一斑。

⑦ 柳亚子主编：《南社丛刻》第14集（1915年5月），江苏广陵古籍刻印社1996年影印版，第3099页。

孔昭绶在日期间曾向在国内的柳亚子去书两封。1915 年 4 月 11 日孔昭绶《与南社诸子书》云“自索居倭岛，万里海天，鴂舌蟹文，久不复闻大雅之音”，幸“不以绶之不文”，“顷辱贶以社集，瑶函玉笈，从天而降”。如此可“光烛九夷，将五百之童男女，亦得复涵沫数千年祖国文化”，是“濯足扶桑者之莫大幸福也”①。对南社诸友之情谊感怀甚深。1915 年 6 月 17 日孔昭绶在《与柳亚子书》中云：“若弟浮桴异域，万里海天，虽幸附青云，得一结文字之缘。然云泥远隔，未尝一识荆州，而情愫所驰，心为之醉。文字有灵，时将诏我。岂非所谓万里神交，且远迈古人哉!”② 孔昭绶向柳亚子表示定当“加餐努力”，愿早日回国与诸友协力以济国家。

关于孔昭绶回国的时间，各种书籍的记载分两种。其一，认为孔昭绶于袁世凯倒台后的 1916 年夏回国，此为普遍观点，如杨敬偲《孔昭绶先生传略》言“1916 年夏回国，再任一师校长”③。其二，认为孔昭绶于袁世凯称帝前回国，其说见于《南社社员孔昭绶与青年毛泽东的成长》。1915 年 6 月 17 日孔昭绶在《与柳亚子书》中即有“弟归期须来月，濒行当再奉告。汉腊蒲朝，倍怀祖国”之句。④ 由此可知，1914 年赴日本东京法政大学留学的孔昭绶当于第二年上半年毕业，他在毕业前已经做好了立即回国的准备。孔昭绶在 1915 年 10 月 11 日《再与柳亚子书》中称：“前自倭归，道出歇浦，勾留二日，即挂帆西上，翘首南天，不见故人。”1915 年夏，孔昭绶确已归国。停于上海时未能与南社社友相见，未免遗憾。后归家乡浏阳，“又复出山，浪迹湘省，专以画黑板为生涯”。孔昭绶 1915 年归国后即在家乡从教，并由于“教课忙迫”，没有及时答复柳亚子与他的来信。至于受邀题写柳亚子《分湖旧隐图》一事，“顷因俗冗，愧无以副雅意”。他但愿柳亚子连任南社社长，“主持东南坛坫，大畅宗风，发皇国粹，道未坠地，文不丧天，君固贤者，谅不辞责”⑤。

现浏阳达浒书江小学校史载有孔昭绶于 1915 年回乡捐建书江小学（即该小学前身）的史事。孔昭绶曾侄孙孔建国所藏一募捐公示榜云：“缘雍安第三小学校孔君钦承创始也，后孔君竞存等募捐建新校舍于此。”⑥ 孔钦承为孔昭绶族兄，该学校即位于孔家附近，此亦证明了孔昭绶确于 1915 年夏就从日本回到了家乡。

四 1916—1918：重长湖南一师，践行教育改革

1916 年，孔昭绶 40 岁。此年 6 月 6 日，袁世凯病故，刘人熙都湘，孔昭绶到省会活动。1916 年 6 月 21 日，长沙南社社员雅集于琴庄，这是南社在袁世凯倒台后于长沙的第一次聚会。

① 柳亚子主编：《南社丛刻》第 15 集（1916 年 1 月），江苏广陵古籍刻印社 1996 年影印版，第 3418—3420 页。

② 同上书，第 3420 页。

③ 杨敬偲整理：《孔昭绶先生传略》，载浏阳市政协文史委员会编《浏阳文史》第 11 辑，1992 年，第 116 页。

④ 柳亚子主编：《南社丛刻》第 15 集（1916 年 1 月），江苏广陵古籍刻印社 1996 年影印版，第 3420 页。

⑤ 同上书，第 3420—3421 页。

⑥ 前者见“浏阳教育网”中“达浒书江小学”介绍，http：//www. lyedu. com. cn/wsbs/bjsswsbx/xs/201012/wsbs_ 42885. html。后者见“浏阳网”，http：//bbs1. lyrb. com. cn/html/news/lynews/szjj/2013/0507/162762. html。两者说法不同。据孔建国言，此小学确为孔钦承正式创建，孔昭绶带头募捐建设资金。

大家精神抖擞，分韵题诗，孔昭绶作《前题分韵得方字》二首，其中“剧怜新莽非真帝，倒底韩奴是假王。休问明年又何处，所南心祇忆南方”表达了在袁世凯帝制丑剧破灭后对民主与民族的坚定信念。[①] 南社在长沙有集，孔昭绶则必至。1916 年 9 月 24 日，孔昭绶参加长沙南社社员于枣园的雅集。[②] 1917 年 4 月 22 日，孔昭绶参加南社长沙半园的临时雅集，并作诗《南社半园雅集分韵得言字》，诗云“慨自神州歌板荡，文采风流嗟仅存”，长喟政局之多变。[③]

1916 年 7 月 4 日，汤芗铭被逐出湖南。1916 年 8 月，谭延闿第二次督湘（直到 1917 年下半年），9 月，谭延闿被北京政府任命为湖南省省长兼督军。1916 年秋，《长沙日报》复刊，孔昭绶兼任编辑半年，并于同年 9 月再度被谭延闿任命为湖南第一师范校长（直到 1918 年 9 月初）。孔昭绶担任校长后，重聘杨昌济、徐特立、王季范等教师[④]，其中包括南社元老傅熊湘。孔昭绶每日三餐均与同学共席，学校还设有农业课程，聘方维夏主讲。他身体力行，常服短衣草鞋，带领着同学们开辟校后操场。[⑤] 1916 年 10 月，孔昭绶致书谭延闿《呈试办学生课外志愿军文》，一师全面实施军国民教育。[⑥] 孔昭绶将全校编为一个营，下设 2 连，每连有 3 排，每排 3 班，每班 14 人，共计 269 人。他亲任学生志愿军总指挥，学监担任总指挥部纠察员，兵式操教师担任正、副营长。孔昭绶注重学生志愿军日常训练，不时进行野外演习。[⑦] 一师的学生志愿军曾参与智退北军王汝成部等军事活动，守护了一师和长沙城，训练了一师学生的军事能力，促进了毛泽东等领袖人物的成长。[⑧] 孔昭绶还于湖南一师附属高小创办有长沙童子军第七团。萧三（即萧植藩、萧子暲）任团长，陈绍休（即陈赞周）任副团长[⑨]，团员有任培国（即任弼时）、任培安（弼时弟弟）等。童子军锻炼了小学生的自治能力，培养出任弼时等国之

① 柳亚子主编：《南社丛刻》第 19 集（1916 年 11 月），江苏广陵古籍刻印社 1996 年影印版，第 4846 页。

② 事见《南社长沙雅集纪事》，《长沙日报》1916 年 9 月 25 日。

③ 《钝安脞录》第 3 卷，载傅熊湘著，颜建华编校《傅熊湘集》，湖南人民出版社 2010 年版，第 487—489 页。

④ 1914 年上半年杨昌济兼任第一师范修身和教育学教员，下半年只教修身课。1915 年上半年兼任一师修身课教员，并于下半年辞去一师兼任课程。1916 年下半年孔昭绶第二次担任一师校长时，杨昌济重新兼任一师修身和教育学教员，直到 1918 年 6 月赴北大任教授。

⑤ 《湖南省立第一师范学校志》第 1 页即为湖南一师课外劳动会分组修操场的摄影。图上有文曰：“民国五年十二月（1916），每日课后由职员率全体学生工作，计本期共掘土八千六百余立方米，此为一组休息一组作业照片。”

⑥ 呈文内容见《湖南第一师范校史》编写组编《湖南第一师范校史 1903—1949》，上海教育出版社 1983 年版，第 74—76 页。

⑦ 1916 年 10 月 10 日，民国五周年国庆，湖南第一师范学校志愿军进行了第一次野外演习。纪念照片存于《湖南省立第一师范学校志》（1918）第 2 页。

⑧ 湖南地处南北战略要冲，经常发生南北军阀战争。1917 年 11 月 15 日在南北军阀混战北军败走南军未到长沙之际，北军溃军在第一师范附近徘徊。毛泽东以一师学友会总务的名义，把学生志愿军组织起来，妙用巧计在长沙猴子石智去王汝成部。毛泽东又以一师学友会的名义，组织妇孺救济会，援救因战事遭受困难的长沙市民。1918 年 4 月，毛泽东即将毕业之际，南北军在醴陵一带进行拉锯战危及长沙，毛泽东再次组织学生志愿军护卫学校，溃兵见学校守卫森严过门而不敢犯。中共中央文献研究室编：《毛泽东年谱（1893—1949）》上卷，人民出版社 1993 年版，第 33、35 页。《湖南省立第一师范学校志》刊有 1918 年 3 月特别纪念照片一张，上面写着“戊午上期本校职教员学生弦歌不辍，几不知有兵祸云”，亦为一师军国民教育成效之显现。

⑨ 1917 年秋，从一师毕业后在湘潭附近的“黄氏族学”任教的萧三，同长沙楚怡、明德等学校派出的代表一行七人到上海、苏州、无锡等学校学办童子军。不久，返回长沙。经王季范介绍，一师校长孔昭绶即聘萧三和陈绍休做了附属高小教员，教英语、音乐两科并兼办童子军。萧三：《珍贵的纪念》，天津人民出版社 1983 年版，第 125 页。

栋梁。①

1917年5月7日，是日为“五七”国耻纪念日，孔昭绶召集全校师生开会演说。当时在湖南第一师范就读的李维汉、李学斌、黄纲铁、葛良周等四位同学将孔昭绶校长的报告做了详细记录，名之为《国耻纪念日演说词：中日交涉始末》。孔昭绶言：“国家所以广设学校者何心，吾人置身学校也何事，则所谓根本解决。责有攸归，固当抱定目的，以报仇雪耻作民气，以开源节流裕民财，以礼义廉耻激厉民俗。人人自治，社会必良；社会改良，人材必盛；真才既出，国势必张。”孔昭绶激励每一个中国人都挺身而出，担负起救亡图存的重任。他说：“使长此社会腐败，人材凋零，今日即侥幸不亡于强邻而每况愈下。学得胡儿语，还来骂汉儿，哀莫大焉！”并最后疾呼：“呜呼！六国之亡党岂独始皇之罪在哉！”② 孔昭绶的讲演对学生产生了强烈影响。时于一师一附小读书的任弼时有《言志》作文一篇反映了当时的听讲感受，时在湖南高等师范学校读书的蔡和森亦受此讲演冲击。

孔昭绶还在湖南一师实施了以学生自治为核心的民主教育，所有校内重大措施都与老师及同学协商，被誉为“民主教育的先驱”。孔昭绶在第一次担任一师校长的1913年8月即创办技能会，技能会后改名学友会，此会是孔昭绶实施民主教育的重要平台。③ 为了更好地培养学生教育实践和自动自治能力，1917年10月8日，一师学友会进行了新的改组，学会选举毛泽东为学友会总务兼教育研究部部长，全面管理学友会事务。当时湖南一师附近工厂林立，孔昭绶与方维夏等老师议决，最终于1917年2月开办夜学一所，由学友会下教育研究部主管。1917年11月9日，第二期夜学开学时，方维夏和毛泽东邀集夜学教职员开会，孔昭绶校长和周渭航主任与会。孔昭绶本就积极倡导夜学，因而极力支持毛泽东对夜学的改革。会议决定这学期夜学为1个班，每周6夜，每夜2个小时，总计12小时。毛泽东著有《夜学招生广告》、《夜学日志首卷》等名篇，反映了学友会夜学开办的情况。1918年2月6日，学友会发布“募捐公启”，向一师师生筹集学友会活动经费。孔昭绶应毛泽东所请“手书短启于捐册首页”。孔昭绶是学友会的创办者，而毛泽东是学友会的骨干，两人交往可见一斑。

孔昭绶作为湖南一师校长，一直兼职于湖南省教育会。1917年1月，湖南省教育会改组，选举陈润霖为会长，孔昭绶为副会长④。湖南省教育会办有《湖南教育杂志》，从成立以来即宣传教育普及（如社会教育、夜学）和军国民教育等，为孔昭绶等教育界同人进行全省教育改革的平台。1917年9月24日，孔昭绶和胡元倓、杨昌济、易培基等被湖南省长公署委定为湖南

① 童子军为军国民教育形式之一。1917年3月31日，湖南童子军总会筹备会在省教育会举行。会议决定把童子军改名为少年义勇团，一师毕业学生萧三等九人为筹备委员。5月12日，湖南少年义勇团总会举行成立大会，孔昭绶等八人担任评议员。直到该年10月，长沙城区共有童子军9团，团员264人。其中第一师范附属高小为第七团，共20人，主办人为孔昭绶，团长为萧三。冯象钦、刘欣森总编，周秋光、莫志斌主编：《湖南教育史》第2卷，岳麓书社2002年版，第422—424页。

② 讲演全文见孔昭绶主编《湖南省立第一师范学校志》书第四·报告书，1918年内部版，第16—30页。

③ 孔昭绶于1913年8月—1913年底、1916年9—10月、1916年10月—1917年4月、1917年4—10月、1917年10月—1918年8月期间一直担任学友会会长。还曾于1916年10月—1917年10月间担任学友会演讲部长。皆载于《湖南省立第一师范学校志》。

④ 冯象钦、刘欣森总编，周秋光、莫志斌主编：《湖南教育史》第2卷，岳麓书社2002年版，第398页。另有湖南省教育会1916年底改组一说，见1947年2月1日《樊国梃报送湖南省教育会第二次代表大会报告书代电》（中国第二历史档案馆编：《中华民国史档案资料汇编》第5辑第3编教育（二），江苏古籍出版社2000年版，第478页），《湖南教育史》或误。

大学筹备处筹备员。[①] 1917年10月10日到26日，孔昭绶被推举和朱剑凡一道出席了在杭州召开的第三次全国教育联席会议（即各省教育会联合会代表会议）。[②] 1917年11月初，孔昭绶在上海加入中华职业教育社。[③] 在此之后，孔昭绶对学校教育提出了许多改革意见。他还就"学制之商榷"、"教授之研究"、"校址之迁移"、"班次之添设"、"实习之注重"、"计分之改善"等六个问题，给国家教育部新设立的负责革新事宜的学制调查会写了一份长达万言的《意见书》。其中指出："我国现行学制，多采自日本，颇不适用，故非难之声四起，而改革学制殆为今日不可避之事实"，"兹对于师范教育谬欲以数年之观察为千虑一得之贡献，当亦调查学制者所乐闻也"[④]。

1918年3月，张敬尧进驻长沙，充任湖南省长兼督军（直到1920年6月）。张敬尧督湘后克扣各校经费，又于当年9月派旅长张敬汤（其弟）驻扎一师，暗中监视孔昭绶行动。孔因此托病，最终被迫辞职。在校长即将辞别离开城南的前夕，众师生发起了饯别雅集。孔昭绶"口占四绝藉答雅意"，即为《城南留别四绝》。其《留别同学》诗言："买丝何必绣平原，人影昔阳秋有痕。占断城南好风景，半庭桃李愿无言。"方维夏、周渭访、吴诚一、王勖斋、黄绍琼、郭虞琴、雷镜如等老师均有和诗。大家诗词唱和，难分难舍，感情溢于言表。方维夏《和孔昭绶校长》其二为："朱张丽泽遍中原，履杖雍容旧有痕。先办城南重分手，成阴桃李自无言。"[⑤] 方维夏也决定与孔昭绶校长一同去职。1918年9月初，孔昭绶于辞职离校前编有《湖南省立第一师范学校志》[⑥]，对其在任期间一师的教育改革做了全面的记录。

五　1919—1921：孔昭绶与新文化运动

1919—1921年，孔昭绶积极参与新文化运动，大力推进湘省学生海外留学，并致力于刷新湘省之思想、促进湘省之教育。1919年5月4日，五四运动在北京爆发。1919年5月28日，湖南学生联合会成立，6月3日全省学生罢课。孔昭绶与其他进步教师一道支持学生运动，评价学生"激于爱国热忱"。同时，联名发出《呈省长文》，要求张敬尧"通饬军警，对于各校出外之学生，随时加以保护，以防意外"[⑦]。张敬尧实行封校，压制进步师生。1919年6月15日，孔昭绶与陈润霖、朱剑凡等教育界同人发起成立健学会，由陈润霖担任健学会会长。参与

① 《湖南政报》第54册，民国六年（1917）9月26日至30日，第4页。

② 朱幼瓛、戚名琇、钱曼倩、霍益萍编：《中国近代教育史资料汇编·教育行政机构及教育团体》，上海教育出版社1993年版，第213页。

③ 《上海中华职业教育社志》第三节社员，见上海市地方志办公室网站（http://www.shtong.gov.cn/node2/node2245/node82329/node82334/node82357/userobject1ai111100.html）。

④ 《意见书》内容见《湖南第一师范校史》编写组编《湖南第一师范校史1903—1949》，上海教育出版社1983年版，第76—78页。

⑤ 肖湘愚等编著：《湖南一师颂》，中南大学出版社2009年版，第50—59页。原载1918年《湖南省立第一师范学校志》，诗集名为《城南旧雨集》，孔昭绶有序。

⑥ 因孔昭绶辞职匆忙，此书并未编写完整。如《管理员一览表》、《教员一览表》、《年度教育统计表》、《校园志》（植物种属、种植、肥壅、灌溉）等均只有框架而未填写内容。

⑦ 中共湖南省委党史研究室编：《中国共产党湖南历史1920—1949》第1卷，湖南人民出版社2008年版，第28页。

健学会的有汤松、易培基、徐特立、杨树达、罗教铎、傅熊湘等。毛泽东写有《健学会之成立及进行》一文，介绍“健学会进行事项，会则所定大要系研究及传播最新学术”，研究范围“大体为哲学，教育学，心理学，论理学，文学，美学，社会学，政治学，经济学诸问题”，通过讲演与出版传播新思想。[①] 1919 年底，因不堪忍受张敬尧独裁统治，作为湖南省教育会副会长的孔昭绶与会长陈润霖、干事刘经翼等相继离开湘境，并带走了该会的关防、文卷，使湘省教育会处于瘫痪状态。[②] 孔昭绶支持进步学生、发起成立健学会、反对张敬尧独裁专制等行动，都是他坚持民主与科学，积极参与新文化运动的直接体现。

1920 年初，孔昭绶于上海担任华法教育会湖南分会的干事，积极推进湖南学子赴法勤工俭学。[③] 华法教育会湖南分会为孔昭绶和湖南教育界同人于 1919 年 9 月 5 日在长沙发起成立，该会宗旨是有计划有组织地帮助湘省学生赴法勤工俭学。1920 年 2 月 27 日下午 3 点，孔昭绶与陈独秀、毛泽东、张国焘、宗白华、王光祈、刘清扬、彭玉黄、萧三等筹备成立了“上海工读互助团”。[④] 1920 年 3 月 5 日，《上海工读互助团募捐启》发布，孔昭绶与毛泽东、陈独秀等署名于后。[⑤] 上海工读互助团旨在帮助青年进步学生实行半工半读，合一教育与职业，探索和宣传新知。

1920 年 6 月，独裁专制的张敬尧被驱离湘，谭延闿第三次主政湖南，学界为之一新。6 月 29 日，孔昭绶被省长谭延闿委任为省教育委员会委员，负责主持湖南省教育改革诸事宜。正是此年，世界思想大家杜威、罗素共同于长沙讲学，震动全湖南。而杜威、罗素等思想家能来湘巡讲，和湖南省教育会的努力有着极大的关系。孔昭绶回湘之后当即和陈润霖等致信熊知白和李石岑，请他们以湖南省教育会的名义邀请杜威、罗素尽早来湘，以使湖南顺应世界之潮流，促进思想之进步。[⑥] 1920 年 10 月 17 日沈均致毛泽东信中说：“闻杜威、罗素、蔡孑民、胡适之诸先生不日即来湖南讲学，这真是湖南的幸事。我恨二十年不出湖南一步，恰离湖南，即失此千载一时的机会！”[⑦] 全湖南皆高度重视此次学术盛事。10 月 25 日、26 日，杜威和罗素相继抵长沙，两位大家首次在湖南会面。杜威、罗素受到了湘中官绅和各团体的热烈欢迎，省长谭延闿亦亲自出面宴请杜威、罗素及其他在湘讲学的国内名人。讲演会从 1920 年 10 月 25 日始到 1920 年 11 月 2 日结束，蔡元培、张东荪、李石岑、章太炎、吴稚晖、张溥泉等思想大家集聚

---

① 毛泽东：《健学会之成立及进行》（1919 年 7 月 21 日），载中共一大会址纪念馆编《中共一大代表早期文稿选编 1917 年 11 月—1923 年 7 月》上册，上海人民出版社 2011 年版，第 790—795 页。

② 冯象钦、刘欣森总编，周秋光、莫志斌主编：《湖南教育史》第 2 卷，岳麓书社 2008 年版，第 453 页。

③ 孔昭绶在华法教育会一事见《华法教育会湖南分会致上海分会函》，载张允侯等编《留法勤工俭学运动（一）》，上海人民出版社 1980 年版，第 194 页。华法教育会湖南分会致上海分会函云：“久仰贵会提倡联络中法二国文明素具热心，因特将此两问题缄达前来，交由本会干事在沪之孔君竞存、汤君寿军二君面投。即烦贵会不遗在远，与孔、汤二君详言一切，以便本会有所遵守。”汤寿军为湖南商专校长，即汤松。

④ 朱洪：《中共首任总书记陈独秀》，当代中国出版社 2011 年版，第 110 页。

⑤ 中共一大会址纪念馆编：《中共一大代表早期文稿选编 1917 年 11 月—1923 年 7 月》上册，上海人民出版社 2011 年版，第 867—868 页。

⑥ 据长沙《大公报》1920 年 10 月 15 日载：“省教育会陈君夙荒、孔君竞存等因教育改选、各县选人皆来省。拟趁此时机，开一讲演大会。邀请中外名人来会演讲。适杜威尚在北京，罗素将到上海，乃函商在北京之熊知白，在上海之李石岑。熊李等均甚赞成，各方交涉，均已得有圆满结果。”转引自喻春梅《大道为公——长沙〈大公报〉（1915—1927）与湖南社会思潮》，湖南人民出版社 2011 年版，第 124 页。

⑦ 中国革命博物馆、湖南省博物馆编：《新民学会资料》，人民出版社 1980 年版，第 103—104 页。

一堂，湖南思想界为之刷新。时任长沙《大公报》记者的毛泽东也参与了这一盛会，并记录了蔡元培、章太炎、吴稚晖、张溥泉等先生的讲演。[①]

1920年11月，赵恒惕迫谭延闿离湘，继掌湘政（直到1926年3月始被驱走），湖南教育改革却未因此停滞。1921年3月《湖南省教育杂志》发行，该刊是湘省教育会改革后的产物，方维夏、宫廷璋、徐特立等发表了大量宣传新思想的论文[②]，孔昭绶亦发表有《日本小学生的好处》、《孔竞存先生在修业小学演讲》等教育改革文章。[③] 据朱凤蔚《孔竞存》一文言，孔昭绶在此时期"历掌长沙各校"。1921年12月，新加坡华侨中学校长涂开舆回到上海，孔昭绶和王季范积极介绍张国基和姜心培给涂。后张国基赴南洋教书，最终成为一代华侨教育家。[④] 孔昭绶为刷新湖南思想，促进教育改革，培养建国人才做出了极大的贡献。朱凤蔚如此评价他："所至有声，振顽立懦，学风为之丕变。胡子靖（元倓）外一人而已。"[⑤]

六　1922—1924：孔昭绶与湖南省议会

孔昭绶"居恒致力于经世之学"[⑥]，其对于湖南自治运动倾力颇多，冀望能通过议会民主实现政治理想。当湖南省宪法颁布后，孔昭绶积极参与到省议会竞选活动中。1921年浏阳大旱时，孔昭绶在长沙募华侨救济款，以赈灾荒。[⑦] 据孔秉三回忆说孔昭绶即以此次赈灾作为资本，竞选省议会议员。[⑧]

1922年5月1日，湖南省第一届议会自行集会，选举林支宇为议长。1922年5月19日，省议会选举副议长，孔昭绶和雷铸寰一并当选。当选为湘省议会副议长后的孔昭绶精勤致力于政治改革，有"议会圣人"之称[⑨]。1923年9月，谭赵战争爆发，湘省议会亦随之散乱。孔昭绶借病告假，回到浏阳家乡，在孔祠教书。是年12月，赵恒惕胜，"湘省局面，湘南各属，已完全无问题"。湘省议会因议长林支宇和副议长雷铸寰二人均未返职，"竟至群龙无首"，"一再筹商，惟有请孔副议长来省，主持会务，始可解此纠纷"[⑩]。孔昭绶接电后12月4日到省议会，

① 杜威、罗素长沙讲演内容详见喻春梅《大道为公——长沙〈大公报〉（1915—1927）与湖南社会思潮》，湖南人民出版社2011年版，第124—131页。

② 《湖南省教育杂志》第1卷第1号刊有方维夏《发刊词》、宫廷璋《湖南教育谈》、江亢虎讲演《西方文化及于中国之影响》等革新性极强的论文。该杂志从第2卷第4号（1923年）始采用横向排版，刊有大量如《社会主义思想渊源及其发达》（方维夏译，日本堺利彦原著）等宣传新思想之文章。

③ 《日本小学生的好处》，《湖南教育杂志》第1卷第2号"杂俎"，1921年5月。《孔竞存先生在修业小学演讲》，讲演内容为李云杭所笔记，《湖南教育杂志》第1卷第2号，1921年5月，第9—13页。

④ 事见中共党史人物研究会编，王淇、陈志凌主编《中共党史人物传》第62卷，中共党史出版社1997年版，第398页。

⑤ 朱凤蔚：《南社人物小志（二）》，《社会月报》1935年第12期，第5页。

⑥ 长沙市新闻记者联合会编：《长沙市新闻记者联合会年刊》（第一第二两册合订本），1933年，"传记"第17页。

⑦ 浏阳旱灾事见《浏阳自然灾害年表》，载湖南省浏阳市地方志编委会编纂《浏阳县志》，中国城市出版社1994年版，第81页。表中载有1921年浏阳"大旱，入春长期不雨，夏秋以后，旱尤酷烈，各地禾苗大都枯死。早稻颗粒无收"。旱情发生后，欧阳予倩也曾两次回湘义演。

⑧ 杨敬偲整理：《孔昭绶先生传略》，载浏阳市政协文史委员会编《浏阳文史》第11辑，1992年，第119—120页。

⑨ "副议长孔昭绶还是本来面目，并且操守很好，有'议会圣人'之称。倘若湖南省议员都像孔议长，我这篇文字，全用不着了。哎！"见振华《湖南实行自治之怪状》，《孤军》第1卷第7期。

⑩ 见《湘局粗定中之湘议会》，《申报》1923年12月4日。

并于会内副议长寓所住下（省宪规定，副议长要长住会内）[①]。数日后，因“湘省自经此次兵事，不惟庶政棼如乱丝，即此后局势何若，亦属飘摇未定”，故省议会公推孔昭绶前往政府报请战后民生、财政、军事大局，请政府“即日确定一切方针”[②]。此时的湘议会，主要集中于两件事情的讨论。其一为清除驻扰北军。北军因之前援赵，现驻于“北之岳阳华容”、“东之醴陵”、“南之临武”。湖南各界谓北军“实含有侵略主义”，“似此北军日增，足为湘中后患”。各法团先后请愿省议会，请“设法将北军撤退”。省议会受理了请愿，并转送至省政府。[③] 其二为讨论所谓“护宪”战争后除名“附逆”、“毁宪”、“旷职”议员之事，尤激烈于“林支宇毁宪除名案”和“雷铸寰毁宪除名案”两案。

其实，湖南政界早在商议省宪之时，即将议宪代表强分中南西三路，“致省内哄，宪会几致中断”。后来湘省议会开幕，中南西三路共分一名议长和两名副议长，西路代表常德林支宇最终获得议长一职。身为议长的林支宇却“不谙议会法”，他所以能获得此职，在其本为“常德社会上最有潜势力之人，在本籍时，即能支配社会”。林又曾为长沙警察厅长，有“警察系”势力，“新议员中，曾受林委之人不少，故一帆风顺，得告成功”[④]。东安雷铸寰为南路代表，浏阳孔昭绶为中路代表。三人之中，唯孔昭绶是既负议会民主之政治理想又最遵循议会规程之人。孔昭绶在议会中并无特别势力，向以秉公中允为称，是湘议会的“中间派”。此次谭赵之役后，议会激于讨论林雷两案，实为派系争斗的体现。而两系势力均大，每当要表决林雷两案时，议会内往往是“有脱下外套大叫者，有挥拳顿足者，秩序极纷乱”[⑤]。当议会主席孔昭绶催付林雷两案表决时，反对系均会以退席做手段。因议会法规定不足法定人数不能表决任何议案，作为主持会议的孔昭绶也是无可奈何。

1923 年 12 月 26 日，湘省议会发生了一场轰动全国的“大武剧”。此次事件的受害者正是秉于公理、无门无派的孔昭绶。事件发生在湘省议会第十六次议事会会场，时孔昭绶担任主席。孔还未开始报告，即有文一元、陈树森、彭定均等林系议员大闹会场，理由是报纸刊登了昨日未参与议案投票的 26 人。孔昭绶耐心给他们解释，此为昨日记者旁听，又不能禁其登载之故，且此名单记者多误，其中包括了因清查账目不受限制的清查委员等，议会已经拟具缄稿，准备请报馆更正。陈树森忽拍案大骂孔昭绶，谓不应将未投票人姓名登报，并说更正报道是掩耳盗铃欺人之举。未料，话未说完，陈树森竟“跑上议台，连批孔副议长之颊”，而“孔未还手，于是全场哄然，秩序大乱”。陈树森后被警卫“扶出”。孔昭绶坚持主持完会议，会后及时电致初检厅，请派员验伤。验伤之后，孔昭绶入住湘雅医院，并向各界发出通函。[⑥]

后据《申报》透露，此次“大武剧”之由来系“赵氏因前方失利之时，备受林系操纵，心极不平，早已示意议会，成立林氏毁宪除名案”，在湘省议会第十六次议事会时“政府派议员本拟变更议程，先决此案。林系计无所出，遂使陈树森以苦肉计，出面破坏。一言不合，孔

① 《湘议会之活动》（长沙通讯），《申报》1923 年 12 月 10 日。

② 《省议会之三要案》（长沙通讯），《申报》1923 年 12 月 22 日。

③ 《各法团请撤北军之呼愿》（长沙通讯），《申报》1913 年 12 月 27 日。

④ 《湘议长被殴之由来》（湘潭通讯），《申报》1924 年 1 月 15 日。

⑤ 27 日下午 2 点长沙电，《申报》1924 年 1 月 28 日。

⑥ 《纪湘议会之大武剧》，《申报》1924 年 1 月 1 日。

副议长遂被殴辱。在原定计划，只求会不成功，不料陈感情冲动，竟致用武”①。此事本为林系与政府派的冲突，却因孔昭绶为议会主席，被当作了两方对垒转移视线的靶子。

因议会无主席，会议无法召开，故议会派朱侣云等六人为代表往医院迎孔回会。孔昭绶本不愿负伤服务，但因议会事大，终暂允诺。② 被殴事件对孔昭绶的从政之路影响极大，也令其逐渐认识到议会政治的缺陷。1923 年 12 月 29 日，省议会开会，孔昭绶“面敷药布”到会场，主持选举军务司长案。后仍居医院。③

1924 年 1 月 23 日，湘议会通过雷铸寰辞去副议长职，“雷铸寰毁宪除名案”最终解决。④林支宇终也于 2 月 28 日来简电辞职，文云“北兵入湘，省宪破产，议长一职，请即开除”⑤。“林支宇毁宪除名案”也告解决。议会前因此两案之风波也尘埃落定。林、雷辞职后，湖南西路、南路又忙着竞选议长、副议长的活动。欧阳振声 3 月 17 日就议长职。⑥ 至于殴打副议长孔昭绶的议员陈树森，因依林系势大，不仅不应检厅要他到案预审之传票，还让司法司呈请赵恒惕将秉公办案的检厅长黄树勋撤职。⑦ 3 月 17 日，陈树森在林支宇辞职后不久亦采取辞职了事。⑧

孔昭绶在“大武剧”之后实已无志于议会，2 月即请辞副议长职，却未被通过。接下来的几月，孔昭绶强勉力于此。1924 年 10 月国庆节前夕，长沙军警稽查处借“维持秩序”搜捕异己。“军警检查旅馆，查拿党人，极为忙碌”，而湖南省教育界原拟之联合各界举行的国庆“游街运动”也竟取消。⑨ 湘政日坏。孔昭绶终于 10 月初再函辞职。10 月 14 日，湘省议会正式通过辞职案。孔昭绶之湘省议会理想最后失败，其在湘政途亦宣布告终。

孔昭绶在担任湘省议会副议长前后，积极参加南社在长沙的活动。1921 年 11 月 20 日，孔昭绶参加了南社在半园的雅集。⑩ 1923 年 4 月，原南社解体。1924 年 4 月 6 日（上巳节），孔昭绶参加了南社湘集在长沙刘园举行的第一次雅集，傅熊湘当选为南社湘集社长。⑪ 孔昭绶参加南社活动，也有排遣议会政治失意之愿望。

---

① 《湘议长被殴之由来》（湘潭通讯），《申报》1924 年 1 月 15 日。

② 《孔昭绶被殴后之湘议会》，《申报》1924 年 1 月 4 日。

③ 30 日下午 2 点长沙电，《申报》1923 年 12 月 31 日。

④ 《湘议会议长问题已解决》（长沙通讯），《申报》1924 年 1 月 30 日。

⑤ 《湘省正副议长相继辞职》（长沙通讯），《申报》1924 年 3 月 11 日。

⑥ 17 日下午 10 点长沙电，《申报》1924 年 3 月 18 日。

⑦ 《异哉湖南之司法独立》（湘雅），《申报》1924 年 3 月 8 日。

⑧ 17 日下午 10 点长沙电，《申报》1924 年 3 月 18 日。

⑨ 《湘省恐怖中之国庆日》，《申报》1924 年 10 月 16 日。

⑩ 1921 年 11 月 20 日南社长沙半园雅集。参加此次雅集的有孔昭绶、王啸苏、黎伯努、刘约真、吴悔晦、李况松、刘寅先、鲁若衡、龚介弥、马惕冰、刘雪耘、傅屯艮、钟爱琴、朱凤蔚、李经舆等 17 位社友。

⑪ 栾梅健：《民间的文人雅集：南社研究》，东方出版中心 2006 年版，第 217 页。南社于 1923 年解体后，原南社成员纷纷成立新南社、南社湘集等，宗旨已异。参与南社湘集第一次雅集的还有邓瑞生、侯凌勋、王永年、张若荪、文牧希、刘约真、谭戒甫、张平子、谢浴淮、秦刚武、方旭芝、黄咸夷、骆迈南、任憨沉、龚芥弥、彭焌文、王右曾、金云心、李肱良、王啸苏、戴邃庵等社友。傅熊湘主编有《南社湘集》。《南社湘集》1924 年 11 月创刊于湖南，共出了八期。

七　1925—1926：推动移垦西北，创办《西北汇刊》

据《浏阳县志》载，孔昭绶故里浏阳自1911年到1925年自然灾害不断。农业生产受到自然灾害的严重影响，人口又大量增加，粮食不够食用，死人的事是常有的。再加上湖南地处南北军事要冲，各地均遭到不同程度的兵灾。不能正常进行生产生活，百姓实处于深重的人祸之中。孔昭绶在担任湘省副议长之前，曾组织募捐善款以赈济家乡1921年大旱，但此法“不过临时补苴，何与本治”。即使在担任湘省副议长期间，他急于改变这一生产生活现实，但由于军阀混战、政治多变加之帝国主义的侵略，终也无法号召在省内开展大规模的生产建设运动。因此，为了改善湖南人民的生产生活状况，迫于“救中国”的孔昭绶在辞去湘省副议长后，与郭皋、马邻翼、曾继吾、王季范等18人在长沙发起成立了“湘民移垦西北合作社”①。湘民移垦西北合作社的宗旨为“集资移民，开辟西北”。合作社委郭皋主任其事，社址分设在长沙、湘潭等处。顺着民国初年的垦边风潮一道，孔昭绶加入到了移垦西北的壮阔运动之中。在湘民移垦西北合作社成立后不久，孔昭绶便与郭皋等同人离别三湘远赴西北，从此开辟了全新的生活。

时“塞北四省”为热河、察哈尔、绥远和宁夏。孔昭绶和郭皋等同人将湘民移垦的地点选在绥远省。1925年初，孔昭绶和郭皋、周寿春、罗先觉、罗德良、许履道首先来到绥远省伊克昭盟（即今鄂尔多斯市，黄河南岸）和巴彦淖尔盟（今巴彦淖尔市，黄河北岸）考察。考察之后，同人评价此地“果尔地质肥沃，气候适宜，种植牧畜，斯为奥区。且交通日便，文化渐开，新村制度，逐一实行”。趁着达拉特旗和杭锦旗报垦了一批土地，孔昭绶和郭皋等湘民移垦先锋们便迅速向绥远垦务局挂号申领了达拉特旗地50余顷，并将临河以北70里六合公（即绥远省实业基金地旧段）作为湘省移民开垦的地区。② 从此，湘民移垦西北便具体实施起来。

孔昭绶到西北后不久，便投到西北督办冯玉祥的帐下。时冯玉祥在西北主张爱国主义与平民主义，改革吏治、力惩腐败、严明军纪、任用贤能，又大兴工程、提倡垦殖、改良风俗、普及文化，使西北有政清人和之景象，在军阀混战的中国尤为独特。冯在孔的心中是一位理想的政治家，孔昭绶期望他成为中国的“来喀士”③，能真正服务于人民。孔昭绶在冯玉祥的支持

---

① 《孔竞存事略》云，孔昭绶“十三年辞职，赴西北，于张家口一带创设移垦合作社，以垦殖边荒为当务之急”。长沙市新闻记者联合会编：《长沙市新闻记者联合会年刊》（第一第二两册合订本），1933年，“传记”第16页。此“移垦合作社”即“湘民移垦西北合作社”。

② 伊克昭盟地方志编纂委员会编：《鄂尔多斯史志研究文稿》第4册，伊克昭盟地方志编纂委员会1984年版，第117页。

③ “来喀士”又译为来库古、吕库古、莱库格斯等，为斯巴达著名政治人物。来喀士听闻克里特国王善于制法，思用其法以图治。后来他因为谗言而离开斯巴达，先学法于克里特岛，再游学于埃及。来喀士归国后大受斯巴达人欢迎，并要他改良国政。来喀士得以畅行所学，大修法律。惜立法既竟，复舍身以成就其法，使垂之无穷。孔昭绶在《冯督办下野与国民觉悟》一文中希望冯玉祥“为积极的来喀士”。文见《西北汇刊》社编《西北汇刊》1926年1月15日第2卷第3号第19期，第4页。载《中国少数民族旧期刊集成》第79册，中华书局2007年影印版，第466页。

下，创办并主编有西北地区核心刊物《西北汇刊》[①]，并主办冯玉祥施政系统下的“辅治宣讲研究所”。

《西北汇刊》是民国时期短暂出现的专门研究西北问题的周刊，属冯玉祥政治智库和宣传系统，社址位于张垣市（即今张家口市）。《西北汇刊》分有研究、评论、译著、调查、计划、演讲、政闻录、大事记、特载、杂俎等栏目，从1925年9月到1926年7月共出了两卷。孔昭绶在《西北汇刊》中使用“竞存”与“舌存”两名发表文章[②]。他的学生宫廷璋[③]和曾大寿[④]等也一并参编。《西北汇刊》受到了西北军政当局的高度重视，时任绥远都统李鸣钟、察哈尔都统张之江等军政要员均有题词。张之江为《西北汇刊》题词曰：“兹出汇刊，广事启牖，面命耳提，婆心苦口；日月光华，睡狮醒吼，御外安内，诸公善诱。”[⑤] 此刊也受到了全国各地关心西北问题读者的重视，其中如开封道尹孟广彭等。

孔昭绶在《西北汇刊发刊词（一）》中说：“一国之文野视其出版物之多寡以为衡，一民族之文野又视其新闻纸之多寡以为衡。出版物者，为灌输智识、宣传文化之利器。而新闻纸者又出版物中利器之利器，足以普及于个人之耳目，以代表舆论、指导社会、监督政府、灌输智识、宣传文化者也。”谓出版刊物极为重要。“西北僻在一隅，总数千年来，犹滞于游牧阶级，开化虽早，进步独迟，武功颇著，文化偏窳。”言西北尤须发展文化，开启民智。孔昭绶又指出“沪汉沙惨案”发生后英人向外混淆黑白而我“如木偶然”，其原因在于“吾向外宣传之机关少也”。他希望开辟这一“公共言论机关”以谋“中国前途之幸福”。孔昭绶在《西北汇刊发刊词（二）》中发问：“巃然起于大洋之中者六，而亚洲居其一。崛然国于亚洲之东者三，而中国冠其首。垒然省于中国之内者二十二，而西北屏其北。西北其中国之瓯脱地乎？”接着他从地理、天时、历史、种族、武功、文化、政治、垦殖、资本、外交等十个方面论证了西北研究与开发的重要性。最后他号召“务以发展西北者，发展中国，即以救济中国者，救济西北”，如此方能使西北“非复为瓯脱地，且褒然为天之骄子矣。是非特西北之幸，亦实中国前

---

① 在《浏阳县志》（1994）和《湖南第一师范名人谱1903—1949》（2003）等书中，记载孔昭绶到张家口办《西北报刊》。查民国期间并无《西北报刊》。名称相仿者有《西北周刊》，其所在地为西安，创办时期为1925—1938年。孔昭绶所办刊物为《西北汇刊》。在杨敬偲整理的《孔昭绶先生传略》中即载为《西北汇刊》，是《浏阳县志》抄错。当时参与讨论西北垦殖问题的杂志有《湖南建设月刊》、《湖南实业杂志》、《西北》、《西北杂志》、《农业周报》、《蒙藏旬刊》、《中国建设》、《中国边疆》、《边政公论》、《新亚细亚》、《民鸣》等。

② “舌存”为孔昭绶笔名证据有二：第一，孔昭绶在刊发《湘民移垦计划书》时署名“舌存”，又在刊发《移垦与农村经济》时署名“竞存”，后文首句即言“余前草《湘民移垦计划书》”，即知“舌存”就是“竞存”；第二，孔昭绶在《西北汇刊》中刊发自己的诗歌时均署名“舌存”，包括有他以前的诗文，如《客倭除夕感怀》、《留别旅日同志绝句》等，此为确证。

③ 宫廷璋（1895—1981），号宗翰，湖南湘潭人。1915年从湖南第一师范毕业，与萧三是同班同学。1923年从长沙雅礼大学文科毕业后任萍乡中学校长兼师范班主任。1925年赴张家口任《西北汇刊》主笔。他在《西北汇刊》发表有《西北移垦事业之影响于中国》（《西北汇刊》1925年10月第1卷第4期）等论文。他既是孔昭绶的学生，又是孔昭绶的好友。宫廷璋事见启功主编，中央文史研究馆编《中央文史研究馆馆员传略》，中华书局2001年版，第177—178页。

④ 曾大寿（1890—1977），字雄镇，湖南新宁人。他1917年考入湖南第一师范，1920年由夏曦介绍加入社会主义青年团，1921年考入南京金陵大学，1925年毕业后即担任《西北汇刊》社编辑半年。1926年春加入中共，秋，回新宁指导农运。1927年蒋介石叛变革命后与党组织失去联络，后长期从事教育工作。曾于1936—1939年留学日本东京帝国大学。曾大寿事见戴中翔、银彩英编著《邵阳党史集萃：新民主主义革命时期》，广西人民出版社1992年版，第267—268页。

⑤ 《西北汇刊》社编：《西北汇刊》1925年9月18日第1卷第2期，第1页。载《中国少数民族旧期刊集成》第78册，中华书局2007年影印版，第417页。

途之幸也”①。

孔昭绶致力于在《西北汇刊》中大力推动移垦西北。他在《湘民移垦计划书》中详细阐释了推动湘民移垦西北的理由。一则湘省人口过剩，“人满为患须及早向外移植”；二则湘省地理限制，“湘省居南北之冲，以致兵争连年，十室九空，痛苦不堪，自应另开桃源，别寻生路”。他还从“自然”与“人合”两方面论证了移垦的合理性：从水利来看“河套南濒黄河，沟洫纵横，有水利而无水患（俗有黄河百害只利一套之谚）”；从生活习惯来看“衣服饮食，由于习惯，暂时难觉不便，久之可成自然”。他还认为湘人应迁回祖地，“吾人祖先均系自北而南（观各姓郡系即知），现复自南而北，正迁回祖地，有何不可？且与其为人末裔，何如另为创业之始祖”，并谓“湘民既另组新村，相聚而居住，守望亲善，仍不失故乡风景”。他否定了南进主义和东进主义这两种方案，具体阐明了西北当局给予移民的经济优惠，并进行了地价、收获与手续等方面的比较，祈望湘民速速移垦。②

孔昭绶在《移垦与农村经济》一文中反思了过去移垦主张中不符合民情之处，他谈及“惟顷阅湘省各报及故乡来书，多言本年湘灾为从古所未有”。此年湖南“水泉涸竭，田园龟裂，赤地千里，百谷枯萎，颗粒无收。即来岁之种籽，亦必赴他区求之，遑问能果吾人之腹。且不独无米可食，抑亦无水可饮”。而他之前在《湘民移垦计划书》中言及民众加入移垦队伍的前提便要数百元资本，得知民情后反问曰：“数千万饥渴待毙之灾黎，更安有数百元之巨款，可携以逃生于数千里外？至受廛西北且耕种以自活乎？”孔昭绶谈倘若“不设法使逃生异地耶，则坐视其委填沟壑，未免有乖人道”。他在文中给读者介绍了一个“最良之法”，即组织“农垦银号”。他阐明了土地、劳力和资本这三个生产力要素里唯资本一事最难，而“农垦银号”作为农村生产消费组合之金融总机关可以解决资本问题，最终服务于那些“真正农民凡愿北移者”。文末还附有《农垦银号组织大纲》。③

辅治宣讲研究所是冯玉祥施政系统中的宣传和建议机构，主要负责向冯治下的西北民众宣讲冯的平民主义主张和爱国爱民的政策。冯玉祥在辅治宣讲研究所成立式上具体从振兴实业开发富源、提倡文化启发民智、整饬官方清厘积弊和训练军队巩固边疆四个方面介绍了他的施政方针。他说冯军的宗旨是“要建设真正的中华民国，就是实行平民主义，真正以百姓为主体的国家”，冯军的标语是“誓死救国，不扰民真爱民”。他还重点阐释了平民主义，谓“平民是国家的主人翁，国家是要为平民谋幸福，国家就是平民”。冯玉祥谈创办辅治宣讲研究所的本意是：“一面宣传官厅行政的旨趣，务使人民完全了解；一面要把人民方面的情形，探访明白，然后对病下药，务使民德民智，步步向上。”冯说：“鄙人的盼望是要在最短最速的时间内，得

① 《西北汇刊》社编：《西北汇刊》1925 年 9 月第 1 卷第 1 期，第 2—9 页。载《中国少数民族旧期刊集成》第 78 册，中华书局 2007 年影印版，第 352—359 页。

② 《西北汇刊》社编：《西北汇刊》1925 年 9 月 25 日第 1 卷第 3 期，第 12—32 页。载《中国少数民族旧期刊集成》第 78 册，中华书局 2007 年影印版，第 478—498 页。

③ 《西北汇刊》社编：《西北汇刊》1925 年 10 月 16 日第 1 卷第 6 期，第 1—7 页。载《中国少数民族旧期刊集成》第 78 册，中华书局 2007 年影印版，第 593—599 页。

到一班民众完全明白平民主义，拼命向救国的道上做。”① 督办署秘书李庆施在辅治宣讲研究所讲员学习期满即将毕业之际发言，他如此解释“辅治宣讲”四字：“治，就是政治教化，辅，是帮助他，叫那些百姓对于政治教化‘坦然顺从’、‘乐于感受’。辅治二字是诸位的责任，宣讲二字是辅治的方法。”并强调冯军是“真的要最后成功的”，让讲员们“拿出精神帮他们的成功，那才算尽了辅治的责任”②。察哈尔实业厅长龚柏龄在辅治宣讲研究所谈及讲员们任重道远：“诸君以辅治为目的，以宣讲为手段，将来服务时直接为人民之导师，亦间接为施治之宣泄枢纽，关系西北前途至为重要。”③

孔昭绶在辅治宣讲研究所成立后撰写有大量宣讲文章，为冯玉祥施政的一大辅助力量。他在《西北兵工政策与兵农政策之感言》中言冯军“独首实行兵工政策与兵农政策”，既追随了中国古制，又学习了西方经验，可收“最后之效果”④。孔昭绶在《西北民治与民意》一文中从政治、军纪、经济、教育、劳动、社会六个方面详细阐释了西北当局平民主义的政治主张和实践。他还论述了“公仆”和“主人”的关系：“共和国家之主权，在乎人民全体。人民者，国家之主人翁也。主人因形势散漫，不能自谋福利，乃特设官吏以代为之谋，故共和国之官吏，人民之公仆也。公仆对于主人，能忠其所事则主人安，公仆对于主人，倘反盗憎主人则主人被其害。平民主义者，正所以保障主人之福利，而使公仆必忠于所事，以维持公益，保全秩序，增进幸福，实行共和国之民治主义者也。”并谓国民军有民意的向心力，西北能实行民治主义是“中国前途的幸福”。⑤

《西北汇刊》第18期刊载了“冯将军辞职出洋求学”的消息。⑥ 针对此变，孔昭绶撰有《冯督办下野与国民觉悟》一文。孔昭绶言“中国数千年之建国精神，系夙以礼让为根本的立脚点”，并从历史典故证明了“中国自古一治一乱，其所以致治乱之原因虽多，然一争则其国必乱，一让则其国必治者，则固历古今数千年而莫之爽也”。他赞赏了孙中山、黄兴在民初以辞职“高天下”的行动，痛斥了袁世凯廉耻道丧叛国称帝的丑剧。孔昭绶说：“值此举世混浊众人皆醉之秋，幸有此模范军人，远举高蹈，鸿飞冥冥，凤览千仞，他人所视为难能可贵。”他称赞冯玉祥“功成而不居，长揖飘然去”的姿态，并预言目前军阀官僚政客如此争斗的趋势，乃是终将“同归于尽而后快”。孔昭绶最后期望冯玉祥“历游各国，考察实业教育军事各大端，及时储蓄，以作他日之来喀士”。他期望冯不仅为消极的华盛顿，而且做积极的来喀士，

---

① 《冯督办对辅治宣讲研究所成立式之训词》和《冯督办对于辅治宣讲研究所议员之谈话》，载《西北汇刊》社编《西北汇刊》1925年9月第1卷第1期，第22—31页。载《中国少数民族旧期刊集成》第78册，中华书局2007年影印版，第372—381页。

② 《督办署魏秘书长代表李秘书庆施讲演词》，载《西北汇刊》社编《西北汇刊》1925年9月18日第1卷第2期，第20—23页。载《中国少数民族旧期刊集成》第78册，中华书局2007年影印版，第436—439页。

③ 《龚实业厅长讲演辞》（冯静山笔记），载《西北汇刊》社编《西北汇刊》1925年12月25日第1卷第16期，第23—25页。载《中国少数民族旧期刊集成》第79册，中华书局2007年影印版，第331—333页。

④ 《西北汇刊》社编：《西北汇刊》1925年10月2日第1卷第4期，第1—3页。载《中国少数民族旧期刊集成》第78册，中华书局2007年影印版，第519—522页。

⑤ 《西北汇刊》社编：《西北汇刊》1925年12月11日第1卷第14期，第5—18页。载《中国少数民族旧期刊集成》第79册，中华书局2007年影印版，第227—240页。

⑥ 《西北汇刊》社编：《西北汇刊》1926年1月8日第2卷第2号第18期，第27—31页。载《中国少数民族旧期刊集成》第79册，中华书局2007年影印版，第445—449页。

以救中国。①

1926 年，孔昭绶 50 岁。此年 3 月，赵恒惕被驱出湖南。5 月，冯玉祥接受于右任、徐谦、鲍罗廷等建议，加入了国民党。5 月 9 日，冯玉祥一行到达莫斯科和苏联商谈中国的政治和军事问题。此间，冯采纳了李大钊等提出的“进军西北，解围西安，出兵潼关，策应北伐”的战略方针。8 月 17 日，冯玉祥告别莫斯科，与苏联顾问乌斯马诺夫、共产党人刘伯坚等一起回国。此月，《西北汇刊》停刊。孔昭绶也随着冯玉祥加入了北伐战争。

八　1927—1929：孔昭绶的最后三年

1926 年 9 月 16 日下午，冯玉祥在国民军驻地绥远省五原县发表参加国民革命的宣言。第二天，全军举行誓师大会，改国民军为国民军联军，公开宣布全军集体加入国民党。冯玉祥任国民军联军总司令，分兵出击陕西、甘肃、宁夏。

1927 年春，在北伐军抵达长江，奉军突然南下之际，孔昭绶“默察局势，以为非冯军趋西安出潼关以牵制奉军侧面，则战祸必至延长”。在如此势情紧急的情况下，孔昭绶“自汉皋徒步襄樊出汉中，说冯军”，终因“鄂陕边界伏莽四起，不能进而还”。②

1927 年 5 月，武汉国民政府为适应北伐战争需要，将冯玉祥所部改编为国民革命军第二集团军。冯玉祥出任国民革命军第二集团军总司令后，旋即率西北军出潼关。1927 年秋，冯玉祥收复河南，在洛阳设立豫陕甘三省考核院，举行县长考试。张之江任豫陕甘三省考核院院长，王瑚任豫陕甘三省考核院监察兼考试委员，孔昭绶担任豫陕甘三省考核院考核官。考场场规很严，不准说情送礼，两场定案，录取 30 余人。③《孔竞存事略》评曰：“河南既复，张子岷受命考验县长，延先生评文卷。悉心披览，常至夜分不寐。及揭晓，所得皆知名士，舆论翕然。”孔昭绶此时亦担任国民革命军第二集团军总司令部少将参议。④

1928 年春，第二期北伐战地政务委员会负责人蒋雨岩、仇亦山（即仇鳌）想要招孔昭绶为北伐战地政务视察，政务视察对收复各县行政官吏的任免拥有全权。然而，孔昭绶认为“视察不若赈济为急，力辞不就”。他自请“追随前队调查灾况，随时施赈，总计前后散放赈款数十万。无涓滴浮滥，且捐廉充旅费焉。大河南北赖以存活者无算”⑤。

孔昭绶随前军调查灾况的同时，冯玉祥的国民革命军第二集团军进入山东与军阀张宗昌部作战，终俘张军七八百人。此年 4 月，蒋介石在徐州誓师继续北伐，北伐战争进入第二阶段。

① 《西北汇刊》社编：《西北汇刊》1926 年 1 月 15 日第 2 卷第 3 号第 19 期，第 1—4 页。载《中国少数民族旧期刊集成》第 79 册，中华书局 2007 年影印版，第 463—466 页。

② 长沙市新闻记者联合会编：《长沙市新闻记者联合会年刊》（第一第二两册合订本），1933 年，“传记”第 16 页。由此亦知，孔昭绶 1926 年后并未长在冯玉祥左右。

③ 豫陕甘三省考核院史实见中国人民政治协商会议全国委员会文史资料研究委员会《文史资料选辑》编辑部编《文史资料选辑》第 38 卷第 112 辑，中国文史出版社 1989 年版，第 99 页。孔昭绶担任豫陕甘三省考核院考核官事见于《孔竞存事略》和《孔昭绶先生传略》。

④ 孔昭绶担任国民革命军第二集团军总司令部少将参议事见杨敬偲整理《孔昭绶先生传略》，载浏阳市政协文史委员会编《浏阳文史》第 11 辑，1992 年，第 116—117 页。

⑤ 长沙市新闻记者联合会编：《长沙市新闻记者联合会年刊》（第一第二两册合订本），1933 年，“传记”第 16—17 页。

据南社社友朱凤蔚回忆，在蒋介石行军至兖泰间时候，孔昭绶从冯玉祥军中来，他给朱凤蔚讲述了冯玉祥部与张宗昌部当时激战的经过。此时的孔昭绶“大笠贯顶，戎装佩剑，俨然武装同志。而面为烈日所熏，黝黑生光”[①]。孔昭绶自1925年赴西北调查垦务，在张家口主编《西北汇刊》，一直在西北边塞的严酷环境中生活着。西北的风土正所谓“砭骨朔风塞上高，氈裘重複尚轻飘”[②]，再加上一年来四处奔战的军旅生活，孔昭绶俨然成了一名内蕴儒雅之气的西北硬汉。

1928年6月4日，张作霖当夜撤离北京，退出山海关外。6月8日，国民革命军开入北京。1928年12月29日，张学良在东北通电宣布效忠南京国民政府，东北易帜，北伐至此宣布成功。朱凤蔚言：“迨平津底定，同人皆被命一官出宰。而竞存独不肯做官。”《孔竞存事略》言，孔昭绶在北伐战争结束后去了开封。“当道争以政务相委，先生悉不就”，最终未再入冯玉祥帐下。1928年下半年，孔昭绶在河南中山大学（即今河南大学）担任教授，“课余撰三民史，揭示三民主义真诠”。[③]

1929年2月，孔昭绶应南京国民政府考试院院长戴季陶之聘，编撰中国考试制度史，“以吾国考试制度向无专书记载，故搜集颇难，属稿肇目唐虞，将以次及于近代”。不幸的是，“未几以病辍”。1929年8月20日（农历己巳年七月十六日未时）孔昭绶病逝于南京康济医院，终年53岁。孔昭绶向来“不治家人生产，历年俸入用于张家口垦殖事业者过半，余多用于公益事业及私人赠遗”，导致“身后萧条，几无以殓”。后来在考试院院长戴季陶和湖南同乡考试院铨叙部部长仇鳌的帮助下始得成礼，终葬于长沙湖迹渡大极坡狮茅冲。[④] 20世纪60年代，其后裔为方便祭扫将其迁葬回乡，并于1994年立碑。墓在浏阳市达浒镇书香村油铺组大坟坪。

（责任编辑：周建刚）

---

① 朱凤蔚记载与孔昭绶交往事见朱凤蔚《南社人物小志（二）》，《社会月报》1935年第12期，第5—6页。

② 此为《临河竹枝词》首句，见王文墀编《临河县志（全）》，台北成文出版社1968年版，第249—251页。

③ 长沙市新闻记者联合会编：《长沙市新闻记者联合会年刊》（第一第二两册合订本），1933年，“传记”第16—17页。

④ 同上书，“传记”第17页。

【地域文化研究】

西王母地方文化比较研究

陈 英*

摘 要： 西王母是中国历史文化传说中的一个重要人物，在对西王母文化的研究中，出现了许多彼此相异的观点与说法。其中，有关西王母文化的发源地与西王母原型的讨论，是分歧比较大的两个主要问题。通过对不同地方文化研究的比较，本文认为西王母源起上古部落文化，发源地为西域。

关键词： 西王母；发源地；人物原型

一 西王母文化发源地考究

当今，文化发展备受重视，各地都大打文化牌，希望借此推动文化产业以及与之相随的旅游产业的发展。关于西王母的地方性文化研究很多时候也受到地方文化产业发展需要的影响。西王母神话主要流传于青海、新疆、甘肃、山东各地，也包括湖南部分地区，一些地方有很多关于西王母传说的历史遗存，有与西王母传说相对应的名山大川，地方文献中有关于西王母崇拜民风民俗的不同记载。根据不同文献记载与民间传说，西王母神话传说的起源地大体有两种不同说法。

（一）西王母"西方说"

一种较为普遍的观点认为西王母神话源起西方，即传统所认为的包括今天中国西部地区在内的"西域"，认为西王母是"西域"地区一母系部落的酋长或女神。西王母"西方说"的主要根据是古代典籍对西王母出处的描述与记录，似乎所有的古老文献都证明西王母是源起西方

* 陈英，湖南省社会科学院哲学研究所助理研究员。

的神。先秦典籍中，对西王母记载最为详细的是成书于春秋末期至汉初期的《山海经》一书，其中有多处记载西王母的故事：

玉山，是西王母所居也。西王母其状如人，豹尾虎齿而善啸，蓬发戴胜，是司天之厉及五残。（《西山经》）[①]

海内西北陬以东者。蛇巫之山，上有人操杯而东向立。一曰龟山。西王母梯几而戴胜，杖。其南有三青鸟，为西王母取食。在昆仑虚北。（《海内北经》）[②]

西有王母之山，壑山、海山。有沃之国，沃民是处。沃之间野，凤鸟之卵是食，甘露是饮。（《大荒西经》）[③]

西海之南，流沙之滨，赤水之后，黑水之前，有大山，名曰昆仑之丘。有神，人面虎身，有文有尾，皆白，处之。其下有弱水之渊环之，其处有炎火之山，投物辄物。有人戴胜，虎齿，有豹行，穴处，名曰西王母。此山万物尽有。（《大荒西经》）[④]

《山海经》分《山经》与《海经》，两者成于不同的年代。有学者根据不同历史阶段的语言风格分析，指出《海内北经》成书晚于《大荒经》，《海内北经》与《大荒西经》记载大同小异，应属于前者承袭后者之作。因此，《山海经》关于西王母各种记载虽然都有所不同，但追根究底，都可以看作源出《大荒经》。[⑤]《西山经》有："玉山，是西王母所居也。"郭璞注："此山多玉石，因此名之，《穆天子传》谓之群玉之山。"[⑥]昆仑山产玉石，被称为玉山，因此，一般认为此处玉山所指即是昆仑山。《大荒西经》说西王母住在西荒的"昆仑之丘"，地处"西海之南，流沙之滨，赤水之后，黑水之前"，关于西王母的神话也就常常与昆仑神话联系在一起。

《穆天子传》记录了周穆王西征会见西王母的事件。

癸亥，至于西王母之邦。[⑦]

吉日甲子，天子宾于西王母。乃执白圭玄璧，以见西王母。好献锦组百纯，口组三百

① 《山海经》，中国经济出版社 2002 年版，第 7 页。
② 同上书，第 42 页。
③ 同上书，第 50 页。
④ 同上书，第 52 页。
⑤ 刘宗迪：《西王母神话地域渊源考》，《民俗研究》2005 年第 2 期。
⑥ 《山海经》，中国经济出版社 2002 年版，第 7 页。
⑦ 郑杰文：《穆天子传通解》，山东文艺出版社 1992 年版，第 48 页。

纯。西王母再拜受之。□。乙丑，天子觞西王母于瑶池之上。西王母为天子谣……①

穆天子西征至昆仑山，会见了西王母，这一古代记载也似乎证明了西王母仍是居住于西方。汉代班固《汉书·地理志》中更是有明确记载西王母所居石室："金城郡……临羌。西北至塞外，有西王母石室、仙海、盐池。北则湟水所出，东至允吾入河。西有抵池，有弱水、昆仑山祠。莽曰盐羌。"②

文献记录指明西王母非中土人物，而是来自西方，但究竟具体来自西方哪一个地方，古代所言之昆仑究竟对应于今天的哪个地方，持"西方说"的不同学者又有不同看法。一种说法认为西王母所居地在青海，《汉书·地理志》记载的"金城郡"一般指今天的青海民和县的下川口，临羌县则在今天青海湟源县东南。青海师范大学民俗学研究专家赵宗福教授认为，远古时代的青海湖地区就是西王母的故乡。③ 青海湖附近考古发现的多处石洞似乎也印证了西王母石室在青海的说法。一种说法认为西王母所在昆仑在甘肃。《括地志》"肃州酒泉县"下云："昆仑山在肃州酒泉县南八十里。"其间又引用"五胡十六国"时期的前凉酒泉太守马岌语曰："酒泉南山即昆仑之体，周穆王见西王母，乐而忘归，即谓此山。有石室、王母堂。珠玑镂饰，焕若神宫。"④ 甘肃泾川民俗学专家张怀群就认为西王母信仰起始于穆王西征至泾川。金宇飞对《穆天子传》中地理位置考证西王母之邦在甘肃省酒泉一带。⑤ 另一种说法认为西王母故居在西亚某个国家。《史记·大宛列传》有记载："条枝在安息西数千里，临西海。……安息长老传闻条枝有弱水、西王母。"⑥ "西海"即地中海，一般认为"条枝"在地中海沿岸。《后汉书·西域传》同样记载："其国（指大秦）西有弱水、流沙，近西王母所居处，几于日所入矣。"⑦《三国志》注引《魏略·西域传》记载："大秦西有海水，海水西有河水，河水西南北行有大山，西有赤水，赤水西有白玉山，白玉山有西王母，西王母西有修流沙，流沙西有大夏国、坚沙国、属繇国、月氏国，四国西有黑水，所传闻西之极矣。"⑧ 诸多记载中，西王母居处都指向西亚地区。民国不少学者将《穆天子传》中的西王母居住地考定为在西域某国，如丁谦先生认定为"西王母为西方大国，其国上古时名加勒底，炎黄时名巴比伦，至于商周，则名亚西里亚"⑨；刘师培先生认定为"西王母为极西古国……今波斯附近，在西周时为阿西利亚国所宅"⑩；顾实先生考订为："西王母之邦，应在今波斯之第希兰（今德黑兰）附近。"⑪

① 郑杰文：《穆天子传通解》，山东文艺出版社1992年版，第52页。
② 《汉书》（简体字本），中华书局1999年版，第1290页。
③ 赵宗福：《地方文化系统中的王母娘娘信仰》，《民间文化论坛》2005年第6期。
④ 李泰等著，贺次君辑校：《括地志辑校》，中华书局1980年版，第225页。
⑤ 金宇飞：《〈穆天子传〉中西王母地理位置新考》，《乐山师范学院学报》2011年第3期。
⑥ 《史记》（简体字本），中华书局1999年版，第2400页。
⑦ 《后汉书》，中华书局1999年版，第1974页。
⑧ 《三国志》，中华书局1999年版，第639页。
⑨ 丁谦：《穆天子传地理考证》，浙江图书馆丛书第2集，浙江图书馆民国四年（1915）刊印本，《凡例》第1页。
⑩ 刘师培：《穆天子传补释》，宁武南校本，第8页。
⑪ 顾实：《穆天子传西征讲疏》，商务印书馆1934年版，第130页。

（二）西王母“东来说”

与西王母“西方说”相对应的是西王母“东来说”。部分学者试图从东方本土寻找西王母的文化根源。中国社会科学院民族文化研究所刘宗迪就持此一观点。① “东来说”质疑“西方说”的一个根据来自古代地理概念与当代地理概念之间存在的差异。西王母“西方说”一个重要的论据是最早记录西王母的《大荒西经》指出西王母在西方。但是，《大荒西经》成书年代所言的西部是否就是我们现在所言的西域或西亚，持“东来说”观点者认为这一点颇值得怀疑。《大荒西经》是对《大荒经》所记载世界西部景观的描述。有学者指出，《大荒经》所言说的四荒，其广袤不会超过人的目力所及，就算古人视力再好，也不会超过方圆百里，因此，四荒中的西方，并不能等同于我们今天所言的九州之西方或西扩到海外。而《大荒经》所描述的历法制度与东方的殷商文化和东夷文化具有地域文化渊源；《大荒经》记载了古史传说中的一系列先王谱系，其帝舜为东夷人，炎黄帝、祝融等都源出东方文化。

“东来说”另一个论据来自西王母与道教的关系。西王母在道教中占有很重要的位置，出土的东汉西王母画像多集中在道教活动比较密集的地区，包括鲁西南、苏北，以及河南的南阳与洛阳地区。原始道教即神仙道教，源于东方燕齐之地，如果西王母崇拜从一开始就与原始道教有关系，那么西王母的起源就离不开道教起源的东方。对于《汉书·地理志》所记载西王母石室以及青海发现的诸多类似文献中描述的石室，“东来说”推断为西王母文化传播过程中后人对《山海经》所记载西王母居处的误解而仿制。民俗研究学者刘宗迪认为《汉书》记载西王母“西方说”同时也受到当时王莽政治需求的刺激。《汉书》记载西海郡当时属王莽所获封地，汉哀帝时期，东方郡国爆发大规模的“传西王母筹”流民运动，王莽将这一社会运动看作其摄政代汉的瑞兆加以宣传，从而西王母西方说也得到官方正式认可。

二　西王母文化原型考究

西王母文化研究第二个争论较大的问题，是“西王母”的原型究竟指向何物？对这一问题，学术界有以下三种看法。

第一，西王母是历史上曾存在过的人物，或认为是我国西部古代某个部落的首领或祭司，这种看法较为普遍；或认为是某个国家的公主。总的来说，把西王母看作历史上出现过的某个具体人物，后来逐渐演化成具有神话特色的西王母，这种观点占主流。《山海经》中记载西王母“有人戴胜，虎齿，有豹行，穴处”，“西王母梯几而戴胜，杖。其南有三青鸟，为西王母取食”，这些描述都指出西王母是一个人。一些人根据西王母“虎齿豹尾”的外形特征认为西王母是半人半神，根据西王母善啸、戴胜等外形特征判断，西王母应是西部早期一位部落首领，善啸是古时部落首领统领部落、下达命令的一种方式，戴玉胜则显示西王母地位尊贵。鉴于原始部落时期曾有段时期处于母系氏族时期，一般认为，西王母就是这样一个母系部落的女性首

① 刘宗迪：《西王母神话的本土渊源》，《湖北民族学院学报》2004年第1期。

领。但也有认为西王母最初原型是男性，后逐步演变为具有女性特征，虎豹为这个部落所崇拜的图腾，且有可能因为经常佩戴这个部落的图腾或有图腾文身而被误认为是虎豹形象。这在中国传统文化观念中并非独有，如中国佛教中著名的观世音菩萨最初就是男性，至宋代才演化为女性。①

同时，《穆天子传》记载穆天子西征会见西王母，西王母与穆天子有一段互动对话的记录："西王母为天子谣曰：'白云在天，山陵自出。道里悠远，山川间之。将子无死，尚能复归。'天子答曰：'予归东生，和治诸夏。万民平均，吾顾见汝。比及三年，将复而野。'西王母又为天子吟曰：'徂彼西土，爰居其野。虎豹为群，於鹊与处。嘉命不迁，我惟帝女。彼何世民，又将去子。吹笙鼓簧，中心翔翔。世民之子，唯天之望。'"②《穆天子传》记载西王母与穆天子的会面过程，所描述的西王母就完全是与穆天子一样尊贵的部落领袖人物，但也有根据西王母所言"嘉命不迁，我惟帝女"这一说法，认为西王母是某一国家的公主，甚至是周室远嫁西方去的公主，与穆天子的对话正是晚辈向长辈倾诉远嫁的衷肠。③

第二，西王母是某个古代国家或部族的名字，或这个国家或部族所居地的地名。将西王母作为地名最早见于《尔雅・释地》，这也是把西王母看作一个地名的最直接的证据。《尔雅・释地》记载："觚竹、北户、西王母、日下，谓之四荒。"郭璞注："觚竹在北，北户在南，西王母在西，日下在东，皆四方昏荒之国，次四极者。"邢疏注解："此释九州之外、四方极远之国名及其人性禀气不同也。"④ 此处，西王母与觚竹、北户、日下相并列，是一个标志国家相邻方位的地名。《荀子・大略》和《韩诗外传》都有"禹学于西王国"⑤ 一说，其用法把西王母看作一个国家。

第三，把西王母看作纯粹的神话虚构，其根据在于古代对西王母的记载大部分都是以神话形式出现。《西山经》称"西王母其状如人，豹尾虎齿而善啸，蓬发戴胜，是司天之厉及五残"。"其状如人"也就是不是人而像人，这里把西王母看作"司天之厉"与"五残"的神。至于后来《大荒西经》直言"有人，名曰西王母"，有学者认为这是西王母在历史发展中有一个由神格到人格的转变。⑥ 西南师范大学王兴芬博士就持有此一观点，认为《山海经》所记录的西王母是半人半神，反映了先民的原始信仰与图腾崇拜，"西王母人王的形象以及她的外交活动，则是春秋战国时期弱小的诸侯国在弱肉强食的社会情势下寻求帮助和依靠的反映；两汉时期的西王母更多的则是长生不死的仙人和掌管不死之药并能救万民于苦难的吉祥神"。⑦

---

① 孙厚岭：《西王母"本来面目"初探——兼及西王母形象之演变》，《枣庄师范专科学校学报》2002 年第 8 期。

② 郑杰文：《穆天子传通解》，山东文艺出版社 1992 年版，第 52 页。

③ 宋金兰、江海燕：《从东土王室公主到西土部落酋长——"西王母"原型之语言考辨》，《青海民族研究》2011 年第 10 期。

④ 十三经注疏整理委员会整理：《尔雅注疏》，北京大学出版社 2000 年版，第 221 页。

⑤ 王先谦：《荀子集解》，中华书局 1988 年版，第 489 页；赖炎元注译：《韩诗外传今注今译》，台湾商务印书馆 1972 年版，第 225 页。

⑥ 张玉声：《神话西王母浅说》，《西域研究》2005 年第 2 期。

⑦ 王兴芬：《唐前西王母形象的演变及其文化意蕴》，《青海社会科学》2011 年第 3 期。

三　西王母地方文化研究的合理推测

西王母属于远古传说，因其时代久远，对其进行历史求实考证具有难度，现阶段西王母文化研究的历史依据主要包括三个：一是古代文献资料记载；二是考古发现；三是民间传说与地方风俗。最早记载西王母的《山海经》属于先秦古籍，成书年代以及作者都无法考证。《山海经》中记录了包括夸父逐日、女娲补天、精卫填海、大禹治水等许多远古神话传说与寓言故事，最早版本为晋郭璞的《山海经传》，且后传世版本经西汉刘向、刘歆编校，也就是说《山海经》本身有一个随历史变化的过程，在这个过程中难免出现后人因其需要对《山海经》所述西王母及其事迹的改写，这也就是为什么古籍文献中会出现对西王母的一些不同的甚至是相互矛盾的描述与记事。考古发现大量汉代西王母画像，但都是以宗教祭祀与民间信仰的方式呈现，这表明西汉时期民间西王母信仰的盛行，此时西王母是掌管生死与长寿的大神，并往往与东王公并提。考古虽然在青海湖附近发现大量石室，但也无法据此以判断这些石室就是《山海经》中所述西王母所居石室。

古代许多文献对西王母的记载都是带有神话色彩的记事，考古发现更多体现的是西王母崇拜的流行盛况，而民间传说更是在一代一代的口述传说中变异甚多。这三种求证方法给出的证据都可以做出多种解释，在这多种解释中不排除有自圆其说的推测成分，但是合理推测也是考证远古文化历史发展的必要方法。关于西王母起源与文化原型研究，以下两个说法更为合理。

其一，西王母源起于上古部落文化，后来才逐渐演变为道教与现代神话体系中的西王母形象。《山海经》、《穆天子传》是现今发现记录西王母最为详尽的先秦著作，其书不乏神话色彩，至于西汉后期对于西王母的记载，或引述前人历史记述，或对其进行基于宗教信仰的改编。但正如费尔巴哈指出，任何神话都必然有其世俗的基础。相比较于其他说法，西王母文化原型起源于上古部落首领或祭司这一说法更为合理，无论是后来文献称之为西王母国，或称之为西王母神，但其实与西王母作为神化的部族首领这一说法并不相冲突，不能排除古代部落有以首领名号称呼所生活地区的可能，而古代首领或祭司在其他人看来往往是具有神秘力量的人，从而被神化。至于部分学者考证西王母文化原型可能是男性，这种说法臆测的成分居多，原始文明确有过母系部落存在，仅根据男性更适合承担部落首领的责任这一点来指认西王母的男性身份，没有太大说服力。

其二，文化的地方起源上西王母“西方说”更有说服力。虽然自西汉以来，西王母文化与道教文化逐渐渗透在一起，昆仑山既成为西王母所居之地，也就相应地成了道教圣地，但是最早记录西王母故事的《山海经》与《穆天子传》都与道教文化关系不大，因此以道教的东方起源推测西王母文化地方起源并不科学。推测《穆天子传》中记述的地理方位，可能在春秋战国期间，中原华夏民族的地理概念就已经扩展到包括今天的甘肃、青海等西部地区。因此，成书于春秋战国期间的《山海经》中所指出西王母居于昆仑之西，《尔雅·释地》把西王母视为四荒之西，所指都在今天的青海、甘肃等中国西部地区。再有，青海湖周围的一些考古发现也有力地证明了早期青海湖周边地区存在原始的洞穴文明。在没有更多文献和实物证据的情况下，“西王母文化”的“西方说”可能是一个比较合乎情理的假说。

（责任编辑：周建刚）

由西南民族三月三节俗探中国古代上巳节传统

王威多*

摘　要：我国西南民族都有着各自颇具盛况的农历三月三节俗，并基本都包含青年男女恋爱求偶的集体活动。古代中原地区亦有功能类似的节日——上巳节。它源自母系民族时期春日进行的仪式性活动——祭祀生殖母神并会男女而求偶。先秦时上巳节逐渐演化为沐浴祓禊的节日，到唐宋时，上巳节已成为踏青赏春的民俗活动。无论节俗如何变化，青年男女谈情说爱一直是上巳节庆的实际主题。结合西南兄弟民族三月三的传统习俗，可以说上巳节就是中国古代的情人节。

关键词：西南民族；三月三；上巳节；高禖

摩尔根（Lewis H. Morgan）在《古代社会》（*Ancient Society*）的序言里指出："由于人类起源只有一个……凡是达到同等进步状态的部落和民族，其发展均极为相似。"① 因此研究相对落后社会形态中的民俗事项有助于我们理解本民族的古老习俗和思维模式。其实唐代杜佑在编纂《通典》时，便表达了相近的意思，他认为"古之人之朴质，中华与夷狄同"，而后随着文明的进步，"中华地中而气正，人性和而才惠，继生圣哲，渐革鄙风"。旧的习俗在中原不见了，却保留在周边地偏气犷之处，"今四夷诸国，地偏气犷，则多仍旧"②。由于社会发展较之中原地区迟缓，我国西南兄弟民族习俗里保留了较多完整而原生态的古老传统，这些传统有的是不约而同发展出来的，有的是民族迁徙带去的，还有些是文化交流习染的，却都能较好地反映中原地区古代原有而今却已变迁的民俗风貌。

今天，几乎所有的西南民族都有着各自颇具盛况的农历三月三节庆，并基本都包含青年男女恋爱求偶的集体活动：黎族称三月三为"孚念孚"，也称"谈爱日"，有情侣同化为鸟的神话；海南苗族传说异姓五人渡海赴岛，各自为生，但相约每年三月初三聚在一起，这正是异姓

* 王威多，中国矿业大学艺术与设计学院讲师，苏州大学艺术学院博士研究生。

① ［美］摩尔根：《古代社会》，商务印书馆 1997 年版，第 7 页

② 杜佑：《通典》，中华书局 1988 年版，第 1355 页。按：杜佑是依古代"尸礼"而论"中国"、"四夷"曾同风。

氏族间青年男女于春季集体求偶、幽会的记录；壮族三月三“赶歌圩”——“三月木棉红绯绯，八方歌手来相会。绣球牵动千家情，壮乡歌海浪花飞”——盛装的青年男女们在水滨山坡对歌终日，以歌求偶，另备熟鸡蛋自食并供撞击相戏；同样，土族三月三节俗也作“鸡蛋会”；三月三也是侗族、彝族社交游乐的节日，人们欢聚河滨，载歌载舞，觅侣谈情。对歌、饮酒、群舞、互赠信物、谈情说爱是这些节俗的核心内容，可以说三月三是西南民族的“情人节”。其实古代中原地区也有类似的、具有“情人节”功能的节庆——上巳节。

上巳，即农历三月第一个巳日。我们大多是通过书圣王羲之的《兰亭集序》知悉上巳节的。《周礼·春官·女巫》云：“女巫掌岁时祓除、衅浴。”郑玄注：“岁时祓除，如今三月上巳如水上之类。”① 《论语·先进》中曾皙言志：“莫（暮）春者，春服既成，冠者五六人，童子六七人，浴乎沂，风乎舞雩，咏而归。”② 曾皙所述也类似于上巳游春情景。可见先秦时上巳节便是大规模有组织的活动了：在巫女的主持下，人们于水滨祭祀沐浴，洗濯去垢，消除不祥，称为“祓禊”。应劭《风俗通》解释：“禊者，洁也。……巳者，祉也，邪疾已去，祈介祉也。”③ 三国魏之后，“祓禊”之期定于三月初三。④ 其实上巳节的传统由来已久，其原生意义不仅仅是沐浴祓禊，而是与今天西南民族三月三节俗有着密切的关联，其后由于礼教所遏制而失去了“自由恋爱”的浓烈之风，面目逐渐模糊。

《诗经·郑风·溱洧》云：

溱与洧，方涣涣兮。士与女，方秉蕑兮。女曰观乎？士曰既且，且往观乎！洧之外，洵訏且乐。维士与女，伊其相谑，赠之以勺药。

溱与洧，浏其清矣。士与女，殷其盈矣。女曰观乎？士曰既且，且往观乎！洧之外，洵訏且乐。维士与女，伊其将谑，赠之以勺药。⑤

诗篇描写了春秋时期上巳节时，郑国青年男女会集在溱、洧河畔约会游春，谈笑嬉闹，互结情好的盛大场景，这与今日西南民族的三月三节庆景象类似。上巳节的源头可以追溯到母系氏族社会时期，它是史前带有生殖崇拜意味的求偶、求子祭祀活动——仲春之时，部落里氏族间的青年男女集体相期会于水滨山林祭祀生殖母神，进而求偶恋爱。部落生存壮大的关键在于人丁兴旺，在当时，这是意义非凡的重要活动。

仲春时节青年男女自由求偶恋爱，首先是因为这是一年中阳气上运、春水漫涨、万物生发之时，也是早期农业生产一年中的起始阶段——在先民思维里，生殖与丰产具有等价的意义。更重要的原因在于上古时期，居住在水畔高地的先民对物候的观察影响着他们的生活实践。仲春时节，天气回暖，树发新枝，杂花生树，一派生机盎然。此时，候鸟由南方飞返，在河畔林

① 《十三经注疏》整理委员会整理，李学勤主编：《周礼注疏》，北京大学出版社 1999 年版，第 691 页。

② 《十三经注疏》整理委员会整理，李学勤主编：《论语注疏》，北京大学出版社 1999 年版，第 154 页。

③ 王利器校注：《风俗通义校注》，中华书局 1981 年版，第 382 页。

④ 《晋书·礼志下》：“汉仪，自春上巳，官及百姓皆禊于东流水上，洗濯祓除去宿垢。而自魏以后，但用三日，不以上巳也。晋中朝公卿以下至于庶人，皆禊洛水之侧。”见《晋书》（简体字本），中华书局 1999 年版，第 433 页。

⑤ 《十三经注疏》整理委员会整理，李学勤主编：《毛诗正义》，北京大学出版社 1999 年版，第 322—323 页。

间栖息觅食，交配繁殖，其规模声势不是今日可以比拟的，定会被先民视为神迹。候鸟的集体生育和孵化活动似乎向同居于水滨的人类传递着一个信息——此刻正是繁衍后代的最佳时机。《礼记·月令》云："是月（仲春之月）也，玄鸟至。"郑玄注："玄鸟，燕也。燕以施生时来，巢人堂宇而孚乳，嫁娶之象也。"[①] 蔡邕《月令章句》说得明白："玄鸟感阳而至。其来主为孚乳蕃滋，故重其至日，因以用事。"[②] 黑色的燕子就是《诗经·商颂》"天命玄鸟，降而生商"里的玄（黑）鸟。《史记·殷本纪》记载了这个故事："殷契，母曰简狄，有娀氏之女，为帝喾次妃。三人行浴，见玄鸟堕其卵，简狄取吞之，因孕生契。"[③] 这既表明了殷商视玄鸟为始祖神的母系氏族神话源头，也揭示了候鸟之于先民生育繁衍的意义。可以想见，当时滩涂水岸甚至是河流中遗卵应该是常见的。鸟与人，鸟卵与新生，借助交感巫术和模拟巫术的思维结合在一起，是自然而然的事情。壮族、土族三月三作"鸡蛋会"应与之有关。

追溯上巳节的源头，其初始形态应包括两个基于生殖崇拜的重要活动：祭生育之神乞子和会男女而交合。祭祀生育之神由先秦始便是祭祀高禖。郑玄《礼记·月令》注曰："变媒言禖，神之也。"[④] 蔡邕也认为："高禖，神名也。高，尊也；禖，祀也。吉事先见之象也。盖为人所以祈子孙之祀。"[⑤] 禖即媒神，在先秦是管理婚姻和生育的神。颜师古在《汉书》注文中说得直截了当："禖，求子之神也。"[⑥] 颜说当无误，祭祀高禖，就是为了向其祈祷求子。

高禖非特指某一位神祇，[⑦] 其祭祀模式也随着历史演进一直在变化，但早期祭祀中树立生殖崇拜的偶像当是必然的。从字形源流上看，《说文解字》释："媒，妇始孕"，[⑧]《广雅·释亲》："媒，胎也"[⑨]，像女子有孕貌。其实高禖最初的形象就是母神，是具有孕育状的成年女性——这一形象我们并不陌生。1982 年喀左东山嘴出土的红山文化裸体孕妇泥塑像应该就是生殖之神——高禖的古老造型。《淮南子》所记大禹妻涂山氏女化石，"石破北方而生启"的传说，其实正是祈求石质母神像赐子这一愿望的演绎。杜佑《通典》引晋人束皙说："高禖者，人之先也。"[⑩] 在母系氏族时期，先妣自然被视为部落的先祖。她是最为重要的一尊女神，是氏族部落繁衍生息所仰赖的"大母神"（The Great Mother）。

除了祭拜高禖神，上巳节另一项重要活动就是"会男女"——男女集体会合求偶，这是上古社会生活模式所决定的。我们的先民在母系氏族时期经历过群婚制和对偶婚制的阶段，男女婚恋自由的遗风在进入文明社会后仍顽强地保留了一段时期。被漫长寒冬所禁锢的青年男女在春天迎来了繁忙的农事，也有了择偶和生育繁衍的需求。宋玉《高唐赋》描写楚襄王游云梦，

---

① 《十三经注疏》整理委员会整理，李学勤主编：《礼记正义》，北京大学出版社 1999 年版，第 473 页。

② 杜佑：《通典》，中华书局 1988 年版，第 1551 页。

③ 《史记》（简体字本），中华书局 1999 年版，第 67 页。

④ 《十三经注疏》整理委员会整理，李学勤主编：《礼记正义》，北京大学出版社 1999 年版，第 473 页。

⑤ 杜佑：《通典》，中华书局 1988 年版，第 1551 页。

⑥ 《汉书》（简体字本），中华书局 1999 年版，第 2073 页。

⑦ 作为生殖之神，高禖也是氏族部落的母性祖神。简狄可能被商族视为高禖，姜嫄可能被周人视为高禖，女修可能被秦人视为高禖。也有学者称涂山氏为夏族高禖，女娲亦为高禖。在《神话与诗：高唐神女传说之分析》一文中，闻一多先生由《史记·夏本纪》中称大禹为高禖，进而考证其实（进入父系氏族社会后）禹也被视为高禖。

⑧ 许慎：《说文解字》，中华书局 1963 年版，第 87 页。

⑨ 王念孙：《广雅疏证》，中华书局 2004 年版，第 203 页。

⑩ 杜佑：《通典》，中华书局 1988 年版，第 1552 页。

梦见“巫山之女”瑶姬自荐枕席。陈梦家先生认为这是依古代高禖祭祀会合男女习俗进行的文学演绎。[①] 其实古之高唐非指一地，高唐者，大约指祭祀高禖之地。除湖北随县有楚之高唐，现山东聊城境亦有齐之高唐，徐州新沂市有高唐乡，安徽凤阳西有高唐店，霍邱县西北有高唐店、高唐市，江西吉安有高塘墟，山西孝义西有高唐山，福建将乐县有高唐镇。巫山亦非专指，除随县有楚之巫山，古时齐国也有巫山——今长清孝堂山，或考为最初的巫山者；今重庆有巫山县，开县有巫山乡，山东、江苏、湖南、四川等地也有巫山村……可见所谓高唐、巫山都是祭祀高禖求子和青年男女幽会之所在。

上巳节源自母系氏族时期祭祀母神和男女幽会的活动，其后逐渐演化为沐浴祓禊的节日，秦汉以降，逐渐废除了男女幽会的节俗，到了晋代，其主要活动演变为水滨浮卵求子、曲水流觞、歌舞宴饮等。唐代诗人杜甫在《丽人行》中说“三月三日天气新，长安水边多丽人”，可见唐代上巳节已成为踏青赏春的民俗活动。无论节俗如何变化，青年男女谈情说爱一直是上巳节庆实际上的主要内容。张衡《南都赋》云：“于是暮春之禊，元巳之辰，方轨齐轸，祓于阳濒。朱帷连网，曜野映云。男女姣服，骆驿缤纷。致饰程蛊，偠绍便娟。微眺流睇，蛾眉连卷。”[②] 虽然不能像先秦时那般自由奔放，但士子佳人左顾右盼，眉目传情，以期结识相会，自然还是有望达成所愿的。如若不然，便是辜负了这大好春光，心中定会生起寂寥伤感之情。唐许赏《曲江三月三日》诗中“如何当此节，独自作愁人”的句子便是发了“没有情人的情人节”的牢骚。时至今日，汉族地区上巳日的节庆虽然日趋式微，但结合西南民族的三月三传统和中原上巳节的古俗，说它是中国古代的情人节，应该是合理的。

（责任编辑：周建刚）

① 参见陈梦家《高禖郊社祖庙通考》，《清华学报》1937 年第 12 卷第 3 期。

② 张衡：《南都赋》，载《文选》第 4 卷，中华书局 1977 年版，第 71—72 页。

【文献整理】

何绍基《西甎日记》(下)

毛　健　整理*

【整理说明】

何绍基（1799—1873），字子贞，号东洲，别号东洲居士，晚号蝯叟。湖南道州（今道县）人。《西甎日记》（下）记自咸丰二年（1852）壬子十一月十九日至咸丰三年（1853）癸丑三月十六日。日记主要记录何绍基赴成都任四川学政后的日常生活、士人之间的交游，以及主持四川各州县的童生考试等公务活动。

【日记原文】

十九日早，苏蕉林同年署藩来话。去后，余即出门拜署制军裕集庵将军瑞、署臬胡恕堂，（兴仁）成绵龙茂道马艺林，（秀儒）支学使处，皆一话，归饭。见客数人，复出拜都统伊琫额、盐道清安东、署提督万福，皆晤话，成都府李宗沆、成都县蒋敬采、华阳县杨柄镗俱来晤。盐道处遇周三爷，乃吾父执也，八十三岁尚健极。

天气时冷时暖，总不见太阳，好几天了。

艺林来灯下话。

二十日，阴寒如昨，会客不歇，殊无甚可谈也。

裕将军、支学使俱来晤。申初出，遇蕉林谈，看藩署，花园极敞且大，止是屋子少幽邃耳。至学政署，赴少鹤席，略周视署内，房子窄且敞，费收拾。同席者苏蕉林、胡恕堂、汪安斋。少鹤欲送我轿，用不着，此处都坐绿帷轿，学政、道台皆然，反以我为矫枉，大奇大奇。

二十一日，因祐曾不适，殊焦念。

---

* 毛健，湖南省社会科学院历史研究所助理研究员。

客来未歇，晤陆次山、沈也鲁，尚如昔也。恕堂□慈寿，往祝，将军以下皆在，看戏一齣，吃面，一饭而散，可笑之至。

祐曾服生地，渐佳。

得子愚十月廿三信，内有子敬江南书，可慰可慰。

二十二日，卯刻起，候至辰正，少鹤处始送印来，先谢恩，九叩首，更衣拜印，仪注开九叩，□礼唱三叩，此间书吏无章程如此。上任大吉之外，又有禄位高升条，余不批，付之一笑耳。教官参见，书吏、各役俱贺后，上房供祖宗牌位，早晚上供，大家道喜，此怀惘惘万端。

桂儿写奏到任折已完，有请安及元旦贺折同发。各房呈通行告示稿，多有事理胡涂，费改动者，不知前任诸君何以都将就得去也？

晚同先生吃酒。

二十三日早，略见客，旋因封折不见客。

下午，略有闲致，看字画，无佳者。问陆次山借去。申正见月可喜。

二十四日早，大雾，奉两折行九叩后，即出门送交将军处。向来都是借伊处差官代递，每匣一个，费廿四两。此次将军谦让，止收一分。

汪安斋、顾功耕处谈，归早饭，已午初。雾散大晴，真奇事。同三位先生携儿侄及钟曾出南门，至草堂祠。归过二仙祠，吕、韩皆塑像，工部亦塑像也。

至武侯祠，柏树好。谒昭烈惠陵，至花院，坐落稍可，亦无邛壑。有大脚莲，颇奇闻，此间饶有之。

回城已暮，路来往三十余里，晚酌，兴致好。

二十五日，仍阴，早会数客。请顾功耕教书，不肯来。

早饭后，出拜客，出东门往南，向东南，至薛涛井。苏蕉林署藩请。井无风景，不审何以得名？惟楼上看锦江差胜，昨游路也，远得很。

归发京信，交将军。

二十六日，陈稻孙来晤，郭古樵乃郎京铭来，知古樵柩尚未回去也。

出谢客，晚约支少鹤学使便饭，胡恕堂、苏蕉林作陪。夜看稿，睡迟。

二十七日早，会客，看稿。午初出城，至真武庙，将军以下俱集，送少鹤行，未初方来，少谈即别。

寄子敬苏州信，并一篓一匣，交少鹤去。

入城，至学政署，同蒋少园、杨春樵周视一番，上房改作先生屋，客厅改上房，二堂改客厅，签押房东北，尚可改作小花园也。

又看旗杆，向来每更换学政，即换杆，故□□照例送大木，而木亦无佳者，以其常易也，可叹可叹。

归寓，看到任本，并咨各部院文，即看典吏们对本，又看稿，用印，遂至暮。

令桂、鼎看衙屋去。

周执翁花园好，有赵常山洗马池。

二十八日早，拜本，开门九叩，东北向。

早饭后，行升堂放告，问门前并无控告一人。午后，出拜客，到署与桂、鼎及工役等斟酌，大局更定矣。然换梁柱颇费事，欲初十移入，不知能否也？

出署，仍拜客，回公馆。晚饭后，张诗舲着差赍到在陕西所□大钱疏。朱瑜详□，谓复古不易，著户部将此折存记备采摘。然帑项绌极，臣岂好言复古耶！敬叩领。

并得诗舲书及画折。差十日到京，耽搁五日，十日回陕，歇一日，九天即到此。□得子愚十一月初三日信，知□儿母子于十月十二日到扬州，甚慰意。

二十九日早，清四川省志，做通行告示及谕书差告示。陆次山来话江源考，自佳也。

申刻出谢客，晤伊省斋都统一话，顺路归，今日静时颇多。

十二月初一日，早会客不多。复张诗舲中丞书。并寄子愚十一次书，托诗翁去。为换铸关防，作咨请督院转题，照礼部例也。

午后出，晤苏蕉林，因早间信来，说粤匪由长沙逃散，到益阳、宁乡，兹复破岳州，抵武昌矣。狂突如此，奈何！又晤胡恕堂两司，方筹防堵事宜也。

到署看公程，归，徐新斋来话，甫到省。

陕西折差回去，明早走。

今晚先生开菜单，甚佳。酒后，写大字。

初二日，黎明，恭谒文庙。朝服九叩首礼毕，同府、县学政官一话。庙制朴而壮丽，古柏参天，康熙二年佟制军始倡修者。

归拜樊又斋令弟，徐新斋同年。回寓，请吴寿恬先生上学，鼎侄、钟曾从受业。天气晴得狠，不易得也。见数客，拟观风题，收拾通行稿，可省者皆免行，以省纸墨之烦。恕堂来话去。

晚请高云澜来治嗌症，即留同徐新斋陪先生酌，颇畅。

昨日因关防漫漶，咨到督署代题，系因礼部例也。

初三日，竟日清文案，并出廿四属观风题，恕斋、伊省斋都统，马莪林观察先后来话，又顾县丞模，棣园嫡堂兄也。晚赴恕堂约，同新斋去，家乡肉甚佳，眉州鸡好。

初四日，连夜好睡，而起来仍不免呃嗌。

今日又阴矣，高云澜来开一方。晡出，至督署话，到署看工程，归，得杨杏农常德十月二十日书。

服偏方：用枣三枚，去核，中包姜一片，砂仁一个，纸包煨透，煎水服，效。

初五日，母亲忌日，才三周年，家况时事，处易若此，痛切痛切。

竟日不见客，写大字多，又复各处信，得十余封。惟阴寒甚，早晚上供。

初六日，忌辰，不见客，恕堂来话。

午后，到署看工程，渐有条理，然初十日是来不及的。

将军为关防事，札司详核。学政非藩司属员，此举可云谬甚。因作书问蕉林去。

晚，蕉、恕两君来便酌，首府李霭山送席。

初七日，阴寒大雪，雪到地即化，不能积聚，想京师雪景，不可得也。

作第十二次书寄子愚，要买纸笔等物，从礼部文书去。

午后，将军来话，去。余至署，邀恕堂斟酌门路，同至臬署邀蕉兄，三人同饭。臬署东西间院，树竹甚雅。恕堂两郎出见，皆英俊。

闻前月十三日漾阳失守，到那里，破那里，奈何奈何！回寓路甚湿。

初八日，大晴，见日满东窗，（希）［稀］有事也。从督署要回铸换关防咨文，自行办题，求人不如求己，徒耽延时日耳。

杨春樵来话。又有陈伟观，福建甲午乡榜，乙未教习，世兄，候补令也，同见。又梁三亭、张牟子均晤。郑朗如师之世兄，名士元来晤。

今日腊八粥，照京师做法。晚为邀锦川做生日。先不知，到，略添菜耳。张菊潭来话。

初九日，昨午复阴，今如之，竟日未出。苏蕉林、胡恕堂、马莍林先后来话，为墨池书院事。蕉、恕两兄颇龃龉，公事不必如此也。

又见数客，俱匆匆。

看蓬州字课卷二十本。申刻封题本，即请换关防事。

晚饭蕉翁处，得支少鹤超山来书，言弊窦颇悉。惟于宽待书差，若知我约束之严，为缓颊耳，何也？我又何尝过严耶。

初十日，辰刻丛本，九叩首。少停，到署祭旗竿，巳时树旗，府、县教官俱到。至署内，又斟酌一番而回。

早饭后，胡恕堂来，知苏蕉林调浙臬，文煜升川臬。请盐道来话，邓藩甫来，为墨池书院事。午间，剃发，写大字一阵。晡出苏蕉林处道喜，兼回拜各客，归暮矣。

公馆后唱戏，吵闹之至，致两稚夜哭不眠，早间请高云澜来为二娣诊，第二次矣，感冒，服药好些。

十一日，忌辰，竟日未出，清《省志》及《经世文编》，写大字，读坡文。

天阴寒。二娣大愈矣。

任琼甫、翰屏昆玉来，将从此入都也，留便晚饭。邀恕堂，未来，有处吃酒。

十二日，晨起暖甚，有春意，不甚清爽，而天色大晴，日满窗处。

早饭后，恕堂来，邀一话去，同至墨池书院，拜聂蓉峰前学使文祠，与同乡诸君商量追复书院遗址。墨池者，子云墨池也。书院甚开敞，惜经费不足，昔本作省书院，今乃作县书院耳。

沿路至衙门看工程，又约邓藩甫选开井地，本先井在白虎方，最不宜也，今移青龙手，俟三春后动工。

回寓，办签押，写大字。晚饮恕堂处，看帖、画，有刘从训字卷，及明人国朝人尺牍册佳。酒多些，回寓，同先生们谈，看好目，方睡。

十三日，复竟日阴寒，未出。高云澜来，同早饭，为二娣及裕曾酌方也。作第十三次书并寄蜀物交伍琼甫弟兄带京交子愚。琼甫借百金，从恕堂转借来，未支养廉，无分寸也。

晚约张菊潭、伍琼甫、翰屏、苏蕉林、胡恕堂便酌，肴不够，可叹。恕堂送酒殊佳。

闻武昌解围，贼窜黄州，不糟蹋雪堂方好。大约要结民心而民不归之，惟抢银米而去。若有劲兵，迫令下海去，非妙着乎？

夜暖，难晴。

十四日，阴寒，收拾书、物。杨春樵来，言贼至黄州，被炮击沉数船，遂遁往九江去，若都似此，将收拾毕矣，殊为可喜。

看澹庐堂帖，中刻承页千文，即常南陔所秘之本，伪迹无疑也。

晡，至署一看。赴周执庵丈席，饮于赵常山洗马池南，八十余叟，饮噉健于吾辈，亦奇。晚，督署送京报来，知琦静翁署豫抚，同郑小山办防堵。安徽、江西俱筹防堵，添兵八千，圣旨严切之至。

罗椒生为日月连蚀，疏请修省，得谕旨，皆可庆也。

十五日早起，收拾一切，辰正早饭。巳初，余先至署，祭仪门及衙神、灶神，皆三叩首。旋迎二娣以下，均平安欢喜入署，先生们俱到，天气晴朗，午初已齐至矣。安神堂道喜。两县送席，胡恕堂来贺，谈及武昌两岸，贼均未入城，东下矣。

十六日，检字画，安波黎，客来不歇，署督、署藩、盐道、署提督、都统俱先后来，成、华两令俱来，提起佾生免府县考事。高云澜来，仍为裕曾看，上半日大晴，午后阴，夜无月。

昨夜酒后，同三君子到大堂院看月，茶话近来瑞事也。

今夜酒后试奕，复写得京信一纸。王澜浦前辈回省来晤。得老五十一月十七日书。

十七日早起，考贡者十一人，点承差卯，见客，得晤凌棣生（树棠）从京师来，捐□知州，到川风采，如十年前。成都守李霭山来，言重庆以下商船已通行，想贼氛已戢，可喜之至。渐清积稿。发十四次寄子愚书，交督署折便去，明日行也。

晚为吴寿翁温居，颇有趣，夜极好睡。

两娃娃亦安寝不吵，竟日阴寒。

十八日阴，而不甚寒，早□看芦山教官考。阁署书吏应考者六十二人，有甚通文理有书卷者。取定一等二十二人，二等十六，三等十七，皆令好好当差。四等十一人，谬甚，斥去。午后，客来，张牟子晤话，陈中铭话。

晚赴裕集庵将军席。先拜蕉林夫人寿。

十九日，寅正起，卯初封印，朝服九叩首。昨日将军说如此也。礼毕久，天始明，甚冷。会数客，看考贡卷十四本，竟日未出。

晚拜坡公生日，酌□西夹厅，略醉矣。阴寒。

二十日，奇冷，如京师寒节也，例稿看完，删去数事。午间出谢客，方伯、提军、澜浦前辈俱晤，恕堂处少坐，即回了。公事一阵，后会颖生观察□。

晚出恕堂处便饭，周执翁请秋浦同席。

二十一日，冷更甚，人不甚适。月台前换砖动手。午出谢客，晤清秋浦观察、伊省斋都统，冷甚，沿路拜客归。

杨春樵来，属连讯承差邹辅廷事，办签押朱墨一阵。裕将军来话，将卸署督事矣。

二十二日，天晴有趣，人有兴致，案牍全清。前日支到养廉，连今年同明年一半，作京平一千九百三十四两八钱另五厘一毫，库中止一千六百三十五两二钱，书差等工食京平一百四十一两五钱另三厘，实库平一百三十三两八钱另九厘。

作书寄子敬于江苏，由蔚差厚去，写大字一阵，清书帖，渐有条理。午后仍阴，然不甚冷，陆次山来话。晚饮清秋浦盐道处，花园水竹亦佳，不大耳。

二十三日，晴一阵，仍阴。蒋少园大令来话。午间写大字，竟日瘦□，似冒寒也，晚酌后佳。

二十四日，略晴仍阴，大雾作冷。剃发，见数客，写字一阵。

晚请周执翁丈、胡恕堂、清秋浦。执翁八旬外人，健谈快饮，我不能陪，真奇怪也。

作书寄唐印云，恕堂说：有脚子去。小年了。

二十五日，阴寒如昨，恕堂赠冬笋来。

贵州门人杨泽浦来（济泉、辛酉、世弟兄），留早饭，发十五次信寄子愚，并竹筷、眼药去。毛州同来，（祥云）晤，写大字一阵。

二十六日，晨晴，午后阴。恕堂来话，午间写大字一阵，清《左传疏》。晚请裕集庵将军万、署提伊都统、苏署藩饭。作书寄锡鹤亭学使于安徽，中有吴寿恬家信。

园中种树起，承差赵得蔺等带信寄少鹤。

王梅溪到来。

二十七日寅刻，立春，不大好睡，各衙门道春喜，有送春人来，一两人跳唱，可笑也。写敬简堂扁字。

晚，周执翁处酌，同坐者，恕堂、秋浦，酒极佳。早间，督署处有廷寄到，武昌失守，川省催办防堵，事愈大决裂，奈何！把杯时惟长叹相视而已。

阴寒。

二十八日，阴寒，东院开井动工，种竹树渐多，然竹总不佳也。各处送年礼俱不收。此间年事，冷淡可想，亦由时事不妙也。

马星四、彭梦九俱到，因为三君子接风，又塾师放学，劳酌，九人同席。

二十九日，阴，不甚寒，公事稿渐清完，竟无了期也。午间，令儿侄陪诸位先生往城南散闷去。余写对二十付，署督有摈差来取信，因寄十六次信去。

三十日，半阴晴。午间出，至督、藩、臬、龙茂道四处俱晤。归，颇倦，辞年后，子初睡。

咸丰三年癸丑，正月元旦，丑初起，二刻余，到会府，则将军、都统、提督、藩、臬、道以下，俱已先到。丑正二刻，行九叩首礼，贺天喜后，坐班。起至官厅，久憩，将军诣文庙，余至文昌宫拈香，又到关庙，适将军亦到，同行礼。余即归，而将军诣文昌宫团拜也。

归后，大汗不适，乃因劳乏缺睡致然，遂零星竟日，睡总不著，午后渐好。出拜年，一个时辰归。晚酌后，渐适，与梅溪奕，乃寝。

初二日，请吴医来诊脉，乃大虚，令服高力参、熟地等，颇合。晚酌，未出，然尚有兴致，夜仍汗，却好睡。

得子愚腊八日书，中有子敬十一月十六日后书。京师人心慌慌，奈何！

初三日，忌辰，竟日疲困，病退致然，仍服昨方，夜免酒荤，好睡，晴难得。

初四日，比昨稍健，略可看书，仍服昨方，高力参减少耳。

师筱山、边锦川两君归陕去，因闻西安办防堵，甚张皇也。因作书与蕉林，想邀陆次山来，蕉林晡未晤。今日看书十余纸，昼寝不著。恕堂拟川省练勇，稿来酌，夜收文书不多。阴竟日冷，请谢守备看女儿及祐孙。

初五日，仍服昨方，添首乌、川芎。恕堂来话。午后，杨春樵来话，他客俱未能会也。阴竟日，不大冷，夜清积信，交诸位先生。

初六日，天晴难得，却不大暖，昨方加肉桂、菊花。

新井自廿八动工，今日做完矣。

有驻藏大臣谆龄，今日到省，住皇华馆，照例差接，而未能躬迓。

大堂前搭棚，为考试也。夜见新月。

初七日，忌辰，阴竟日，不甚冷。服昨方。由藩、臬两署借好竹子来种些。

晚饭后，不适，久始平。

见京抄：罗椒生得副宪，潘星斋得阁学，梁矩亭得通参，十一月二十四也。

初八日，阴，略有晴意耳。种竹树尚未完。服昨方，易焦术、洋参最佳。饮后即困倦。吴医云：今日甚冷也。

王姬生日，三十四岁矣。晚酌至八杯佳。

初九日，阴竟日。人渐健，欲约次山来署，乃不情愿。仍服昨方，焦术通阳，有效。

晚于京报上见吴给谏（廷溥）请开烟禁收税，折子甚畅，想必可唯行矣。

夔州办防堵起。武昌失守后，尚无消息，奈何。

初十日，晨起，健，午后困甚。吴医来两次，诊脉仍佳也。

辰刻，鼎侄同钟曾上学。天色大晴，种竹树人，迟迟可厌，夜见月。

十一日，忌辰。阴晴相半，而天气冷暖兼之。

明谕生、童，精力渐健，看观风卷四十余本，颇烦闷，少佳作也。

藤花架做起。作祭新井文。

十二日，先室陶安人冥生日，怆怆。早堂传齐经制承差茶房，共七十四人，默写四书（为政至不逾矩）。挑二十一人入署住，向来则全行入署，多而无用。房子不够，致占客厅也。仍服昨方，而午、未间备极，不可解。

恕堂来话，知常南陔中丞殉节甚烈，为贼所敬，殡而祭之。

申刻，祭新井，开井口，煮水尝之，佳。

竟日大晴。

十三日，阴，有雨意。人健适，胜昨多矣。谢土神，用女道士念经咒，从俗也。

得联侄十一月初九苏州发信。夜小雨，至夜风。

十四日，忌辰，回想庚戌是日，怆痛何如也。时方住报国寺，有雪也。

阴雨竟日，易药方服之。恕堂来话一阵。发各处信十七封，中有寄李昺冈亲家信。

晚出至恕堂处小酌，兴致好，半月不出矣。得重庆守鄂惠信，说武昌失守，事属子虚，可幸亦可哂也。仲深奏报，因在岳州，得信不实耳。

十五日，上元节，风大雨细，冷不可去，为冬间所未有。服药加炮姜，颇合。脾有积寒也。出，回拜谆藏使（龄），未晤，蕉林处一话归。

十六日，黎明，出谒文庙后，到明伦堂听读卧碑，后更朝服，讲书，归甚倦。午刻放告，无甚怪呈。点卯，整饬一切，遂至暮。

经古卷夜方齐，仍未全到。

十七日，考经古，黎明点名，生、童同场，七百名，扫场甚迟。

十八日，考头棚生员，（子谓韶章。）寅初二刻起，寅正点名，卯正毕。（在璇玑节。金石刻画臣能为，得平字。）

竟日安静，晓寒，午后晴一阵。未正跪接，接印。接奉朱批：地方情形，随时访察具奏。得子愚嘉平二十三日信，甚慌甚慌。

十九日，卯时开印，出经古榜，生十二，童十一，提调、巡捕俱谒见，竟日阴。颇得佳卷。观风亦有佳者。昨夜极好睡。鼎侄感冒，颇重。

二十日，考第二棚生员，点名完。天尔黎明，人不甚适，或系风大也。日出大晴，而冷不解。鼎鼎渐愈，祐曾复感冒。

（子曰为命章。左青龙而右白虎。天下几人画古松，得人字。）

二十一日，忌辰，复试经古。早首寒，午大汗。发十七次京信，由咨文报去。

恕堂信来，说我胜贼败，不道其详。

二十二日，考崇庆州新津县童生，夹带二名，乱号二名，且从枷号，备废。

（官举逸民。羊枣所独也。梦笔生花，得才字。）

大晴，甚暖，出头场生员榜。

二十三日，出二场生员榜，搜落，甚费心。

二十四，考二棚童生，仍有乱号等弊。（温江、金堂。）

二十五，出童榜。

二十六，考三棚童生，甚干净。（崇宁、新县、彭县。）

二十七，出童榜。覆头、二棚文生。

二十八，考四棚童生，又有查出各弊。（简州双流。）

二十九，出童榜。发文生卷箱。

三十，考五棚童生。（郫、灌。）

二月初一日，发童榜。覆头、二棚童。发落文生。

有资州李植坊，著《周易镜心》，尚是用功人，以《宋元学案》及《大字麻姑》奖之。

初二，考文棚童生。（瀚州、新都。）

初三，发童号，秀才誊卷。

初四，考七棚童生。（成都、什邡。）

初五，覆四、五棚童生。发七棚童号。

先文安公忌辰。

初六日，考八棚童。（华阳。）

初七，覆头、二、三棚文童。发八棚号。

初八，考外属诗古。

初九，考外属文生。

初十，覆诗古。

十一日，覆六、七、八棚童，发外属文生号。

十二日，考资州、井丽、梓潼童生。

十三日，覆文生试。发童号。

十四日，考松潘、理番、内江、绵州童。

十五日，补覆成属文童。

十六日，考资阳、德阳、绵竹童生。

十七，发童号。

十八，考仁寿、安县、罗江、茂州、汶川童。

十九，发童号。发落文生。

二十日，覆外属头、二棚童。

二十一日，覆外属三、四棚童。

二十二日。

二十三日，补覆文童。

二十四日，补覆文童。大覆内、外属文童。发内外属文童卷箱。

二十五日，发落文童。

二十六日，补覆文童。

二十七日，下教场，看马箭。

二十八日，看马箭。

二十九日，看马箭。

三月初一日，看马箭。

初二日，歇教场，在城西北隅，署中到彼有十里。天已热，风大，日炎，人渐病。

前吴医令多服温补药，此刻变为湿热之症，饮食不进，小便如血，甚苦甚苦。

初三日，看马箭。

初四日，看马箭完。监箭者，副将。

与张牟子提调同看。余病惫，少憩时，请牟兄代。填前册，今日归，更病矣。

初五日，昨误服江西刘君药，今日不适之至。请胡君来诊脉，用枳实、厚朴等，颇合。

刘君者，陈古棠提调所荐也。

初六日至十六日，皆调理少憩，日见痊可。

（责任编辑：张利文）

“纪念船山学社成立100周年暨学社换届选举会”会议综述

2014年12月13日，“纪念船山学社成立100周年暨学社换届选举会”在湖南省社会科学院一楼会议室举行，来自湖南省各地的船山学社成员42人参加了会议。出席会议者主要有船山学社社长王兴国研究员、船山学社执行社长刘沛林教授、船山学社副社长唐凯麟教授、万里研究员、夏剑钦教授、朱迪光教授、王泽应教授等人，湖南省社会科学院院长刘建武教授、湖南省社会科学联合会副主席郑升教授、衡阳县副县长徐振宇等人作为主要嘉宾出席会议。会议由船山学社常务副社长朱迪光教授主持。

船山学社执行社长刘沛林教授宣读了湖南省社会科学联合会关于船山学社理事会换届选举的批复。

船山学社社长王兴国研究员代表上一届理事会做工作报告。在报告中概述了船山学社自1982年5月恢复活动以来，开始时是挂靠在湖南省社会科学院；2006年起改为挂靠湖南省社会科学院和衡阳师范学院两个单位；2008年进行了换届选举，选出了现任船山学社理事会。船山学社近几年的工作主要有以下四个方面：（1）团结合作，有序开展日常工作。2009年组织召开“纪念王船山先生诞辰390周年暨学术研讨会”。2012年承办“2012年王船山先生逝世320周年纪念暨‘王船山思想与当代社会核心价值观’国际学术研讨会”。（2）积极从事船山研究，学术成果丰硕。近年来学社成员先后出版《王船山研究著作述要》、《王船山研究史中关键术语的演变》、《王船山论文选集》、《走近船山》、《王夫之诗集校注》、《船山思想与湖湘文化研究论集》等专著；编辑出版《王船山论文选集》。2010年至2012年主持各类课题30余项，并出版本科生船山学论文集《薪火相传——大学生船山学研究》。（3）加强学术交流。近年来船山学社成员出席参加国内学术会议150余人次，递交学术论文，同时注重与境外的学术交流。（4）弘扬船山精神，积极推进社会应用。2010年11月，学社成员朱迪光教授做客“石鼓书院大讲坛·书院寻道”，为衡阳学子及各界人士解读“王船山思想研究与中国现代化”。学社成员多次为本科生主讲船山学讲座，深入中小学课堂举办讲座，编写以船山事迹与思想为核心内容的中小学校教材。

工作报告中也指出了船山学社近年来工作中的不足，诸如资料收集不够全面、高层次课题立项有待突破、成果推广有待加强等。同时，还对2019年举办"纪念船山诞辰400周年"活动提出了展望。

会议接着举行换届选举程序，选出了以王兴国为社长、刘沛林为执行社长、朱迪光为常务副社长的新一届船山学社理事会，并增添了若干理事、常务理事。湖南省社会科学联合会副主席郑升代表社科联对新一届理事会的产生表示祝贺。湖南省社会科学院院长刘建武教授以"百年学社、人才荟萃、名家辈出"为主题对船山学社在百年来湖湘文化发展史上的地位进行了概括，并希望船山学社未来的研究工作与湘学研究、毛泽东研究紧密结合，对十八大以来所提倡的"重新认识传统文化"做出新的贡献。衡阳师范学院院长党委书记、学社执行社长刘沛林教授以"做好服务，继续前进"为主题对学社的未来工作进行展望，并提出将编辑出版《百年船山学社纪念论文集》。

会议进入主题发言程序，发言者有王兴国研究员、朱迪光教授、王泽应教授、李相勋副教授（韩国）以及船山故里衡阳县的一些同志。

王兴国研究员的发言主题是"船山学社百年生日颂"。王兴国研究员将百年来船山学社的发展历史划分为三个阶段：一是清末到民国的"思贤讲舍"时期；二是辛亥革命以后的"船山学社"时期；三是20世纪80年代以后的恢复活动时期。清末的"思贤讲舍"是船山学社的前身，这一时期的活动主要是为王船山争取学术地位；民国时期的船山学社活动与刘人熙、毛泽东、何健等人密切相关，是受政治影响最大的时期；1982年船山学社恢复活动以来，对船山思想的研究进入了一个全面、科学、系统的阶段。关于船山学研究，有两点值得注意：一是分清学术与政治的关系。湖湘文化有"经世致用"的传统，但在船山学研究中，过于政治化会影响学术发展，缺失政治性和过于强调政治性都是需要避免的弊端。二是要注意开拓新的研究方法、研究范式。研究船山学，过去有侯外庐的"马克思主义范式"；改革开放后又引入西方哲学方法的"范畴研究"；近年来陈来等人则倡导回到传统方法。目前船山学研究著作有100多种，但新的突破不多。在船山诞辰400周年即将到来之际，期望能出现新的著作、新的突破。

衡阳县副县长徐振宇的发言主题是"船山文化的传播与传承"。徐振宇指出，船山文化在当代社会薪火相传，有"传播"与"传承"两个层次。船山学社作为百年学社，积淀深厚，是船山文化的传播者。"传播"主要靠学术研究，而"传承"则是对礼仪规范、道德文明的践行。"传承"中华优秀文明，地方政府有很大的责任。衡阳县政府历年以来在这方面做了很多工作。2014年8月，在湘西村创办"船山文化首届夏令营"，并在县城西渡举办"船山文化诵读亲子大讲堂"，编写《船山文化读本》。这些工作，是船山文化民间"传承"的体现。

衡阳市社科联副主席熊考核的发言主题是"船山梦就是中国梦"。熊考核认为，在船山的著作中有三个关键词："晓梦"、"续梦"和"圆梦"，船山梦的核心就是中华文化复兴之梦。船山学的大众化、普及化，有赖于三个重要群体：一是以家庭为核心的"亲子共读经典公益活动"；二是以学校为核心的船山文化讲堂；三是以新农村建设为核心的城乡一体化互动、学习和运用。以2019年船山诞辰400周年纪念活动为契机，建议地方政府建设以船山故居湘西草堂为中心的历史名人风光带，从而使历史文化的传承有所依托，进而扩大影响，实现中华文明复兴之梦。同时，建议有关部门拍摄以王船山为题材的电影、电视剧，发行以船山为主题的邮票，出版船山普及文本，面向广大市民和中小学生，共同为中国梦、船山梦的实现而努力。

衡阳师范学院朱迪光教授的发言主题是“船山文化与当代教育”。朱迪光指出，当代教育的核心是人的成长问题，以船山文化为代表的中国传统文化在这方面有很多可资借鉴之处。在传统文化中，主要是通过日常行为的规范化以完成“养成教育”，由于“文革”对传统文化的冲击，导致人们的日常行为失范、日常道德缺失，在现实生活中出现了大量的不文明行为。在这方面，衡阳县以“船山文化”为中心，以“祠堂文化”为载体，努力进行基层道德文明建设，进行了有益的探索。建议今后要多举办“船山文化夏令营”、“船山文化讲堂”、“船山文化亲子诵读”等活动，弥补当代教育中“养成教育”之不足。

衡阳师范学院副教授李相勋（韩国）的发言主题是“尚义之道——王船山尚义思想展开的四个逻辑层次”。李相勋认为，船山学术属于宋明理学的范畴，有“六经责我开生面”的气度和担当。王船山对传统儒家经典的诠释蕴含着丰富的道义思想，包含尚义之理、尚义原则、尚义典策和尚义指归四个逻辑层次，构筑了完整的逻辑体系，实现了传统儒学尚义思想的返本与价值开新。

湖南师范大学王泽应教授的发言主题是“船山在湖湘文化中的地位和作用”。王泽应首先回顾了自己早年的研究课题《船山伦理与西方伦理比论》，指出船山伦理思想的特色在于继承了湖湘学术的优秀传统，从屈原、贾谊、周敦颐、王船山到曾国藩，湖湘学术有一条清晰的前后相承脉络。船山学是湖南省的重要文化资源，可以用“桥梁”、“水库”和“大山”来进行比喻。首先，船山学是湖湘文化的一座桥梁，有承前启后、继往开来的作用；其次，船山学是湖湘文化的一座水库，是“儒释道”文化的集大成之作；最后，船山学是湖湘文化的一座大山，“高山仰止，景行行止”。船山学社创社百年，《船山学刊》明年（2015）也将迎来创刊百周年。自1984年恢复《船山学报》以来（1991年改名《船山学刊》），《学刊》的内容涵盖经史子集，尤以哲学内容为重。从1984年到2013年，《学刊》共计刊发研究王船山哲学思想的论文300多篇，2015年计划出版《船山学刊百年优秀论文选》。近年以来，船山学研究在湖南得到了很好的发展，湖南已成为船山学研究的重镇，这有利于湖南人重建文化自信和学术自信。

《湖湘文库》编辑出版委员会副主任夏剑钦先生的发言主题是“船山学研究中需要进一步重视的问题”。夏剑钦指出，船山先生作为中国古代集大成式的学者，其研究范围之全面系统、见解之卓越，在中国历史上是罕有的。在岳麓书社编辑《船山全书》的过程中，整理者付出了艰苦的努力。在底本选用上，如《正蒙注》，整理者发现并选用了以“避明讳”为特征的王船山手稿本，这是目前发现的最完整的本子，比中华书局本的《正蒙注》多出200多字，相当具有研究价值。此外，如《搔首问》和《黄书》，整理者也都选用了较为早期的底本。岳麓书社的《船山全书》自1982年立项，2006年出版，目前又出版了《湖湘文库》本。由于资料的系统、完整，船山学研究还大有可为。目前适逢其时，首先是党中央提倡传统文化，其次是船山诞辰400周年即将到来。船山学研究者需要抓住时机，提高认识，对船山学挖掘整理，以期出现新的研究成果，涌现新的研究高潮。

在主题发言之外，衡阳县委宣传部的一些同志也对船山文化的宣传、推广问题发表了意见。这些意见可归纳为两点：一是船山文化推广、普及中存在的问题。目前船山学的研究很深入，但推广力度还不够，在中小学教材中没有选用船山的诗文。为此，衡阳县委、县政府计划启动“船山文化”的“五个一工程”，即船山历史小说、船山电视剧、船山乡土教材、《船山全书》简体字本、船山研究成果汇编。这项工作计划在2014年到2019年完成。二是关于2019年船山诞辰400周年纪念活动的组织和开展。衡阳县为此积极筹划、周密准备，但希望国家层面、省级层面的相关管理机构和社会组织提供更多的支持和帮助。

此次会议还收到论文17篇，内容涉及船山学研究的各个方面。会议组织者将此次收到的论文汇编为《纪念船山学社成立百年研讨会论文集》，计划在近期出版。

（执笔者：湖南社会科学院哲学所）

《湘学研究》来稿要求

一、来稿须是未经发表的学术论文，一般以不超过 1 万字为宜，要求政治观点正确，学术观点新颖，论据充足，论证严密，文字通达。

二、来稿须提供摘要 200—300 字，关键词 3—5 个。

三、作者简介务必简洁，所任职务、职称不超过 2 个为宜。并在文末附以联系电话与电子邮件地址。

四、所有来稿编辑部有权做适当修改，如不同意者请予以注明。

五、正文采用 5 号字体；注释采用小 5 号字体，一倍行距，A4 纸页面。文内章节采用如下顺序：“一”、“（一）”、“1.”、“（1）”。

六、注释格式：

（一）总要求

1. 参考《〈历史研究〉关于引文注释的规定》（2013）制定本规范。

2. 采用页下注。注释序号用①、②、③……标识，每页单独排序。卷数、册数、页码均使用阿拉伯数字。多页码之间使用一字线连接号“—”连接。

3. 责任方式为著时，“著”可省略，其他责任方式不可省略。

4. 引用翻译著作时，将译者作为第二责任者置于文献题名之后。

5. 中国作者无须标明所属朝代；国外作者须加国别，如［美］。

6. 古籍如“卷三”者，一律改为“第 3 卷”；卷上、卷下者不变。

7. 出自相同出版物的注释，全文注明，不采用“同上”等格式。

（二）出版物主要引用格式

1. 专著

（1）标注顺序

责任者与责任方式：文献题名，出版者出版年“版”，页码。

（2）示例

赵景深：《文坛忆旧》，北新书局 1948 年版，第 43 页。

谢兴尧整理：《荣庆日记》，西北大学出版社1986年版，第175页。

[日]实藤惠秀：《中国人留学日本史》，谭汝谦、林启彦译，中文大学出版社1982年版，第11—12页。

2. 析出文献

（1）标注顺序

责任者：析出文献题名，“载”文集责任者与责任方式文集题名，出版者出版年“版”，页码。

文集责任者与析出文献责任者相同时，可省去文集责任者。

（2）示例

杜威·佛克马：《走向新世界主义》，载王宁、薛晓源编《全球化与后殖民批评》，中央编译出版社1999年版，第247—266页。

鲁迅：《中国小说的历史的变迁》，《鲁迅全集》第9册，人民文学出版社1981年版，第325页。

3. 古籍

（1）标注顺序

责任者：析出文献题名，文集责任者与责任方式：文集题名卷册次数，丛书项，卷册次数，版本或出版信息，页码。

（2）示例

管志道：《答屠仪部赤水丈书》，《续问辨牍》第2卷，《四库全书存目丛书》第88册，齐鲁书社1997年影印本，第73页。

4. 期刊

（1）标注顺序

责任者：文献题名，期刊名年期 。

（2）示例

何龄修：《读顾诚〈南明史〉》，《中国史研究》1998年第3期。

5. 网络

若存在同样内容的纸质出版物，应采用纸质出版物的文献源。若唯有网络来源则标注顺序为：

（1）标注项目与顺序

责任者：电子文献题名，文献标注日期，访问路径，引用日期。

（2）示例

王明亮：《关于中国学术期刊标准化数据库系统工程的进展》，1998年8月16日（http://www.cajcd.cn/pub/wml.txt/980810—2.html，1998年10月4日）。